ESTANCIAS Y HACIENDAS DE LLANOGRANDE Y PALMIRA

1570-1970

ESTANCIAS Y HACIENDAS DE LLANOGRANDE Y PALMIRA

1570-1970

Johnny Delgado Madroñero

Estancias y haciendas de Llanogrande y Palmira (1570-1970)

Johnny Delgado Madroñero ©

intidelga@hotmail.com

johnny.delgado.m@hotmail.com

ISBN **9798378367627** de KDP Amazon

Primera edición, 20 de febrero de 2023

Carátula: Entrada a la hacienda La Manuelita (fotografía del autor), 2016.

Caminante:

No te olvides de la tierra que te sintió nacer

En cualquier recodo del camino

En algún instante que el afán te proporcione paz,

Añora su paisaje, recuerda el suelo fecundo

Bajo el cual duermen los antepasados.

Evoca los senderos que hollaron los primeros hombres

Para que sigamos sus huellas.

 Y cuando el frío preludio de la muerte se acerque

Piensa en sus mañanas soleadas, en sus altivas palmeras,

En sus mujeres y hombres libres, en su cordillera verde,

En el brillo del sol peregrino surcando el cielo

O en el fulgor de la luna rojiza saliendo por Las Hermosas.

Entonces comprenderás que no fue tarde

Porque toda esa luz te acompañará por siempre.

El autor

ÍNDICE

ÍNDICE DE TABLAS

ÍNDICE DE FIGURAS

PRÓLOGO

Las unidades productivas agrarias de Llanogrande y Palmira han sido parte fundamental de la historia económica, social y política de la región y del país. Sobre este territorio surgieron las primeras estancias productoras de azúcar a finales del siglo XVI lideradas por los Astigarreta y los Cobo. Con la ampliación de la frontera minera hacia el litoral pacífico hacia 1680, las haciendas de Llanogrande se especializaron en proporcionar carnes, mieles y aguardientes a los enclaves mineros. Los pueblos de indios se fueron diezmando y la región se llenó de esclavos. A partir de esto, se gestó una dinámica social y económica fortalecida por el mestizaje, el crecimiento poblacional de las castas y su participación en la economía colonial que dio paso a la conformación del campesinado regional.

La Ilustración, los conflictos entre las élites de mineros, terratenientes y comerciantes, y las contradicciones sociales y económicas introducidas por las reformas borbónicas fueron el fermento de las luchas de emancipación. Los hacendados de Llanogrande junto a los de otras regiones vallecaucanas fueron artífices en las primeras luchas. Para 1819 la tiranía española impulsó a que los libres también se unieran a este propósito. Una vez liberados de España, los esclavos siguieron en su lucha por la emancipación mientras los libres de las castas se integraban como ciudadanos para participar en la vida republicana. El tabaco continuó por medio siglo siendo otro renglón económico importante en Palmira junto a la ganadería hasta que en 1864, Santiago Eder adquirió las haciendas La Manuelita y La Rita y comenzó a transformar la producción agrícola de Palmira, con importantes avances e implementación de técnicas eficientes de la agroindustria. Esto fue acompañado por una pléyade de empresarios extranjeros y nacionales que se asentaron con sus casas de comercio tanto en Cali como en Palmira que además de apoyar al desarrollo de infraestructura vial, de comunicaciones y de servicios públicos, algunos de ellos fueron hacendados y la dinámica de sus negocios permitió la exportación de productos agrícolas y la importación de bienes y maquinaria de los centros productivos mundiales.

En 1901 se inauguró el primer ingenio azucarero moderno de Colombia. La Manuelita fue el señuelo para que otros emprendedores comenzaran a tecnificar la cañicultura y a fundar y dotar centros de investigación para el desarrollo agrícola. La Misión Chardon y la construcción de la Granja Estación Experimental en 1928 serían hitos para el desarrollo agrícola de Palmira. A partir de 1930 con el auge azucarero se fundaron varios ingenios en las tierras de las viejas haciendas a la par de la desaparición de las haciendas de la periferia de Palmira que fueron poco a poco urbanizadas alrededor de las dos haciendas matrices: El Palmar y Nuestra Señora de Loreto urbanizadas a finales del siglo XVIII.

Cuatro siglos de historia de la producción agraria que además de traer bonanzas y desarrollo socioeconómico, nos deja un panorama no desprovisto de contradicciones: el monocultivo actual de la caña de azúcar, deja su traza oscura en el deterioro del medio ambiente. Los ríos cada vez menos caudalosos, la desaparición de la fauna raizal, los frutales tradicionales que se resisten a la extinción en los viejos solares de algunas casas y huertas campesinas y la contaminación del aire por las quemas, son un precio alto que ha pagado la tierra que da tanto con tan poco.

Sin embargo, como en la otra Palmira, la antigua Tadmor, que Volney describía con maestría para mostrar lo efímero del poder y su vanidad, lo determinante que significa el paso del tiempo cuando los hombres que quieren la libertad luchan contra un poder omnímodo que aplasta y apabulla la vida, al final el desierto recupera para sí lo que le pertenece. Ojalá nuestros descendientes sigan luchando por la causa de hombres libres que siempre caracterizó a los nativos de esta comarca para que las yermas arenas no sigan llenándolo todo.

Johnny Delgado Madroñero

AGRADECIMIENTOS

El autor agradece a los distintos funcionarios de las Notarías Primera de Palmira dirigida por el doctor Hanz Peter Zarama; de la Notaría Segunda de Palmira a cargo del doctor Fernando Vélez Rojas; a la Oficina de Registro de Instrumentos Públicos y su directora Jacqueline Burgos; a Familysearch por su invaluable servicio en ofrecer sus servicios de archivos digitalizados; al Archivo Central del Cauca; al Archivo Histórico de Cali y Archivo del Concejo Municipal de Palmira.

A Diego Swam Barona por su generosidad al confiarme sus fotografías familiares y a Jaime Herrera por sus apuntes de las vivencias de sus familiares en la hacienda.

A todos ellos muchas gracias. Con su colaboración y atención hicieron posible esta obra.

EL AUTOR

DEDICATORIA

A mis padres Jorge y Mariela, que me dieron
la oportunidad de nacer en esta tierra.

CAPÍTULO 1

CONQUISTA HISPÁNICA Y OCUPACIÓN DE LA BANDA ORIENTAL DEL RÍO CAUCA (siglo XVI)

Cuando las tropas de los capitanes Juan de Ampudia y Pedro de Añasco llegaron al valle del río Cauca a finales de 1535, encontraron una pertinaz resistencia de los indígenas del margen izquierdo del gran río. Muy cerca de los dominios del cacique Jamundí, se vieron en peligro y decidieron acampar a la orilla opuesta y allí construyeron un fuerte. Los indígenas de esta margen derecha, de la nación de los Calacotos, se mostraron amigables y dieron un respiro a las huestes españolas. Entonces Ampudia decidió enviar una exploración comandada por el capitán Francisco de Cieza. Un centenar de españoles emprendieron el camino hacia el norte y recorrieron extensas llanuras, muchas de ellas cubiertas de pantanos y bosques, habitadas por tribus muy belicosas, descendientes de los caribes. Las cuencas de los ríos Bolo, Nima, Amaime, Sabaletas, Guabas y Guadalajara eran ocupadas por las tribus de Capacaríes, Chinches, Augíes, Anaponimas, todos ellos de la nación de los Bugas. En la parte alta de la sierra, habitaban los Pijaos y más al norte, los Putimaes. Cieza y sus hombres avanzaron con grandes hostigamientos por la banda oriental hasta un río que más tarde, en otra expedición de Belalcázar, llamarían río La Vieja, retornando al fuerte por el margen izquierdo del río Cauca[1].

Entre marzo y abril de 1536 llegó Sebastián de Belalcázar con el resto de la expedición para fundar a Cali. El capitán Pedro Cobo lo había acompañado en sus correrías desde el Perú. Al fundar a Cali el 25 de julio de 1536, se repartieron tierras e indios entre sus huestes. En 1539 viajaron Cobo y Belalcázar a España desde Santafé luego del encuentro con Quesada y Federmann.

En 1540 cuando llegó Pascual de Andagoya a Cali procedente del mar, refiere que luego de pasar Atunceta (cercano a Dagua) estaba el Valle de Lili. Y una legua hacia el oriente, junto a un gran río, un señor

---

[1] Arroyo, Jaime (1907), *Historia de la gobernación de Popayán*, edit. Antonino Olano y Miguel Arroyo, Popayán, pp. 92-101.

llamado Ciaman[2]. En 1541, Belalcázar regresó de España con el título de Gobernador de Popayán y Pedro Cobo, venía casado con María de la Peña[3].

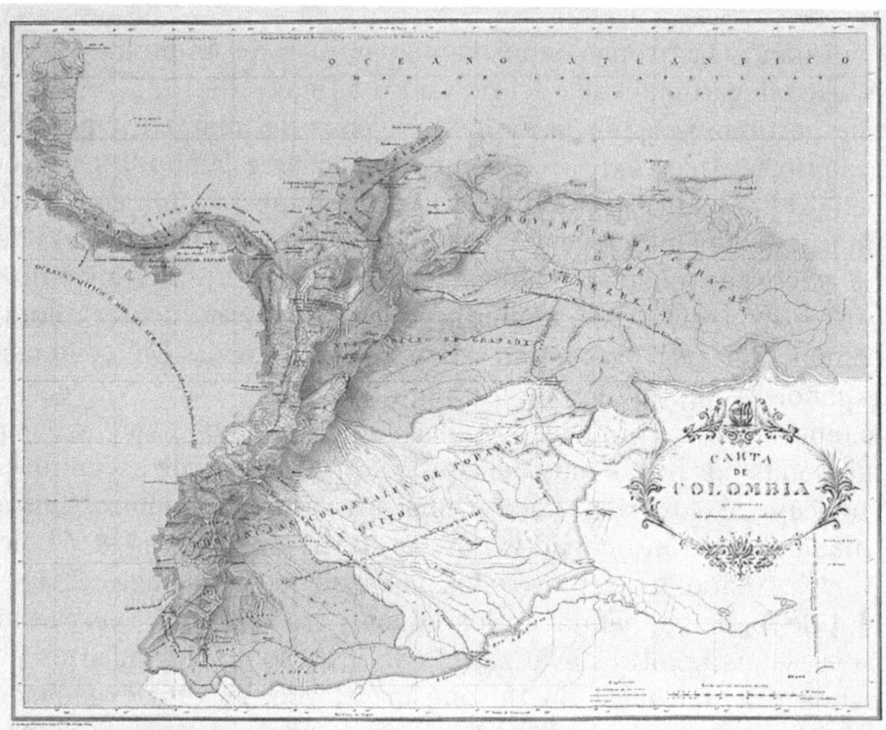

Figura 1. Primeras divisiones territoriales en 1538.

(Fuente: Agustín Codazzi, Atlas geográfico e histórico de la República de Colombia, 1890)

Reparto de encomiendas de indios y tierras

Belalcázar encontró que durante su ausencia, desde el Perú había llegado a Cali, Lorenzo de Aldana, teniente de Francisco Pizarro y había modificado los repartimientos. Como gobernador y desde el

---

[2] Andagoya, Pascual de, *Relación de los sucesos de Pedrarias Dávila en la Tierra Firme y de los descubrimientos en el Mar del Sur por el Adelantado Andagoya,* en "Colección de Documentos Inéditos" de Antonio Cuervo, Tomo II, pp. 111-113.

[3] Arroyo (1907), op. cit., p. 180.

2

cabildo local, Belalcázar cambió de nuevo este reparto y lo hizo entre 24 vecinos y funcionarios reales que lo acompañaban. La mayoría de encomiendas se repartieron en la banda occidental del río Cauca y los indios debían pagar tributo en especie. Más tarde, con la disminución de la población indígena, el tributo indígena no fue suficiente para los encomenderos y estos además de acercarlos a sus estancias, cada vez más, les asignaron trabajos en la producción de alimentos. En ambas márgenes del río Cauca cerca de la desembocadura del río Amaime, recibió tierras Pedro Cobo. De igual manera, le otorgaron mercedes de tierra a Juan Díaz Hidalgo a orillas del Amaime en la Otra Banda[4].

La ocupación del territorio de la Otra Banda estaría sin mayores modificaciones ni exploraciones por varios años debido a la belicosidad de los Pijaos y tribus vecinas. Con la emisión en 1542 de las Leyes Nuevas dictadas por el emperador Carlos V, se produjeron rebeliones de encomenderos en el Perú. Los tres prolongados viajes al sur del gobernador de Popayán, Sebastián de Belalcázar, en 1541, 1546 y 1547, para ayudar a los emisarios reales que venían a contener los alzamientos peruanos, sumieron en crisis económica a la Gobernación de Popayán. La extinción progresiva de los indios desestimulaba la asignación de encomiendas que también estaban en entredicho por las medidas del rey.

Se pueden tener datos de la población indígena encomendada en Cali porque se realizaron dos mediciones, la primera, un censo en 1552 ordenado por el gobernador Briceño que dio un total de 3.344 indios tributarios, distribuidos entre 21 encomenderos que poseían 62 encomiendas con nativos de 47 poblados de indios. La segunda, una tasación efectuada en 1559 por el visitador Tomás López Medel, arrojó un total de 2.418 indios encomendados a cargo de 21 encomenderos con 31 encomiendas para manejar[5]. Para 1559, Lázaro Cobo tenía una encomienda en Amaime situada en el poblado de Ocache (Vijes), con 59 indios tributarios mientras su hermano Andrés,

---

[4] Valencia, Alonso (1987), *Encomiendas y estancias en el Valle del Cauca, siglo XVI*, Revista Historia y Espacio, Vol. III Nos. 11 y 12, Universidad del Valle, Cali, pp. 16-17, 29 y 36.

[5] Romoli, Kathleen, *Nomenclatura y poblaciones indígenas de la antigua jurisdicción de Cali a mediados del siglo XVI*, pp. 461-464.

tenía en su estancia de Mulaló, una encomienda con 22 indios que había cambiado por una anterior que poseía en Dagua en 1552[6].

Buga había sido fundada en las fuentes del río Bugalagrande hacia 1559, como avanzada y fortín militar en la guerra con los pijaos. En 1569, cuando la ciudad se trasladó a orillas del río Guadalajara, el gobernador Mendoza hizo repartos junto al río Sabaletas y así fue como su teniente, Diego Velásquez Rengifo, recibió tierras. La ciudad fue de nuevo trasladada al margen derecho del río Guadalajara en 1570. Entonces se comenzó a tener rivalidad entre los cabildos de Cali y Buga por la jurisdicción sobre las tierras de la Otra Banda. Por ello se celebró el Acuerdo de Ocache en 1573 para delimitar las tierras bajo cada jurisdicción.

En 1568, Gregorio de Astigarreta había pedido al Cabildo de Cali le concedieran las tierras asignadas 20 años atrás a Juan Hidalgo y que este había perdido. Lo mismo hicieron Gaspar González[7] y Pascual Segura solicitando tierras contiguas a las de Astigarreta en la Otra Banda[8]. Allí, Astigarreta instaló en 1570 un ingenio de azúcar y construyó un puente sobre el río Amaime. La casa estaba situada a la orilla de la senda que iba de Cali a Buga, llamada Calzada de Astigarreta. Como en zonas aledañas a la propiedad de los Astigarreta, los hermanos Cobo y sus herederos tenían estancias a lado y lado del río Amaime, cerca de su desembocadura en el río Cauca, se ha presentado confusión por el uso de San Jerónimo como sitio y como nombre de la estancia. La región comenzó a llamarse San Jerónimo de los Ingenios porque como lo explica claramente Gustavo Arboleda, en esa zona había tres ingenios: el de Gregorio Astigarreta Avendaño que poseyó desde la muerte de su padre en 1605 hasta 1628 en que Astigarreta El Mozo murió; otro ingenio que poseía en 1627 Catalina de Vergara, viuda de Andrés Cobo, ubicado en la margen izquierda del río Amaime; y el de los herederos de su

---

[6] Ibídem, pp. 461-464. Es muy posible que en 1559 tanto Lázaro (1544-1618) como Andrés Cobo (1547-1610), tuvieran asignadas las encomiendas como herencia de su padre, pero su madre María de la Peña, era su tutora, porque ambos eran menores.

[7] Este Gaspar González citado por Alonso Valencia Llano (pp. 26 y 36) y M. W. Quintero (p. 357) como hijo de Baltasar González, es diferente a Gaspar González de Astigarreta, hijo de Gregorio Astigarreta, citado por M. W. Quintero en su libro (p. 56).

[8] Valencia Llano, op. cit., pp. 36-38.

hermano Lázaro Cobo situado a la ribera derecha del Amaime que recibía el nombre de San Jerónimo dando a conocer que los Cobo tenían tierras en ambas riberas del río Amaime[9].

Era claro que, con la fundación definitiva de Buga en el llano en 1570, algunos españoles se avecinaran tanto en Cali como en Buga. De tal modo, en retribución a su campaña contra los Pijaos, se había otorgado otra encomienda en Augí en la zona montañosa de la cuenca del río Amaime, en jurisdicción de Buga, a Gregorio de Astigarreta El Viejo; en la misma zona se otorgaron las encomiendas de Chinche[10] y Capacarí para Lázaro Cobo. Así, los Cobo de la Peña completaban sus propiedades con la encomienda de Anaponima situada en el llano del Amaime, dada a Pedro Cobo antes de su muerte en 1546 y que disfrutaban sus herederos[11]. Estos propietarios poblaron a los indios en sus estancias sacándolos de sus territorios. Fue un tanto diferente a lo sucedido con otros poblados de indios como en San Bartolomé de Tuluá y al poblamiento disperso de indios en San Juan Bautista de Guacarí donde los indígenas recibían la doctrina en diferentes capillas de las estancias y haciendas, pero permanecían en sus territorios[12].

Otras mercedes de tierras fueron efectuadas por el cabildo bugueño. En diciembre de 1586, el cura de Buga, Diego Rengifo, pidió y se le otorgó una estancia junto al río Sabaletas y cercana a la propiedad de Luis Velásquez Rengifo. Al año siguiente le fueron otorgadas también estancias en el Bolo situada junto a otra propiedad de Astigarreta. En el año 1591, se otorgó tierras para cultivos de pancoger y de ganados a Luis de Rioja, junto al río Bolo[13].

---

[9] Arboleda, Gustavo (1956), *Historia de Cali*, tomo I, pp. 169-170 y 209.

[10] Por tratarse de jurisdicción de Buga, es claro que se trata de Chinche en la Sierra Alta de los Pijaos (Cordillera Central) porque en la Cordillera del Chocó, había un pueblo de indios con el mismo nombre, encomendado a Rodrigo de Villalobos, según Rómoli (p. 460).

[11] Tascón, Tulio E. (1938), *Historia de la conquista de Buga*, Editorial Minerva, Bogotá, p. 25.

[12] Valencia Llano, Alonso, *Al margen de la sociedad colonial: las sociedades agrarias del Valle del Cauca*, p. 8.

[13] Tascón, (1938), *Historia...* op. cit., pp.108-110.

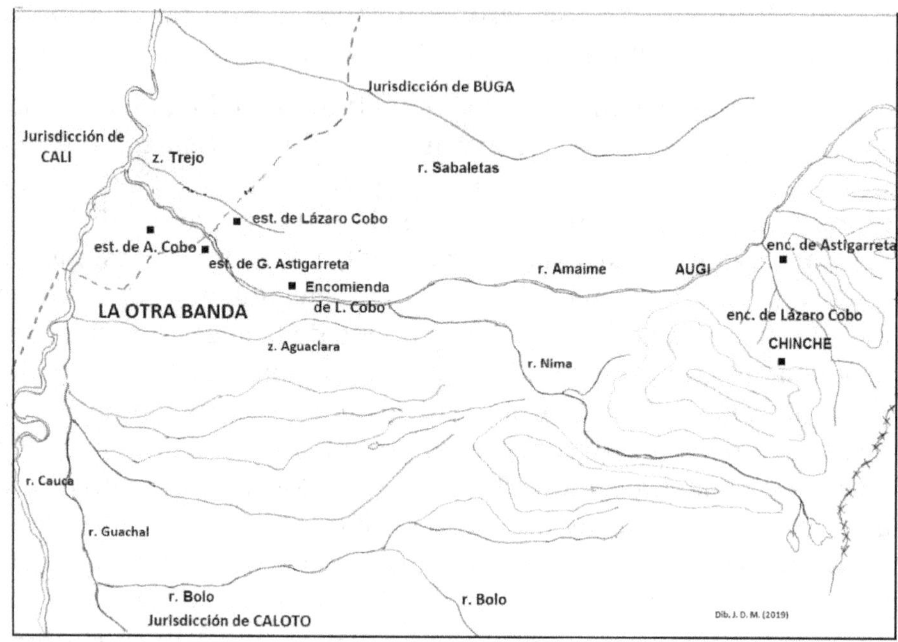

Figura 2. Estancias de la Otra Banda (Llanogrande) en 1570.

La paulatina migración forzosa de los indígenas desde sus territorios a las estancias de sus encomenderos permitió que en cercanías a San Jerónimo de los Ingenios, en 1636, durante la visita de Antonio de San Isidro Manrique, se fundara un caserío llamado Pueblo Nuevo de la Concepción de Anapunima. Este caserío antecesor al poblado de Llanogrande estaba situado entre el río Amaime y el zanjón de San Jerónimo[14]. Vecino al poblado estaba la encomienda de indios Bugas de Lorenzo de los Cobos quien al morir en 1650, la dejó vacante y en litigio entre su viuda, Ana Ruiz de Alvarado, en defensa de los derechos de su hijo menor Mathías de los Cobos, y Francisco de Escobar quien la había recibido del Gobernador Juan de Salazar[15]. Al final, en 1655 le fue adjudicada la encomienda a Escobar y en 1667 con la llegada del visitador Diego de Inclán Valdés, se le pidió hacer la numeración de los indios y pagar los tributos adeudados por

---

[14] Valencia Llano, Alonso, *Evolución de los pueblos de indios en el Valle del Cauca,* en Anuario de Historia Regional y de las Fronteras, N° 2-3, p. 120.

[15] Archivo Central del Cauca (ACC) Sign. 2377 (Col CI-24 en), 1650.

Francisco de Escobar, tanto de Pueblo Nuevo de la Concepción como de las encomiendas de Napunima y de Concepción de Mulahaló de José de Cayzedo[16]. Estas últimas encomiendas habían sido otorgadas en 1657 por el Gobernador Luis de Valenzuela a José de Cayzedo, hijo de Juan Cayzedo Salazar[17]. En síntesis, para mediados del siglo XVII junto al primer poblado surgido en el territorio de la Otra Banda, había tres encomiendas: la de los herederos de Astigarreta, conocida como encomienda de Pueblo Nuevo de la Concepción de San Jerónimo, y las dos encomiendas heredadas de los Cobo, llamadas Anapunima y Concepción de Mulahaló.

El visitador de la Audiencia de Quito, Diego de Inclán Valdés, dictó en 1667 una sentencia contra Francisco Rengifo Salazar por trasladar ilegalmente dos indios encomendados a Manuel Rodríguez, a su estancia en Llanogrande del Palmar. El capitán fue multado con veinte pesos y cuatro días de sueldo de los ministros de la visita. A partir de esta propiedad de Francisco Rengifo Salazar se gestó el caserío de Llanogrande[18].

Estos pueblos de indios se fueron extinguiendo y en 1732, tanto Juan de Barona Fernández como Agustín de Bonilla Delgado pedían, se declarara que, ya no había indios en Pueblo Nuevo y se remataran las tierras ocupadas antes por Augíes, Napunimas y San Jerónimos[19]. Para 1754, las tierras del Pueblo Nuevo de Concepción de Napunima se remataron por la desaparición de los indios. Las adquirió por 300 patacones Manuel Cobo y Calzado[20]. Para 1786, en el sector de Llanogrande solo había 17 indios, siete de ellos varones y diez indias. La gran parte de la población de 2.867 habitantes bajo jurisdicción de Buga, era conformada por mestizos libres[21]. Igual sucedía con la parte de Llanogrande bajo el Cabildo de Cali, conocida como Yunde.

---

[16] ACC, Sign. 1980 y 1981 (Col CI-5 en), 1665 y 1666.

[17] ACC, Sign. 204 (Col CI-5 en), 1657.

[18] ACC, Sign. 541 (Col. J I-1 cv) y Sign. 2383 (Col. J I-2 cr).

[19] ACC, Sign. 3574 (Col PI- 2v), 1732.

[20] ACC, Sign. 4523 (Col CII-10h).

[21] Valencia Llano, Alonso, *Al margen de la sociedad colonial: las sociedades agrarias del Valle del Cauca*, p. 10. También aparece en otra de sus obras: *Evolución de los pueblos de indios en el Valle del Cauca*, pp. 16-17.

La introducción de esclavos negros

Con el nombramiento de Belalcázar como gobernador de Popayán en 1540 y el retorno a su sede de gobierno en 1541, se comenzó la introducción de esclavos negros al territorio y en particular a Cali. Algunos de los primeros esclavos venían como pajes y servidores personales de capitanes, de las comunidades religiosas o de los funcionarios de alto rango. Estas importaciones se hicieron mediante licencias que se expedían en la Casa de Contratación de Sevilla.

El terrateniente Gregorio Astigarreta importó esclavos desde el Perú y el 28 de junio de 1568, el mismo Astigarreta mostró en el Cabildo de Cali, una Real Provisión de Quito emitida un mes antes, donde pedía mutilar los genitales a los esclavos fugitivos por más de diez días, en vez de llevarlos a la horca. Desde 1541 hasta 1568 se habían introducido 400 esclavos a la región[22].

Los esclavos fueron destinados a las estancias vallecaucanas donde servían en las labores agrícolas, en las casas de sus amos, en el pastoreo de ganado y en las minas del litoral. Hacia 1680 cuando hubo la evolución de estancias a haciendas, el trabajo para los esclavos se intensificó con labores en los ingenios, trapiches y en la destilación de aguardiente. El intenso mestizaje, la extinción de la población indígena sometida y la pérdida de sus tierras básicas para el sustento en los siglos XVII y XVIII, hizo que muy pocos poblados de indios sobrevivieran hasta el siglo XIX. Con el declive de los pueblos de indios y el aumento del mestizaje y del mulataje, surgió el campesinado vallecaucano.

Denominación del territorio

Cuando los españoles llegaron a la isla de Guanahaní en 1492, comenzaron a escuchar las voces aborígenes. Los nombres seculares de los sitios, las cosas y los hombres que asignaban a un mundo diferente y exótico que había permanecido aislado por miles de años de otras civilizaciones. El territorio de la actual Colombia sería conocido como Cariba. El avance de las tribus caribes a través de los valles de los ríos Cauca y Guacayo o Yuma (hoy Magdalena) hacia lo

---

[22] Archivo Histórico de Cali (AHCal), Fondo Cabildo. Vol. 3, ff. 40v y 42, 1568.

profundo del continente, había difundido el topónimo. De igual manera, cuando los españoles provenientes de Quito ingresaron al valle geográfico del río Cauca, comenzaron a escuchar los nombres de las regiones en los idiomas nativos. El nombre genérico para lo que hoy se conoce como Valle del Cauca era Lile y tenía otras microrregiones a lado y lado del río Cauca que lo atraviesa de sur a norte. Así, ya en la suela plana, lo que corresponde a los municipios del norte caucano como Corinto, Miranda, entre otros, se conocía como Tunía. Al margen izquierdo del río, en lo que hoy es Jamundí, era conocido como Calambás. La cordillera del margen oriental del río Cauca fue conocida inicialmente como Cordillera del Quindío, luego llamada Sierra Alta de los Pijaos y hoy como Cordillera Central. La actual Cordillera Occidental fue llamada Cordillera del Chocó[23].

El territorio actual de Palmira era conocido como Peté:

> Desde Buga a Cali hay diez leguas de muy buen camino llano todo de sabana; hay grandes lagunas de mucha agua e hay en ellas mucha suma de pescados; e críanse muchos ganados de todo género; está poblado en un muy buen llano; pásase por allí al Perú. Junto al pueblo está un muy buen río, que se llama de Pete [...] Fue señor de Cali Lisupete [...][24].

Las estribaciones de la cordillera, entre los ríos Sabaletas y Tunasí (Guadalajara), era conocida como Tonusos. Los límites actuales de Palmira eran sus ríos Anaime al norte y Bolo por el sur. Cerca de la desembocadura del Anaime al río Cauca, en la margen izquierda estaba Bijes[25]. Los españoles del Cabildo de Cali lo conocieron como "la Otra Banda".

---

[23] Instituto Geográfico Agustín Codazzi (IGAC), *Los nombres originales de los territorios, sitios y accidentes geográficos de Colombia*, Bogotá.

[24] Guillén Chaparro, Francisco (1583), *Memoria de los pueblos de la Gobernación de Popayán*, Cespedesia, Suplemento N° 4, N°s 45-46, 1983, Cali, p. 317.

[25] Ibídem. Por su parte, había otro río Anaime al otro lado de la Cordillera del Quindío, que corre de sur a norte en cercanías de la actual Cajamarca.

CAPÍTULO 2

ORGANIZACIÓN SOCIOPOLÍTICA Y ECONÓMICA DE LA COLONIA

Organización política. Los primeros conquistadores fundaron ciudades y repartieron en ellas, solares para capitanes y soldados. Adicionalmente adjudicaron tierras rurales y encomiendas entre sus principales capitanes. Algunas de estas poblaciones fueron fundadas como ciudades de frontera militar o defensa (Buga y Toro), con el objetivo de penetrar en busca de zonas mineras y doblegar a la resistencia indígena. Con la llegada de Belalcázar, Robledo, Andagoya y sus capitanes, se fundaron y poblaron en su orden, las ciudades de Cali (1536); Anserma (1539); Buenaventura (1540); Cartago (1540); Caloto (1543); Buga (1557-1569-1570) y Toro (1573).

La Colonia se consolidó hacia 1549 con el establecimiento de todo el aparato político, religioso y militar español en cabeza de sus autoridades. El territorio de la actual Colombia estaba dividido en gobernaciones otorgadas a los primeros conquistadores. Así, se habían conformado la Gobernación de Santa Marta, la de Cartagena, Popayán y un territorio central conquistado por Gonzalo Jiménez de Quesada, llamado Nuevo Reino de Granada, que inicialmente abarcó solo una parte del territorio para luego extenderse la denominación a todo el actual Colombia. En 1549, se estableció la Real Audiencia de Santafé. Esta Audiencia de carácter judicial tenía potestad sobre el centro y norte del territorio y ayudaba o interfería en algunos aspectos con los Gobernadores. Poco después, en 1564, se erigió la Arquidiócesis de la Nueva Granada y se nombró un presidente de la Real Audiencia de Santafé. Mientras tanto, la Gobernación de Popayán en el sur y occidente del territorio, dependía de la Real Audiencia de Quito[26]. Ambas audiencias, la de Santafé y Quito, dependían del Virreinato del Perú. En cada Gobernación, el gobernador era la

---

[26] Mc Farlane, Anthony (1997), *Colombia antes de la Independencia. Economía, sociedad y política bajo el dominio borbón*, El Áncora, Bogotá, pp. 24-25.

autoridad ejecutiva y judicial en asuntos menores mientras que en las ciudades, la autoridad recaía sobre el cabildo. En el cabildo había diferentes cargos como el Alférez Real encargado de portar los estandartes reales; los alcaldes con las funciones de policía y orden público; los alguaciles destinados a la vigilancia, un alcaide encargado de la cárcel y un Fiel Ejecutor, con el cargo de controlar pesas y medidas. Las funciones militares con el paso del tiempo y el establecimiento del régimen colonial se delegaban en los Cuerpos de Milicias y en el Ejército Real.

La parte religiosa operaba en forma distinta puesto que la arquidiócesis centrada en Santafé, gobernaba sobre las diócesis de Popayán, Santa Marta, Mérida y Cartagena[27].

El gobierno de las presidencias de la Audiencia de Santafé se prolongó desde 1564 hasta 1717 cuando se estableció el virreinato local. Se extendió el nombre de Nueva Granada dado a la región central a un inmenso territorio que comprendía el actual Colombia, la Capitanía de Venezuela y el Reino de Quito. Aunque en 1724 se suspendió el virreinato, se reestableció en 1740. De tal manera, la primera autoridad en el territorio sería el virrey y luego los gobernadores y cabildos, en su orden. La Gobernación de Popayán empezó a depender de Santafé y no de Quito.

Organización económica. El principal renglón fue inicialmente la agricultura. De allí partieron las demás actividades económicas como la ganadería, la minería, el comercio, la venta y remate de cargos públicos, créditos a cargo de las capellanías y censos, los pagos por limpiezas de sangre y dotación de títulos nobiliarios. Las inmensas extensiones de tierra, tuvieron diferentes destinaciones económicas y de uso:

Los Ejidos a cargo del cabildo de las ciudades, se destinaban al pastoreo, y al aprovisionamiento de agua y leña; así mismo se reservaban para repartir entre los pobladores más pobres. Estas tierras generalmente rodeaban las ciudades.

---

[27] Mc Farlane (1997), op. cit., p.25.

Las Tierras Realengas, de propiedad del monarca, se destinaron a albergar a los Resguardos Indígenas.

Otro tipo de bienes administrados por el cabildo eran las *Tierras de Propios* que se rentaban para la pastura o el degüello del ganado.

Las Mercedes de Tierras que se otorgaron por Sebastián de Belalcázar y Lorenzo de Aldana y más tarde por los cabildos de Buga y Cali, permitieron a algunos capitanes tener latifundios desde el siglo XVI. Mientras tanto, a los soldados se les asignaron *peonías,* pero sin fuerza laboral suficiente para trabajarlas. A estos españoles de bajos recursos les llamaron *paniaguados* y debían someterse a los encomenderos para producir en sus pequeñas propiedades.

Más adelante, las autoridades realizaron las composiciones de tierras, es decir, solicitaron a los españoles propietarios, la legalización de las tierras realengas ilegalmente ocupadas o despojadas a los indios, pagando una indemnización al Tesoro Real.

En la colonia inicial, un incipiente desarrollo de la actividad minera marchó a la par con la actividad agrícola y ganadera, llevada a cabo en cercanía de los centros poblados en una unidad productiva llamada **estancia.** Las actividades económicas de los terratenientes de aquellas épocas se basaban principalmente en la crianza de ganado cimarrón que pastaba en los latifundios de Llanogrande. Los hermanos Andrés y Lázaro Cobo y los Astigarreta impulsaron la producción de azúcar y derivados de la caña de azúcar en sus estancias e ingenios a finales del siglo XVI.

El mayor valor de las posesiones de las haciendas lo representaban los esclavos, los utensilios y herramientas de labranza y la ganadería, pero no la tierra. Había poco número de españoles y los territorios eran inmensos y no se disponía de suficientemente mano de obra para trabajar la tierra. Más tarde, al crecer las familias, muchos latifundios se dividieron o segregaron para dar posesión mediante herencia o venta a otras personas Los vínculos matrimoniales entre los terratenientes y luego de estos con los mineros y comerciantes que manejaban un capital circulante, detuvieron la segregación de los latifundios. El auge minero a partir de 1680 hasta 1780 permitió a algunos de ellos recomponer las tierras divididas y formar otros latifundios. Los estancieros modificaron la estructura productiva de sus propiedades para convertirlas en haciendas que surtían de carnes y aguardientes a los reales de minas del Chocó, El Raposo y el Naya. En este reflujo económico, surgieron innumerables haciendas en el territorio de Llanogrande. La introducción de fuentes de crédito por la fundación de censos y de capellanías, permitió a los hacendados, mineros y comerciantes, desarrollar la economía a partir de recursos encomendados y administrados por la Iglesia. Los hacendados fundaban una capellanía destinando un monto de dinero llamado principal que se entregaba a una orden religiosa para que esta lo prestara a los ciudadanos pudientes a un interés determinado. La orden religiosa pagaba un rédito del 5% anual del dinero recibido y esa cantidad era usada para pagar misas por la eternidad por el alma de las personas que el hacendado determinara en la fundación de la capellanía.

Organización laboral. Los primeros capitanes utilizaron mano de obra indígena esclavizada, tomada en las guerras de resistencia de la Conquista. La expedición de las Leyes Nuevas de 1542 que buscaban proteger a los indios de los encomenderos y las condenas del obispo de Popayán Juan del Valle (1546-1561) para que no abusaran de los aborígenes, no impidieron que la población indígena esclava y la encomendada se extinguiera rápidamente.

La esclavitud, la encomienda y por último, la *concertación*, fueron las modalidades de uso de la fuerza laboral de los aborígenes. En la encomienda se pagaba tributo con especie. El tributo con trabajo en realidad era parte de la mita, heredada como costumbre incaica y adoptada para asignar a los indios tareas colectivas agrícolas, labores de reparación de caminos o de carga, como los *tamemes*, cargueros en la vía al mar entre Cali y Buenaventura. En la *concertación,* el "Protector de naturales", un miembro del cabildo nombrado para el caso, negociaba con el terrateniente en forma individual o colectiva, el salario estipulado por la ley. El indígena debía obedecer y realizar todas las tareas asignadas. Si faltaban indígenas en el lugar, se contrataba a indios forasteros que merodeaban de sitio en sitio buscando trabajo. Con el tiempo, se produjo el establecimiento de los indios en tierras del hacendado donde recibía algún terreno, jornal y vivienda para servir permanentemente a su empleador. De tal manera empezaron los indios y mestizos a volverse campesinos y abandonaron los pueblos de indios. En el auge de la hacienda a partir de 1680, la mano de obra esclava negra fue fundamental complementada también por el empleo de españoles pobres que llegaron en otras oleadas de inmigrantes, al concurso de la fuerza laboral de los indios y a la participación de los libres, es decir, mulatos, mestizos, zambos y negros libertos, conocidos generalmente como *castas, pardos* o *libres de todos los colores*. A partir de la segunda mitad del siglo XVIII, el auge del cultivo del tabaco fomentó la utilización de arrendatarios de tierras entre las castas y los blancos pobres, dando origen al campesinado vallecaucano[28].

Los productos de las estancias y haciendas fueron especialmente carne salada (cecina) y subproductos como sebo y cuero, para enviar a los enclaves mineros; los productos agrícolas se destinaron tanto para la subsistencia local como para producir aguardientes, tabacos y excedentes para los poblados de la región y las minas.

Organización social. En el estrato social más alto de la Colonia estaban los blancos y entre estos los terratenientes, los comerciantes y los mineros unidos al clero, que representaban el sector dominante con poder económico y social, así como político con su participación en los principales cargos de los cabildos. Pese a esto, en cantidad, conformaban un porcentaje muy bajo de la población. Para 1797, en el censo de las ciudades vallecaucanas, los blancos alcanzaban el 13,75 % de la población.

Los *libres de todos los colores*, no poseían mucha cantidad de tierra y una gran parte de ellos, se dedicó a su autosostenimiento, sin participar en actividades económicas de intercambio o comercio. Otra parte de las castas procedió a hacerle competencia a las estancias y haciendas, desde la marginalidad, produciendo cecina con ganado propio y ajeno y elaborando aguardiente en alambiques clandestinos y aprovechando sus cañaverales que sembraban en los montes adentro. En 1797, representaban el 59,9 % de la población.

---

[28] Pino, Servio Miguel, *Transformaciones laborales en el campo vallecaucano, siglo XIX*, pp. 5-8.

Los indios vallecaucanos especialmente congregados en Caloto, Anserma y algunos partidos de Cali en la ribera occidental, alcanzaban un total de 4.003 individuos en 1797, siendo el 7,3 % de la población.

Por su parte, en el nivel social más bajo se encontraban los esclavos que eran reconocidos más bien como mercancía. Representaban el 19,1 % de la población y en lo político carecían de todo tipo de derechos.

Delimitación del territorio de La Otra Banda

Los procesos de capitulaciones entre los conquistadores y el rey partían de los compromisos de conquistar, fundar y poblar a nombre del monarca. Una vez fundadas la ciudad de Cali (1536) y el tercer y definitivo emplazamiento de la ciudad de Buga en 1570, había un extenso territorio al sur de Buga y al oriente de Cali, que se conocía entre los pobladores iniciales como La Otra Banda y luego como Llanogrande.

Es importante anotar que los ríos y quebradas que bajan de la cordillera situada al oriente de Llanogrande, corren hacia el río Cauca en una dirección este-oeste en su mayoría y algunos en direcciones oblicuas. Estas fuentes y corrientes de agua sirvieron de límites entre las propiedades de las estancias y haciendas y asimismo, como límites de los entes territoriales coloniales como fueron las jurisdicciones de las ciudades de Buga, Cali y Caloto que rodeaban a Llanogrande.

Por motivos de tributación, los cabildos de Cali y Buga empezaron a disputar la jurisdicción de este territorio y para tratar de subsanar el pleito, se realizó el 4 de agosto de 1573, el Acuerdo de Ocache, sitio de Vijes, donde se reunieron los delegados de los dos cabildos. Se fijó como límite norte del territorio asignado a Cali, el curso de la quebrada Real de Trejo, que en ese tiempo desembocaba en el río Cauca, hasta el Paso del Real del Trejo, por donde iba el camino de Cali a Buga; y hacia el oriente una línea recta al paso de Amaime (al lado de la casa de hacienda de Astigarreta) y de aquí otra línea imaginaria dividiendo la anchura del valle hasta el río Bolo, límite con la provincia de Caloto[29].

Figura 3. Acuerdos de límites de Llanogrande entre Cabildos de Cali y Buga de 1573 y 1684.

Por tratarse de sitios despoblados, estos linderos sobre territorios donde no surcaran ríos o montañas, daban ocasión a la confusión o la ambigüedad. Buga continuó en sus reclamaciones por un siglo más y en 1684, los cabildos de Cali y de Buga pidieron la intercesión de la Real Audiencia de Quito para que arbitrara el caso. La Audiencia delegó al alcalde de Popayán para que midiera el territorio e impartiera justicia. Tres representantes de cada cabildo hicieron la medición y se establecieron como límites:

un terraplén grande que arrancaba del punto en donde nace el arroyo denominado Mirriñao. Este sería, en parte, el límite que terraplén arriba seguiría a dar al río Amaime y desde allí hasta el Bolo, y cortando por arriba de este, hasta Amaime que era jurisdicción de Buga, y del terraplén al río Cauca, jurisdicción de Cali, hasta el arroyo del Trejo. La jurisdicción sería a media en los dos caminos reales, base de la divergencia, uno que llevaba

---

[29] García Vásquez, Demetrio (1928), *Los hacendados de la otra banda y el Cabildo de Cali,* Imprenta Gutiérrez, Cali, pp. 14, 19, 20, 28 y 29.

de Cali a Buga por Apunima y otro que unía también las dos ciudades por los Piles. Es decir, se trazó el lindero en puntos equidistantes de las expresadas vías y se pondría un mojón en el Trejo y otro en el Amaime: lo que se extendía hacia la sierra alta era de Buga, lo que avanzaba al Cauca era de Cali.

(...) se señaló un zanjón que está debajo de las casas del hato de la Compañía de Jesús, más arriba del morrito redondo, poco menos de media legua, y que fuera lindero por siempre jamás, corriendo desde la punta de dicho zanjón o chamba hasta el río del Bolo, derecho, y por la otra el río de Amaime, y que se pusiesen mojones finos y permanentes por los dichos cabildos[30].

Estos arreglos plasmados en el papel y sin una delineación técnica en el terreno como la concebimos en el presente, siguió dejando insatisfecho a uno y otro cabildo que con diferentes interpretaciones favorables a su jurisdicción continuó litigando por los límites hasta 1771[31].

---

[30] Tascón, Tulio Enrique (1939), *Historia de Buga en la Colonia.*, Editorial Minerva, Bogotá, pp. 51-52.

[31] Para conocer detalladamente estos litigios, se puede consultar a Zamira Díaz, *Gestación histórica de Palmira*, pp. 4-11.

CAPÍTULO 3

ESTANCIAS Y HACIENDAS DE LLANOGRANDE

Para evitar la ambigüedad de la palabra Llanogrande, cuando en esta obra citamos el territorio de Llanogrande, es en realidad, un vasto globo de tierra situado en la "otra banda" del río Cauca, es decir, al lado opuesto donde fue fundada Cali y cuyos límites eran el río Sabaletas por el norte y el río Bolo, al sur. Limitaba al oeste con el río Cauca y al oriente con la Sierra Alta de los Pijaos. Este territorio estaba dividido entre la jurisdicción del Cabildo de Buga que lo llamaba Llanogrande y la parte adscrita al cabildo caleño que le denominaba Yunde. La otra acepción de Llanogrande es el caserío surgido desordenadamente a finales del siglo XVII alrededor de la Hacienda El Palmar y que se comenzó a urbanizar lentamente a partir de 1758 en predios de la mencionada hacienda por donación de Gregorio de Saa y Rengifo a la Cofradía local. Ese mismo poblado daría origen de hecho en 1813 a la villa de Palmira, ratificado en derecho por el Vicepresidente Santander en 1824.

Para el presente estudio nos centraremos en las estancias y haciendas surgidas en Llanogrande durante la Colonia y parte de la época republicana (1810-1824), en el territorio que hoy comprende Palmira, Cerrito y Pradera. Desde 1824 en adelante se estudiará las fincas y haciendas de la jurisdicción de Palmira.

Los terratenientes. De cinco capitanes de la Conquista y de la Colonia descendieron los principales terratenientes de Llanogrande: Pedro Cobo, Gregorio Aguirre de Astigarreta, Alonso Quintero Príncipe, Diego Velásquez Rengifo y Diego Campo Salazar. Los dos hijos de Pedro Cobo, Lázaro y Andrés, se casaron respectivamente con Isabel Quintero Príncipe y Catalina de Vergara, hijas de Alonso Quintero Príncipe. Las bisnietas de Pedro Cobo y Alonso Quintero Príncipe, se llamaron Lucía Ordóñez de Lara y Beatriz Ordóñez de

Lara. Ellas hermanas entre sí, se casaron con dos hermanos, Francisco Rengifo Salazar y Marcos Rengifo Salazar, a su vez nietos de los capitanes Diego Velásquez Rengifo y Diego Campo Salazar.

Otra rama derivada de Pedro Cobo, era la de su bisnieta Isabel de los Cobos Palacios, que se casó con Francisco de Escobar Jibaja para dar origen a otro tronco familiar del cual descendería Francisco Escobar Alvarado, su nieto Feliciano Escobar Alvarado y su bisnieto José de Escobar y Lasso. La mujer de Feliciano Escobar Alvarado era Mariana Lasso y Vivas, hija a su vez de Lorenzo Lasso de la Espada y María Vivas Sedano.

Uno de los primeros capitanes fue Gregorio de Astigarreta (1535-1605), llamado El Viejo, a quien le otorgaron tierras y encomienda en las vegas del río Amaime y dependió tanto de los cabildos de Cali como de Buga. Casado con Juana Ponce de León, tuvieron ocho hijos entre los cuales destacan por sus vínculos matrimoniales, Leonor Astigarreta Ponce de León y Gregorio de Astigarreta Avendaño, llamado El Mozo, quien prosiguió las empresas de su padre, al morir este en 1605. Estaba casado con Isabel Rivadeneira y fue un importante terrateniente trabajando en compañía de su madre y hermanos. Al morir en 1628, su viuda se casó con Juan de Cifuentes Almansa, otro importante dueño de tierras.

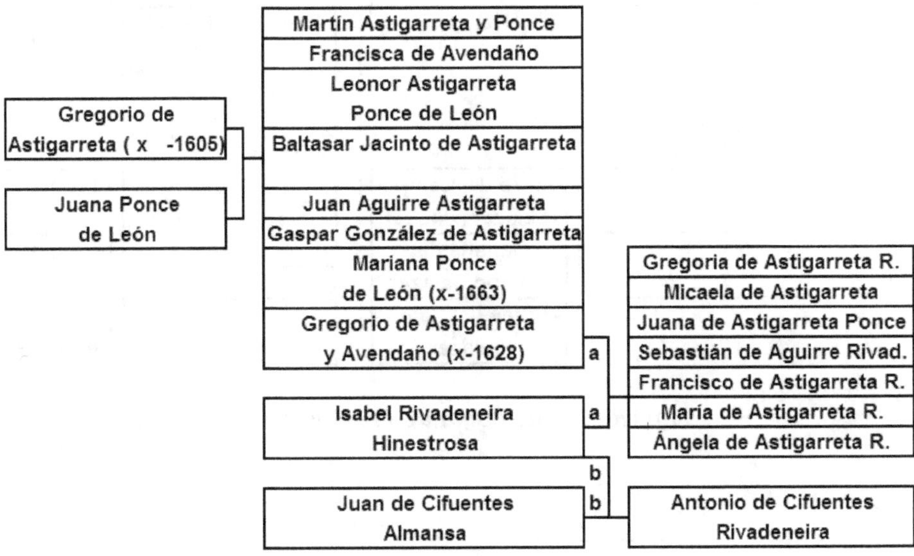

Figura 4. Genealogía de Gregorio de Astigarreta

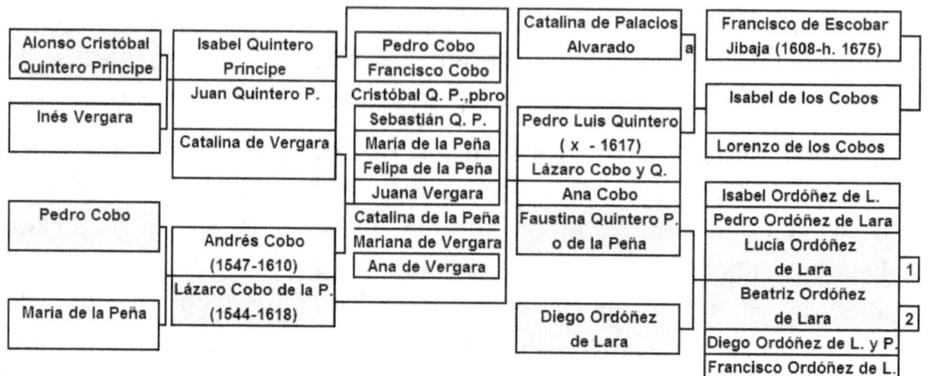

Figura 5. Genealogías de Pedro Cobo y Alonso Quintero Príncipe[32]

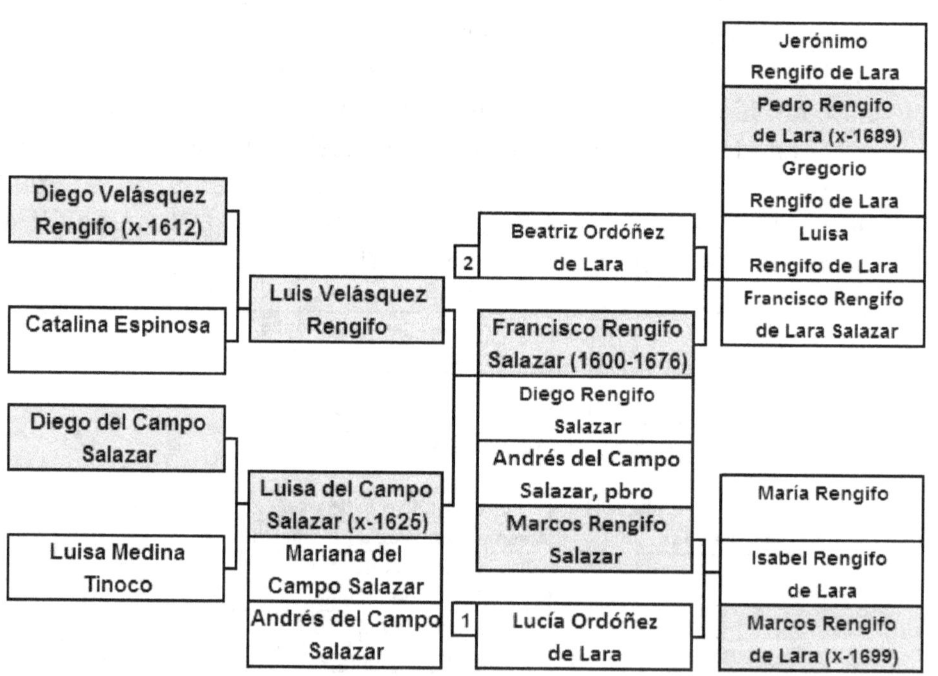

Figura 6. Genealogía de Francisco Rengifo Salazar

[32] Todas las genealogías de esta obra están basadas en *Linajes del Cauca Grande* de Miguel Wenceslao Quintero, Tomos I, II y III, Universidad de los Andes, 2006, pp. 263-286; 323-329; 1017- 1025; 1055-1063; 1117-1118 y 1372.

20

Otro árbol familiar de terratenientes fue el derivado de los capitanes Antonio Ruiz Calzado y Francisco Sancha Barahona cuyos descendientes fueron Josefa Ruiz Calzado y por el otro lado, Juan de Barona Fernández, casados entre sí, que serían los padres de Margarita y María Teresa Barona, madres de los próceres Cabal Barona.

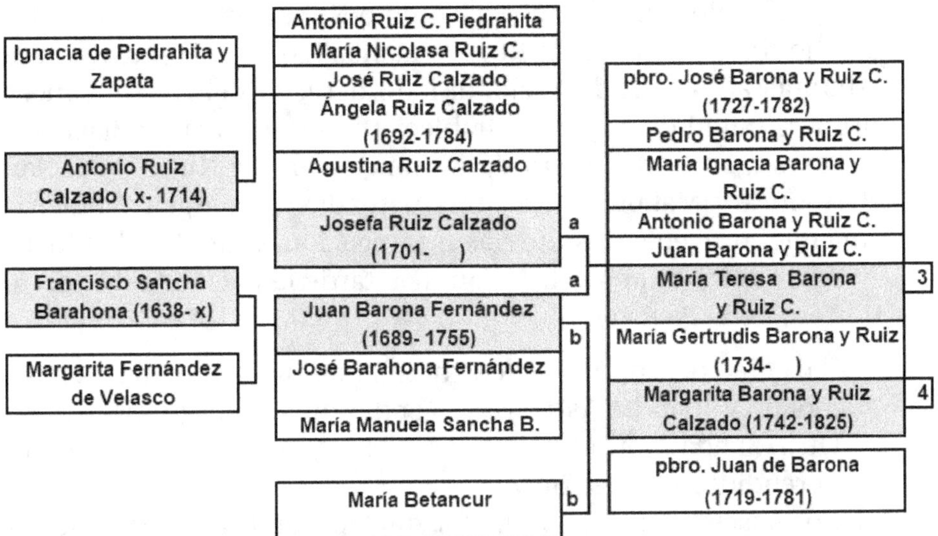

Figura 7. Genealogía de Antonio Ruiz Calzado y Francisco Sancha Barahona.

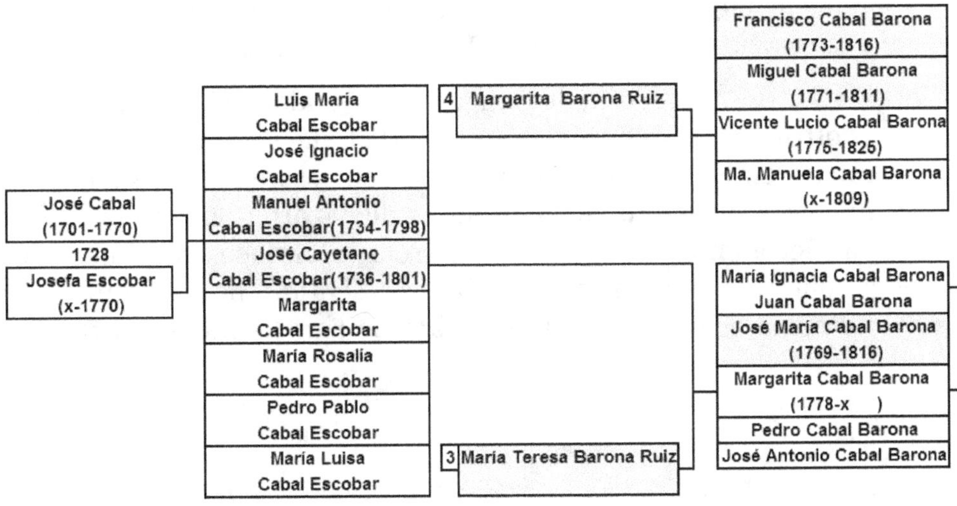

Figura 8. Genealogía de los Cabal Barona

Fragmentación del territorio. Las estancias iniciales en el siglo XVI fueron las tres establecidas en la región de San Jerónimo de los Ingenios por los dos hermanos Cobo y Gregorio de Astigarreta a ambos lados del río Amaime. También al margen derecho del Amaime y al sur del río Sabaletas estaba la estancia otorgada por Buga al capitán Luis Velásquez Rengifo (1542-1612).

En el siglo XVII, el capitán Antonio Núñez de Rojas (1618-1674) y su hijo Antonio Núñez de Rojas y Llanos (1636-1716) tuvieron tierras adjuntas al zanjón de Trejo, al lado derecho del río Amaime. En la primera mitad del siglo se establecieron las estancias y haciendas de El Palmar, Nuestra Señora de la Concepción de Nima, Aguaclara, La Herradura y Malibú, entre otras, situadas al margen izquierdo del Amaime provenientes de las segregaciones de las herencias de Astigarretas y Cobos. Surgieron más tarde la hacienda de Loreto y El potrero de El Papayal.

En efecto, en 1619 los hermanos Gregorio de Astigarreta Avendaño y Juan de Astigarreta vendieron a Rodrigo Arias tierras en la Otra Banda por el valor de 274 patacones. El predio estaba comprendido entre el río Amaime y tierras de Lázaro Cobo[33]. Ante pleitos suscitados, el gobernador de Popayán Pedro Lasso de Guerra, dio orden de entregar las tierras que los Astigarreta habían vendido y él había titulado, a Rodrigo de Arias, en la margen izquierda del río Amaime y en el camino que de Buga va a Popayán[34]. Este camino que venía de Buga hacia Cali, se dirigía por la banda oriental del río Cauca y lo cruzaba en el Paso de la Torre de Anapunima.

En 1622, Gregorio de Astigarreta Avendaño El Mozo, con su mujer y otros familiares, hicieron sociedad de seis años para producir mieles en el ingenio en el sitio de San Jerónimo. Ya se aclaró antes que la propiedad de los herederos de Lázaro Cobo era la estancia de San Jerónimo y la de los Astigarreta se situaba en la región de San Jerónimo de los Ingenios. En ese sentido por ejemplo, Germán Colmenares dice que "la hacienda de San Jerónimo hacía parte del

---

[33] AHC, Fondo Escribanos, 2 de abril de 1619, ff. 169-170.
[34] ACC Sign. 1431 Col CI-12nt y Sign. 1520 Col JI-1cv.

22

primitivo dominio de los Astigarreta"[35]. Los topónimos o sitios como San Jerónimo de los Ingenios y Pueblo Nuevo de la Concepción de Napunima, se confunden con el nombre de las encomiendas del lugar: Napunima, Pueblo Nuevo de la Concepción y Concepción de Mulahaló.

También existe controversia sobre el origen de la fabricación de azúcar en la región. Mientras algunos afirman que fue Lázaro Cobo en su hacienda San Jerónimo, otros como Miguel Wenceslao Quintero, apoyado en la mortuoria de Astigarreta El Viejo, sostiene que fue este quien montó el primer ingenio de azúcar a orillas del río Amaime[36].

En 1628, al morir Gregorio Astigarreta El Mozo, le heredaron su viuda Isabel Rivadeneira, su hijo Francisco y su hermano Jacinto Baltasar. El fundo de El Palmar a ambas orillas de un riachuelo fue asignado a Francisco de Astigarreta Rivadeneira y limitaba al oeste con La Herradura y tierras de Ana González; al sur con el río Bolo y al norte con tierras de Juan Romero[37].

Para 1637, entre Cali y Buga, había 79 propietarios de tierras de los cuales solamente el 20% de ellos acaparaba el 50% de ellas. Los demás eran dueños de predios con escaso valor donde el mayor precio lo constituía el ganado y los esclavos, no así el precio de la tierra cuya tenencia se hacía más como figuración social que por solvencia económica[38].

Juan Romero compró la estancia de El Palmar en 1644 cuando al morir Francisco de Astigarreta Rivadeneira, y pagar su funeral, la madre de Astigarreta, le vendió la propiedad. El mismo Juan Romero en 1650 vendió a Juan Lasso de los Arcos, a Onofre Lasso y a Miguel Vivas Sedano, el extenso territorio de La Herradura que abarcaba desde el Paso de la Torre hasta el río Bolo. Isabel Rivadeneira también donó a su hijo Sebastián, tierras en Malibú entre el zanjón de Aguaclara y el río Amaime[39].

---

[35] Colmenares, Germán (1983), *Cali: terratenientes, mineros y comerciantes. Siglo XVIII*, Colección Sociedad y Economía en el Valle del Cauca, Tomo I, Banco Popular, Bogotá, p. 49.

[36] Quintero, op. cit., p. 55.

[37] Díaz, Zamira (1975), *Gestación histórica de Palmira*, Práctica Social Histórica, pp. 49-51.

[38] Colmenares (1983), op. cit., pp. 31-32.

[39] Díaz, op. cit., pp. 50-51.

En 1641, Marcos Rengifo Salazar inició un largo pleito contra Álvaro González sobre un potrero llamado La Porquera que Rengifo pretendía como suyo y que fue fallada a su favor por la Real Audiencia de Quito. En 1642, demandó al alguacil de Buga porque no le hizo caso en hacer cumplir la orden. El funcionario no estaba autorizado ya que su superior, el alcalde, no se hallaba en su despacho. También en ese mismo año, Rengifo se quejó ante Quito del gobernador Juan de Borja que fue multado por haber procedido contra Rengifo. En el litigio González argumentó que el terreno que solicitaba Rengifo era uno que este le había comprado a Juan de la Peña y se trataba de otro y no el de La Porquera que González compró a Diego de Arrieta. En 1671, los herederos del ya difunto González, demandaron ante Quito, al capitán Pedro de Salazar Santacruz, alcalde ordinario que fue de Buga en año de 1664, por lo mal juzgado en la sentencia que dio sobre el litigio con Marcos Rengifo Salazar sobre La Porquera[40].

En 1645, Juan de Cifuentes y su mujer, Isabel de Rivadeneira, hicieron donación de la mitad de sus tierras de Amaime a su hija Micaela de Astigarreta y a Francisco de Valderrama. Los predios estaban comprendidos entre el río Amaime y el acequión de Aguaclara y por otro lado, con el potrero de Baltasar Jacinto de Astigarreta[41]. Dos meses después, Micaela y Francisco, vendieron las tierras que les habían donado a Felipe de Acosta, por el precio de dos mulas[42].

En 1649, Francisco Zapata de la Fuente y su mujer Mariana Ponce de León vendieron sus tierras de Piles a Luis de Castillo[43].

En 1651, el comerciante Rodrigo Arias que había comprado terrenos a los Astigarreta, le donó tierras a los padres jesuitas del Colegio de Popayán que conformarían una extensa hacienda situada entre el zanjón Zamorano al sur, y el río Nima y el Amaime como límites al oriente y norte de la propiedad[44].

---

[40] ACC Sign. 2304 Col JI-3cv; Sign. 1675 Col JI-3cv; Sign. 8116 Col JI-14cv; Sign. 8136 Col JI-15cv.

[41] AHC, Fondo Escribanos, 12 de junio de 1645, Notaría Primera, ff. 148-149v.

[42] AHC, Fondo Escribanos, 12 de agosto de 1645, Notaría Primera, ff. 165-166.

[43] AHC, Fondo Escribanos, 1649, Notaría Primera, f. 44v.

[44] ACC Sign. 883 Col. CI -12nt.

En 1652, Martín Holguín Pantoja vendió a Francisco Rengifo Salazar, el Llano de Ortega, situado hacia la zona oriental de la suela plana[45]. Los propietarios y herederos de los latifundios constituían la élite y a su vez tenían destacados puestos en los cabildos de Cali, Caloto y Buga.

En 1661, Francisco Rengifo Salazar compró tierras indivisas de Chinche a Juan Almansa e Isabel Rivadeneira por la suma de 320 pesos[46].

A finales del siglo XVII, debido a una larga temporada de lluvias muchos ríos que bajaban de la Sierra Alta de los Pijaos (Cordillera Central) cambiaron sus cursos. Eso hizo el río Bolo en su curso medio y el río Amaime en una de sus bocas que fluía al río Cauca[47].

Para 1730, en la banda derecha del río Amaime ya se habían establecido las haciendas El Alisal, Concepción de Amaime, Sabaletas, Pantanillo, El Cerrito, Piedechinche y Trejo. Más tarde, al avanzar el siglo, de las extensas haciendas de El Alisal, El Cerrito y Concepción de Amaime se segregaron otras pequeñas haciendas como Santa Bárbara del Hatico. Mientras tanto al sur del río Amaime y especialmente en jurisdicción del Cabildo de Cali, el territorio de Llanogrande llamado Yunde, además de establecer un pequeño caserío junto al río Bolo, la subdivisión de estancias y haciendas también originó otras unidades productivas como El Abrojal, El Limonar, El Papayal, Hato de Mora, La Herradura, La Porquera, Coronado, Casangal, entre otras.

---

[45] Quintero (2006), op. cit., p. 158.
[46] Díaz, op. cit., p. 53.
[47] ACC Sign. 8122 Col JI-14cv.

CAPÍTULO 4

LAS HACIENDAS DEL SIGLO XVII y XVIII

Evolución de la estancia a la hacienda. La estancia en Llanogrande fue una unidad productiva que se estableció inicialmente como una derivación de la encomienda donde los indígenas tributaban al encomendero con productos agrícolas. La rápida extinción indígena permitió que los encomenderos utilizaran a los aborígenes en su servicio personal gratuito. Los Visitadores Reales castigaron esta práctica ilegal y luego se usó la mano de obra indígena remunerada y a los esclavos negros. La introducción de la caña de azúcar y la instalación de trapiches conllevó a una diversificación de las unidades productivas que ya no solo se sostenían con el ganado sino con mieles y productos agrícolas. Hacia 1650 ya se habían establecido algunas estancias en Llanogrande compuestas de extensos latifundios dedicados a la ganadería (estancias de ganado mayor y menor) y estancias de pan coger y sin otra función económica. Con el avance de la frontera agrícola y minera del Chocó hacia 1680, la destinación principal de la fuerza de trabajo se dirigió hacia las minas que jalonaron la economía, lo cual permitió a comerciantes y mineros tener dinero para comprar tierras y a la vez establecer a la hacienda como unidad productiva encargada de los suministros de carnes y aguardiente y con una destinación económica definida.

Mencionaremos en este capítulo, las principales haciendas que se derivaron de los extensos latifundios otorgados a los capitanes de conquista del siglo XVI. En muchos casos, un territorio adoptaba el nombre de la hacienda y posteriormente con las herencias, negocios y fragmentación de la propiedad, se vendían derechos de tierras de porciones del territorio con el mismo nombre. Es común escuchar los nombres de "Llano de…", "Rincón de …" o "Potrero de…". En otras ocasiones, se denominaba con un nuevo nombre a la propiedad comprada. Igualmente, a menudo se usaban las advocaciones a la Virgen María para nombrar a una hacienda con los nombres de "Nuestra Señora de …" y se la relacionaba con un río cercano. Por tanto, hubo haciendas llamadas en su forma abreviada como Concepción de Amaime, Concepción de Nima, Concepción del Bolo, entre otras. Hubo haciendas homónimas situadas en diferentes sitios del territorio. Tal es el caso de las haciendas de Aguaclara, una situada cerca al río Amaime y la otra, más reciente, cercana al curso del río Aguaclara que tributa al río Bolo. Son homónimas la hacienda Santa Bárbara segregada de El Alisal en cercanías del Amaime y una más reciente, localizada al oeste del poblado de Palmira. Sucede de igual manera con la hacienda San José con tres propiedades que usaban el mismo nombre. También, los ríos, quebradas o sitios homónimos deben tenerse en cuenta para no confundir su ubicación geográfica. Hubo en el territorio extendido de Llanogrande al menos tres quebradas con el nombre de La Honda: una que desemboca al río Aguaclara al suroriente del poblado de Llanogrande; otra que corre y cae al río Sabaletas cerca al corregimiento actual de El Castillo en El Cerrito y una en el sector de Tablones. De igual manera hay varios sitios llamados El Salado. Por último, los principales caños, zanjones y acequias han tenido diferentes nombres a través de los siglos y dedicamos un apartado para referenciarlos y ayudar a una mejor comprensión.

Aguaclara. Desde 1628 estaban abiertos los litigios sobre algunos terrenos de la hacienda Aguaclara. La propiedad tenía extensos terrenos que abarcaban en el norte desde el río Amaime hasta el zanjón Mirriñao al sur. Su casa principal se situaba entre el zanjón Aguaclara y el río Amaime. Gregoria de Astigarreta Rivadeneira, hija de Astigarreta El Mozo e Isabel Rivadeneira, era dueña de parte de esta tierra y la vendió a Juan Lorenzo de Rocha. Un descendiente suyo, el presbítero Juan Ignacio de Rocha la hipotecó en 1666 como respaldo de un censo de 2.000 patacones ante una deuda a Antonio de Cayzedo Salazar[48]. Dos años después, en 1668 la vendió a Cristóbal de Cayzedo Salazar[49].

Por su parte, las tierras de Leonor Astigarreta Ponce de León, tía de Gregoria de Astigarreta, pasaron en parte a su hijo Onofre Lasso de los Arcos y a su nieto, Lorenzo Lasso de la Espada. Con la muerte de este en 1717, su hija Mariana Lasso y Vivas heredó la mitad de la hacienda que vendió en 1727 a su cuñado Felipe Cobo de Figueroa

---

[48] AHC, Fondo Escribanos, 19 de abril de 1666, Notaría Primera, ff. 102-102v.
[49] Quintero (2006), op. cit., p. 1191.

junto con 1.550 reses[50]. El esposo de María La Antigua Lasso y Vivas - otra hija de Lorenzo- fue Feliciano Escobar Alvarado (1684-1723). Este al final también fue dueño de tierras de Aguaclara y de ellos lo heredó su hijo José de Escobar y Lasso (1712-1767) que en 1747 había gravado la propiedad con un censo de 4.000 patacones[51].

En 1770, la viuda de José Escobar y Lasso, la señora Catalina García, inició otra causa, esta vez contra los administradores de la extinta hacienda de los jesuitas de Llanogrande. Su pretensión era que le devolvieran una franja de terreno de 2,5 km de largo por 1,2 km de ancho, que según ella, le habían cercenado de su hacienda[52].

Augí. Juan de Cifuentes, casado con Isabel Rivadeneira viuda de Gregorio de Astigarreta Avendaño, vendió en 1651, el predio de Augí a Francisco Rengifo Salazar por 320 pesos[53]. En 1673, Beatriz Ordóñez de Lara, viuda de este último, quedó administrando todos sus bienes[54]. Al morir, dejó esta propiedad a su hija Luisa Rengifo de Lara. Un hijo de esta, José Lasso Cortés de los Arcos, vendió la quinta parte de Augí en 1726 al Colegio de la Compañía de Jesús de Popayán[55].

Barrancas Altas. Desde 1652 era propiedad de la familia Rengifo Salazar. Sus descendientes, Juan Lasso de los Arcos y Luisa Rengifo de Lara, dejaron al morir, estas tierras a su hijo Nicolás Lasso de los Arcos. Al fallecer este en 1717, dejó esta propiedad en manos de su viuda Faustina Solarte Benavides[56].

---

[50] Quintero (2006), op. cit., pp. 65-67. Lorenzo Lasso de la Espada era a su vez, nieto por línea materna de María Luisa Sánchez de la Espada, encomendera de Chinche.

[51] Colmenares (1983), op. cit., p. 159.

[52] ACC Sign. 9935 Col JII-9cv y Sign. 5539 Col CII-17it.

[53] ACC Sign. 1539 Col CI-12nt.

[54] ACC Sign. 11236 Col. C IV- 8 nt. Este predio estaba en pleitos 88 años después, en 1761 cuando reclamaban derechos el Rector del Colegio de la Compañía de Jesús de Popayán, la heredera Josefa Ruiz Calzado de los bienes de su marido Juan de Barona Fernández y los hijos de este, los presbíteros Juan de Barona y José de Barona.

[55] ACC Sign. 3550 Col EI-9s; Sign. 11236 Col CIV-8nt.

[56] Quintero (2006), op. cit., p. 60.

Manuel Crespo Lozano le compró hacia 1730, al presbítero Francisco Cobo de Figueroa, las tierras entre la ciénaga cercana a la acequia que sale del río Nima y las tierras aledañas y montuosas de la quebrada La Honda[57]. Su hija Francisca Crespo y Cobo las heredó y en 1753, su marido José Vernaza, las vendió a Cristóbal Cobo de Figueroa[58].

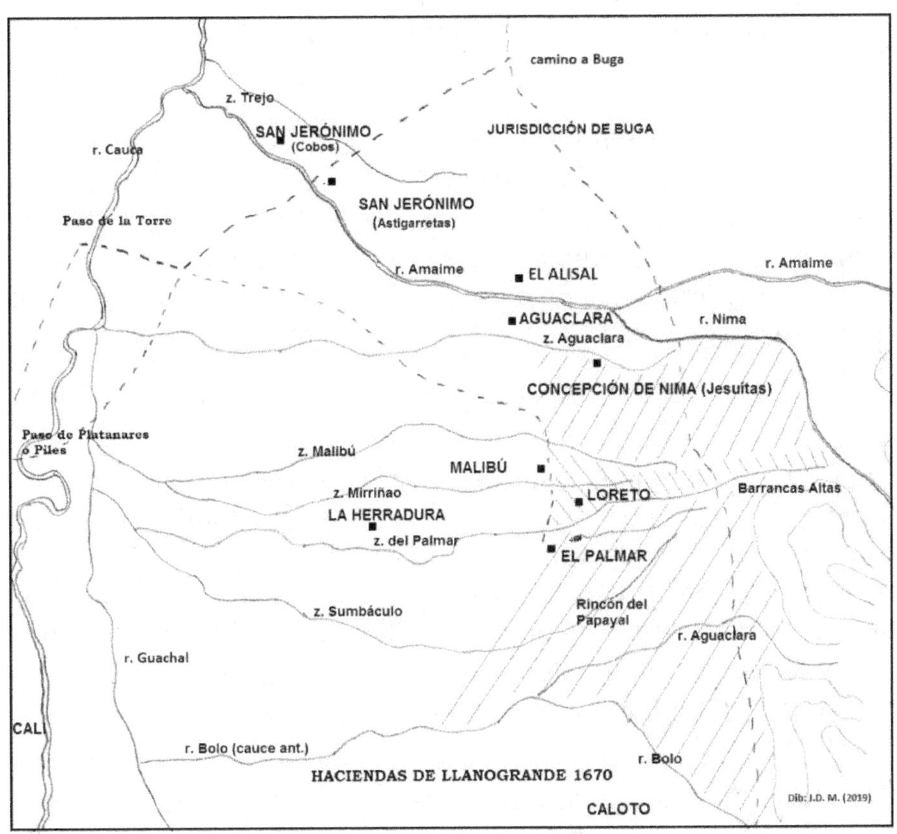

Figura 9. Haciendas de Llanogrande en 1670

---

[57] Arboleda, Gustavo, *Historia de Cali*, Tomo II, p. 55.
[58] Quintero (2006), op. cit., pp. 326-327.

Cienagalarga. En 1763, Teresa de Mora protocolizó esta propiedad en Buga y sus linderos eran por el oeste, el zanjón Guachal; por el oriente limitaba con Malaganita del presbítero doctor Juan Barona; por el sur con el río Bolo y por el norte con un callejón que usaban para trasladarse desde Cali hasta Llanogrande. Rosalía Cifuentes hija de Teresa de Mora heredó derechos de esta propiedad y los añadió a otros comprados a su hermano Luis Cifuentes Mora. La propiedad luego pasó a manos de José Álvarez quien la vendió por 325 patacones a Antonio Arce. Este vendió los derechos a Nicolás Ospina en noviembre de 1780[59].

Concepción de Amaime. Es una hacienda que data al menos desde 1700 cuando tenía capilla de la cual fue doctrinero el presbítero Francisco Cobo de Figueroa. A finales del siglo XVIII fue adquirida por la familia de Manuel Antonio Cabal y Margarita Barona Ruiz Calzado. Allí nacieron los próceres y mártires de las guerras de emancipación Miguel Cabal Barona en 1771 y su hermano Francisco Cabal Barona en 1773.

Concepción de Nima (jesuitas). El segundo obispo de Popayán, Agustín de la Coruña, apenas nombrado en 1562 y estando en España, pidió al Consejo de Indias, llevar los jesuitas a su diócesis. Le fue negado con el argumento que en Popayán ya existían tres órdenes: los dominicos, franciscanos y agustinianos. Solo le permitieron consultar al general de los jesuitas, si podía enviar a los religiosos de su propia cuenta. Francisco de Borja agradeció el gesto pero, no pudo enviar a ninguno[60].

Para 1609, la comunidad provincial jesuita del Nuevo Reino de Granada estaba dividida en viceprovincias con centros en Santafé, Cartagena, Panamá y en Quito.

Con la llegada a Popayán en 1631, del padre jesuita Francisco de Fuentes, procedente del Perú con camino a Roma, animó al obispo de Popayán Ambrosio Vallejo, a escribir una carta al rey para pedir la

---

[59] Escrit. No. 240 del 30 de julio de 1912, Not. 1ª de Palmira.

[60] Jounen, José (1941), *Historia de la Compañía de Jesús en la antigua Provincia de Quito 1570-1774*, Editorial Ecuatoriana, Quito, p. 48.

venida de los jesuitas[61]. Apoyaba la solicitud con los ofrecimientos por escrito de algunos vecinos que se comprometían donar dinero, ganados y tierras para quienes vinieran a establecer el colegio[62]. Los donativos sumaban alrededor de 4.000 pesos o patacones. Los capitanes asentados en la ciudad, donaban 200 patacones y la gran mayoría de ciudadanos hicieron promesas de donar entre 8 y 20 pesos.

Nueve años más tarde, el 15 de noviembre de 1640, la Real Audiencia de Quito expidió la patente para la fundación del Colegio de Popayán[63]. Este permiso fue dado a pesar que en el momento había muchas reticencias para permitir nuevas fundaciones de colegios debido a la exención de pago del diezmo que tenían los jesuitas que debilitaban la figura del Patronato Real a favor del monarca. Le fue concedido al Colegio de Quito el permiso de fundar dos casas, pero pagando los diezmos[64]. El porcentaje por pago del diezmo quedó estipulado en el uno por treinta[65].

La Compañía de Jesús tuvo en territorio de Llanogrande la hacienda Nuestra Señora de la Concepción de Nima, cuyo terreno les fue donado por el latifundista Rodrigo Arias, el 6 de diciembre de 1651[66].

En 1668, los jesuitas compraron a Cristóbal Cayzedo Salazar, los derechos del agua de la acequia que se deriva del río Nima por 80 patacones. El agua sería para el trapiche que los padres estaban construyendo sobre el zanjón de Aguaclara[67].

---

[61] Jounen, op. cit. p. 141.

[62] (ACC) Sign. 1613 Col EI-9s.

[63] ACC Sign. 1716 Col EI-9s. A este respecto, María Jesús Ceinos Manzano en "Orígenes de los colegios jesuitas de la provincia quítense y su incidencia en la educación" dice que fue en 1639 y cita el archivo de donde lo obtuvo: AHPTSJ, C-64 (1273), N° 108, copias manuscritas de 1769.

[64] Jounen, op. cit. pp. 141-143.

[65] Jounen, op. cit. p. 218; ACC, Sign. 4850 Col EI-9s.

[66] Díaz, Zamira (1975), *Gestación histórica de Palmira*, Práctica Social Histórica, pp. 63 y 71. Tomado de ACC Sign. 883 Col. CI -12nt.

[67] AHC, Fondo Escribanos, 16 de julio de 1668, Notaría Primera, ff. 36-38.

En 1689 el padre Visitador Diego F. Altamirano llegó a Popayán, y camino a Quito, la inspeccionó. Volvería en segunda visita en abril de 1692[68].

El padre Altamirano había llegado al Nuevo Reino de Granada por encargo del General de la Orden, Tirso González, para evaluar la posible división de la jurisdicción provincial en dos. En 1696, Quito sería elevada a la categoría de Provincia dentro de la jurisdicción religiosa de la Orden mientras del Provincial del Nuevo Reino de Granada, dependerían las fundaciones de Cartagena, Tunja, Santafé, Mérida, Mompóx, Pamplona y Honda, el colegio-seminario de San Bartolomé y las misiones en los llanos orientales de la Orinoquia. El Colegio de Popayán y su propiedad en Llanogrande, así como las dependencias de los jesuitas de Buga quedaban bajo la tutela de Quito [69].

Fue la crisis económica de los jesuitas de Santafé que impulsó la división administrativa en 1696 tanto que Quito, que poseía las mejores haciendas, se comprometió a dar a la provincia jesuita del Nuevo Reino, 50.000 pesos de 8 reales. Con el adelanto de 30.000 pesos entregado por Quito en la ciudad de Popayán, la casa de Santafé compró la hacienda San Miguel de Chipalo, en los llanos del Tolima[70].

Entre 1695 y 1696, el padre Pedro Calderón visitó el Colegio de Popayán y entre otros bienes que esta casa poseía en la Gobernación de Popayán, figuraba la hacienda con trapiche en la región de Llanogrande, donde trabajaban 36 esclavos y pastaban en sus potreros, 2.000 caballos, 50 mulas y 11 o 12 cabezas de ganado. El P. Altamirano, superior de Pedro Calderón, había dado la orden de vender esta hacienda de Llanogrande por la lejanía a Popayán y la poca vocación de algunos religiosos al estar alejados de la comunidad. Sin embargo, la venta no se realizó[71].

---

[68] Jounen, op. cit. pp. 280 y 289.

[69] Egido López, Teófanes; Javier Burrieza y Manuel Revuelta (2004), *Los jesuitas en España y el mundo hispánico,* Centro de Estudios Hispánicos e Iberoamericanos, Madrid, p. 205.

[70] Pacheco, Juan Manuel (1962), *Los Jesuitas en Colombia 1654-1696,* Tomo II, Bogotá, pp. 228-235; también en Jounen, op. cit. p. 297.

[71] Pacheco (1962), op. cit., p.178. Tomado a su vez de AP Quito leg. 7 (10 nov 1696) y leg .15 (23 abril de 1695).

Tabla 1. Entradas y gastos de la hacienda de los jesuitas de Llanogrande, septiembre de 1729-junio de 1730 [72].

	Entradas	Salidas	Saldo
Saldo a septiembre de 1729			216 pt
Entradas por el trapiche (mieles y azúcar)	1.981 pt 1 r		
Entradas por el hato (carnes y sebos; yeguas, potrancas y novillos en pie)	1.897 pt 4 r		
Entradas por la quesera	8 pt 2 r		
Gastos por envíos de ganado a Colegio de Popayán		1.340 pt 3 r	
Gastos del trapiche y esclavos		866 pt 6 r	
Gastos del hato en manutención de ganados y vaqueros		581 pt 4 r	
Gastos de la casa		250 pt 2 r	
Gastos en suplementos		66 pt	
TOTALES a 30 junio de 1730	3.886 pt 7 r	3.104 pt 7r	998 pt

---

[72] ACC Sign. 4139 Col EI-9s.

En síntesis, al terminar el siglo XVII, los jesuitas tenían la hacienda de Llanogrande en producción como lo señala el informe de 1696 dirigido a los oficiales reales de Popayán[73].

Para 1714, el P. Cristóbal Mejía era el administrador de la hacienda en Llanogrande[74]. También es de resaltar que la Compañía de Jesús tenía en Buga, un colegio independiente al de Popayán, el cual era dueño de haciendas en Sabaletas, Trejo, Piedras, Barragán, Sepulturas, entre otras, en suelos plano y montañoso del valle del río Cauca.

En 1726, el Colegio de Popayán compró por 130 patacones (pesos) la quinta parte del terreno de Augí, situado en las cabeceras del río Amaime, a José Lasso Cortés, nieto de Beatriz Ordóñez de Lara y Francisco Salazar Rengifo[75].

En el año de 1730, Leonardo Deubler realizó una visita a la hacienda y registró que el administrador H. Sebastián Franco tenía en su haber de los últimos nueve meses, hasta junio de ese año un total de 4.102 pesos y 20 reales discriminados así: 1.981 pesos y 1 real por el trapiche; 1.897 pesos y 4 reales por el hato; 8 pesos y 2 reales por la quesera y los 216 pesos del cargo (saldo) que se le dejó en la pasada visita. Los gastos ascendían a 3.104 pesos con 7 reales. (Ver Tabla 1). Al termina la visita, se reemplazó a Franco que entregó la administración al H. Domingo Morán[76]. En 1735, llegó Juan de Alejandro para sustituir a Morán.

En los registros mensuales de entradas en los años de 1729 a 1734, se puede apreciar que la mayoría de productos que vendía la hacienda eran carnes de res, sebos, yeguas, potrancas y novillos en pie, mieles y azúcar del trapiche. Asimismo, eventualmente vendían carne de cerdo, jabón y fríjoles. Las tierras estaban destinadas al pastoreo del ganado vacuno y caballar y una parte a la agricultura con cañaduzales, pastos artificiales y productos de pancoger que se consumían en la misma hacienda. Para tener una idea de los costos,

---

[73] ACC Sign. 1901 Col CI-19h.

[74] ACC Sign. 2810 Col EI-9s.

[75] ACC Sign. 3162 Col EI-9s y Sign. 3550 EI-9s.

[76] ACC Sign. 4139 Col EI-9s.

34

un novillo se vendía en junio de 1731 a 4 pesos; una vaca salada se vendía a 16 pesos; un potro valía 5 pesos mientras una potranca costaba 3 pesos. Una carga de miel se despachaba a 8 pesos. A comienzos de 1732, una fanegada de frijol, es decir, el grano que produce una plaza (6.400 m^2) de tierra se vendía a 6 pesos mientras un puerco salado se cotizaba a 10 pesos[77].

Pero como fue común en la Colonia, las grandes extensiones territoriales se veían inmersos en pleitos por linderos y los jesuitas celosos de sus propiedades no vacilaron en acudir a la Real Audiencia de Quito para reclamar derechos sobre linderos con haciendas vecinas. De tal manera, el 16 de septiembre de 1729, los alcaldes ordinarios de Cali y Buga hicieron la diligencia ordenada desde 1728 por la Real Audiencia de Quito para reconocer los derechos de la Compañía y deslindar los terrenos de Concepción de Nima como en ese momento se conocía la hacienda en Llanogrande. La propiedad estaba en jurisdicción del Cabildo de Buga y era colindante con las propiedades de Juan del Castillo, Ana de Guzmán y Juan de Barona Fernández[78].

En mayo de 1738, debido a una fuerte temporada lluviosa, el río Nima cambió de cauce y los jesuitas enviaron solicitud al alcalde de la Santa Hermandad en Buga para que mediante un peritazgo se reconocieran los linderos de la hacienda. Meses después, el P. Juan de Alejandro pidió a la misma autoridad, hacer el despojo de José Romero y su familia quienes argumentaban haber comprado tierras entre los ríos Amaime y Nima, que pertenecían a la hacienda Concepción del Nima[79].

Al margen de las actividades espirituales de la orden jesuítica marchaban los negocios y pleitos. El año de 1761, fue una temporada de agitación capitular con las diferentes disputas iniciadas por los jesuitas con sus vecinos. El 18 de septiembre, el administrador de la hacienda, entabló pleito para dirimir linderos con las tierras de Baltasar Astigarreta y también pidió el desalojo de las personas que ocupaban la hacienda[80]. El 30 de septiembre de 1761 hubo una

---

[77] ACC Sign. 4139 Col EI-9s, ff. 12v-13.

[78] ACC Sign. 3364 Col EI-9s; Sign. 3365 Col EI-9s y Sign. 3398 Col EI-9s.

[79] ACC Sign. 3775 Col JI-4cv y Sign. 8331 Col JI-19cv.

[80] ACC Sign. 6800 Col CIII-11g.

conciliación entre las partes por disputas de linderos en Augí donde la Compañía tenía derechos de tierras. Celebraron el acuerdo, el P. José de Escobedo, rector del Colegio de Popayán y Josefa Ruiz Calzado viuda de Juan de Barona Fernández[81]. Para comienzos de diciembre, el P. Juan de Alejandro inició demanda por un pedazo de tierra colindante con El Abrojal de José Escobar y Lasso[82]. El 23 de diciembre se leyó una Provisión de Real Audiencia de Quito para que se respetaran los derechos de la Compañía en Llanogrande con los límites establecidos en 1729 que dicen que "son entre el acequión de Aguas Claras y el río de Amaime por lo ancho y por lo largo [...], por la parte de arriba, con el río Nima y por la de abajo con tierras y linderos que fueron de Baltasar de Astigarreta y estancias que tuvo el susodicho en ellas" y que poseían los herederos de Feliciano Escobar[83].

Para esa misma época, el rector del Colegio de Popayán, José Escobedo, demandó ante la Gobernación, al alcalde ordinario de Popayán por el saldo de la deuda por 48 toros que había suministrado la hacienda de Llanogrande al cabildo local para las festividades de la coronación de rey Carlos III en 1760. El alcalde se defendió argumentando que el saldo lo debía pagar el cabildo porque él solo obró por mandato de los concejales. El gobernador así lo ordenó[84].

Expulsión de los jesuitas del Imperio español. En el año de 1767, el rey Carlos III ordenó la expulsión de los jesuitas de todo el Imperio español, acusándolos entre otras cosas, de ser instigadores del Motín de Esquilache de 1766, en territorio español. El 27 de febrero de 1767, el rey ordenó la expulsión y remitió órdenes a todos los virreyes y altos funcionarios de la monarquía para ejecutar la orden en forma simultánea. Al virrey de la Nueva Granada le llegó el 7 de julio, un mensaje sellado y otro anexo escrito a mano por el rey. Pedía ser abierto solo la víspera de la ejecución de la expulsión. El 30 de julio, el virrey Messía de la Zerda reunió jueces, oidores y funcionarios para notificar la orden real en Santafé. El 31 de julio a medianoche, los

---

81 ACC Sign. 11236 Col CIV-8nt y Sign. 5120 Col EI-9s.
82 ACC Sign. 4819 Col EI-9s.
83 ACC Sign. 4809 Col EI-9s.
84 ACC Sign. 8781 Col JII-1cv.

funcionarios, escribanos y sus tropas, rodearon los edificios del Colegio San Bartolomé, el seminario y el claustro de novicios. Encontraron al provincial y los sacerdotes listos por lo que de algún modo sabían de qué se trataba. Les fue leído el decreto Real. Se les pidieron llaves de los edificios, archivos y registros y se procedió a realizar los inventarios[85].

El decreto real además de guardar razones de Estado muy particulares para tomar tal determinación, decía:

> Prohíbo por vía de ley y regla general, que jamás pueda volver a admitirse en todos mis reinos en particular a ningún individuo de la Compañía ni en cuerpo de comunidad con ningún pretexto ni colorido que sea, ni sobre ello admitirá consejo ni otro tribunal instancia alguna, antes bien tomarán a prevención las justicias las más severas providencias contra los infractores, auxiliadores y cooperantes de semejante intento, castigándolos como perturbadores del sosiego público[86].

El decreto real también contemplaba una pensión de 100 pesos anuales vitalicios para los sacerdotes y 90 a los legos que siguieran en la carrera eclesiástica en otras comunidades pero si hubiera protestas o conspiraciones cesarían las pensiones[87]. El rey mandaba a congregar en Cádiz a todos los extrañados para de allí ser expulsados fuera de los reinos españoles.

El virrey La Zerda había designado desde el 7 de julio a José Ignacio de Ortega, gobernador de Popayán, para ejecutar la orden en Popayán y Buga. Ortega le respondió tiempo después para informarle que cumplió la orden el 17 de agosto. Comunicaba que en Popayán había siete sacerdotes y cinco legos y en cada hacienda un sacerdote y dos legos, que era el caso de la hacienda Concepción de Nima, donde aún ejercía su cargo el P. Juan de Alejandro. Todos los jesuitas adscritos a las casas de Popayán y Buga fueron enviados vía La Plata

---

[85] Borda, José Joaquín (1872), *Historia de la Compañía de Jesús en la Nueva Granada*, Tomo II, Imprenta de S. Lejay, pp. 58-70.

[86] Borda (1872), op. cit., p. 66.

[87] Borda (1872), op. cit., pp. 63-65.

con destino al río Magdalena para bajar a Honda y de allí al mar Caribe. Solo se quedaron los rectores de los colegios de Popayán (Javier Azoní) y Buga (Juan Garriga) para hacer entrega de las haciendas y el padre Miguel Ripalda de Buga que andaba por alguna de las haciendas dependientes de Buga en Llanogrande (Trejo o Sabaletas) y que, al enterarse de la orden, prefirió huir. En total había veintiún jesuitas entre Popayán y Buga[88].

Quienes más han escrito sobre los jesuitas han sido los mismos jesuitas que con su empeño y orden han mantenido sus archivos y disponen de los medios para reconstruir su historia con ciertas ventajas. Sin embargo, y es apenas natural que defiendan ciegamente las ejecutorias de su comunidad y rechacen las causas de su expulsión. En ello caben discusiones dentro de la cultura del Antiguo Régimen, el despotismo ilustrado, el papel de los Borbones en las reformas políticas y económicas del siglo XVIII y las intrigas palaciegas en la corte española donde se movían muchos intereses del gobierno temporal y espiritual del imperio, que no son el objeto de este estudio. Solamente nos queremos centrar en los resultados económicos de las haciendas y la forma en que los consiguieron, no tan en forma épica como lo señala Borda:

> Las tierras valdías (sic) que habían recibido los jesuitas, estaban ya convertidas, merced a su inteligencia, sus esfuerzos, en grandes haciendas, que por medios más o menos lícitos pasaron a otras manos (...)[89].

Además del propósito confesional de evangelización emprendida en las misiones en selvas y llanos apartados, para imponer su religión, los jesuitas también pensaban en el progreso terrenal. En Llanogrande y en otros sitios, las tierras que compraban los jesuitas para la agricultura no eran tierras baldías. Compradas generalmente con recursos propios de la congregación y también por donaciones de los fieles, la Orden constituía empresas muy productivas para acumular riqueza.

---

[88] Borda (1872), op. cit., pp. 74-75 y 90.
[89] Borda (1872), op. cit., p. 134.

Con inteligencia sí; con grandes esfuerzos, sí, pero especialmente de la mano de obra esclava y de los privilegios de limosnas, donaciones que, dada la cultura religiosa imperante, les permitía aprovechar los beneficios de la economía de la salvación con capellanías y censos que les aportaban réditos. Lo demuestra cómo en los inventarios de la Orden tras su expulsión se encuentra por ejemplo que, la hacienda Concepción de Nima en Llanogrande era la más costosa: 84.570 pesos, solo superada en todo el territorio provincial de Reino Nuevo de Granada, por la hacienda de Villavieja en el Huila que fue avaluada en 108.620 pesos.

Tabla 2. Haciendas jesuitas del Colegio de Popayán en 1767 [90].

Hacienda	Avalúo (pesos)
Gelima (mina de oro)	53.779
Llanogrande (hacienda y trapiche)	84.570
Evigers	5.600
Japio	4.250
Coconuco	14.709
Pandiguando	3.680
Utensilios del Colegio	1.767
Total	**168.355**

Estas haciendas pertenecientes al Colegio de Popayán valían un poco más que las haciendas adscritas a Buga. Borda afirma que todas las haciendas de Popayán y Buga sumaban 300.000 pesos. Las propiedades, censos a favor y los ornamentos de la Orden en todo el territorio de la provincia de Nueva Granada como Tunja, Cartagena, Pamplona, Tena, Mompóx, Panamá, Antioquia, Santafé y los Llanos, más los colegios de Popayán, Buga y Pasto sumaban 1.500.000 pesos, una suma fabulosa para esa época.

---

[90] Borda (1872), op. cit., pp. 135-141.

De la hacienda Concepción de Nima a la hacienda Real. Como lo estipulaba el decreto real, tras su expulsión, las propiedades de los jesuitas debían ser administradas por Juntas de Temporalidades. Esta nombró a Pedro José Domínguez, que en 1771 era administrador de la hacienda en Llanogrande[91]. En 1773, el papa Clemente XIV y el rey Carlos III enviaron la ratificación de la orden papal donde suprimía, derogaba y extinguía la orden canóniga regular de la Compañía de Jesús[92].

En febrero de 1774 era el administrador Manuel Vicente Martínez, pero como este también manejaba la hacienda de Sepulturas pidió le relevasen de la administración de una de ellas[93]. Entonces, la Junta de Temporalidades nombró como administrador de la hacienda de Nima en Llanogrande a Manuel Cabal[94].

Pero los pleitos por linderos con la hacienda Concepción de Nima continuaron. Para esta época estaba en curso un antiguo negocio judicial interpuesto por Catalina García, viuda de José Escobar y Lasso, por sus reclamos de territorio cercenado según su opinión, de la hacienda de Aguaclara en favor de la hacienda que fue de los jesuitas. En el proceso se mostraron los títulos y litigios realizados desde 1628 sobre la hacienda de Aguaclara[95].

El 26 de abril de 1777, se entregó la hacienda al español maestre de campo, Pedro Ignacio González de la Penilla[96]. Estaba casado con María Bernardina Terán Urrutia, con quien tuvo doce hijos, siete de ellos eran mujeres, la más conocida Florencia González de la Penilla[97].

Para el año de 1779, Pedro Ignacio González de la Penilla dueño de la hacienda Concepción de Nima, entabló un pleito contra el

---

[91] ACC Sign. 5256 Col CII-17it.

[92] ACC Sign. 5326 Col EI-4g.

[93] ACC Sign. 6813 Col CIII-12it y Sign. 5330 Col CII-17it.

[94] ACC Sign. 5384 Col II-17it.

[95] ACC Sign. 9935 Col JII-9cv   y Sign. 5539 Col CII-17 it. Se debe tener presente que esta hacienda Aguaclara es la que quedaba al norte, en la banda izquierda del río Amaime, para distinguirla de otra surgida tiempos después sobre la ribera del río Aguaclara en la región suroriental del territorio.

[96] Escrit. N° 124 del 14 de abril de 1875, Not. 1ª de Palmira.

[97] Quintero (2006), op. cit., pp. 237-238.

maestro Miguel Durán, propietario de la hacienda de Loreto, colindante con su propiedad, por una servidumbre para la pastura del ganado. Pedro González de la Penilla pretendía impedir que Durán cercase su hacienda con zanjas para evitar que las 4.000 reses de la hacienda Real (Concepción de Nima) pasaran a pastar en sus dominios. El gobernador de Popayán en marzo de 1781, dio razón al presbítero Durán. Entonces González de la Penilla apeló a la Real Audiencia de Quito que a finales de 1784, confirmó el fallo del gobernador y lo obligó a pagar los costos del pleito que sumaron en documentación 83 pesos y un real y medio, sumados a los 91 pesos y cuatro reales que debía pagar al abogado y procurador de la parte ganadora[98].

Al morir Pedro Ignacio González de la Penilla en 1807, la herencia se dividió entre sus hijos. Como costumbre de la época a veces se tomaba el apellido de la madre como el primero. También el Penilla fue modificado en algunos de los descendientes como Pinilla.

Coronado. En 1779, María Ignacia de Escobar, viuda de Gregorio de Avenía con poder de su suegra Petrona Cobo, vendió a Bernabé de Escobar la hacienda dotada de trapiche, tres esclavos, casas y diez caballos, por el precio de 2.000 patacones[99].

El Abrojal (Santa Rita de Aguaclara). Era una parte (central y sureña) segregada del extenso globo de tierras llamado Aguaclara que se extendía desde el río Amaime hasta el zanjón Mirriñao y por tanto atravesaba de norte a sur los zanjones de Aguaclara, Malibú y limitaba al sur con el Mirriñao. En julio de 1748, José de Escobar y Lasso vendió a Antonio Núñez sus dos partes del derecho de tierras que poseía en El Abrojal. En noviembre de 1749, Pedro Velásquez y Silva vendió a Petronila Cobo viuda de Avenia un derecho por 160 patacones que representaba la cuarta parte de las tierras del globo. En otro sector del mismo globo, en abril de 1751, el cura Bejarano donó tierras a Juan Ambrosio del Castillo. En 1755, José de Escobar y Lasso vendió al cura Juan Rangel un terreno en El Abrojal que pasó a llamarse Santa

---

[98] ACC Sign. 10446 Col JII-16cv y Sign. 11981 Col JIII-14cv.
[99] AHC, Fondo Escribanos, 9 de enero de 1779, Not. Primera, ff. 126v-128v.

Rita de Aguaclara con 500 reses, trapiche, sembrados de caña y esclavos. Fue vendida por 7.388 pesos, pero estaba gravada por un censo de 7.520 pesos[100].

El Alisal. En 1670, Antonio Basilio de Cayzedo Salazar, alguacil mayor del Santo Oficio y hermano del alférez real de Cali, Cristóbal de Cayzedo Salazar, dio poderes a viajeros a Quito para que lo representaran y solicitaran a la Real Audiencia que impusiera multas a mulatos y vaqueros y azotes a sus esclavos por ingresar a sus territorios entre los ríos Amaime y Sabaletas a sacar ganado o para hacer rodeos[101].

La hacienda estuvo en propiedad de Antonio Basilio de Cayzedo y luego de su hijo natural, Antonio de Cayzedo Salazar hasta la muerte de este en 1732 cuando pasó a manos de su primo, el alférez real Nicolás de Cayzedo Hinestroza. Los albaceas de éste la vendieron por 8.000 patacones a Juan de Barona Fernández en 1749. La propiedad se había expandido en manos de Cayzedo Hinestroza por la adición de tierras de su madre María de Hinestroza que contenía entre otras, los potreros de La Porquera y de Piles cercanos al río Cauca y el Llano de la Tembladera entre el río Amaime y la Honda y Sabaletas. Juan de Barona Fernández murió en 1755 en su hacienda. Su viuda, Josefa Ruiz Calzado vendió La Porquera en 1759[102].

En 1769, Josefa Ruiz Calzado vendió El Alisal a su hijo Antonio Barona. La venta comprendía la casa, los esclavos, los cañaverales, el Potrero del Jagual y derechos en La Tembladera, por la suma de 17.581 patacones[103].

El Cerrito. El territorio comprendido entre el río Amaime y Sabaletas y que en la actualidad es el municipio de El Cerrito fue en un comienzo propiedad del capitán Antón Núñez de Rojas. Pasó luego a sus hijos, yernos y nietos. Una de las tantas subdivisiones que sufrió

---

[100] Colmenares (1983), op. cit. p. 157.

[101] AHC, Fondo Escribanos, 24 de noviembre de 1670, Notaría Primera, ff. 43v-44v.

[102] Colmenares, op. cit., pp. 159-160.

[103] AHC, Fondo Escribanos, 21 de octubre de 1769, ff. 299v-309.

la propiedad original a lo largo de dos siglos fue un trozo de tierra en El Yarumo de media legua de ancho por una de largo. En este sitio se estableció la hacienda El Cerrito que en 1758 valía 18.000 patacones entre tierra, ganados y esclavos. La hacienda de unas 200 hectáreas, tenía sembradas dos y media fanegadas (plazas) de caña para el trapiche[104]. Su dueña era Agustina Ruiz Calzado que la había recibido como dote de su tío Ignacio de Piedrahita Saavedra. En su testamento, Agustina afirmaba que la vendió a su hijo José Agustín de Arango y también le legaba la imagen de Nuestra Señora de Chiquinquirá para que fuera venerada en la capilla de la hacienda[105].

El Palmar. En 1644 Isabel Rivadeneira, viuda de Gregorio de Astigarreta Avendaño, vendió a Juan Romero parte de las tierras al margen izquierdo del río del Palmar por 160 pesos. Las había heredado de su hijo difunto, Francisco de Astigarreta[106].

En 1652, Catalina Camargo viuda de Arce, le vendió los derechos de herencia de tierras comprendidas entre los ríos Amaime y Bolo a los capitanes Juan Lasso de los Arcos y Melchor Jacinto de Saa. De igual manera, Francisco Rengifo Salazar, le compró el Llano de Ortega a Martín Holguín Pantoja[107]. Juan Lasso de los Arcos era hijo de Leonor Astigarreta de Ponce León y por tanto nieto del viejo Gregorio Astigarreta. A su vez, Juan Lasso de los Arcos estuvo casado en primeras nupcias con María de Saa y González y al enviudar se casó con Luisa Rengifo de Lara, hija de Francisco Rengifo Salazar y Beatriz Ordóñez de Lara[108].

Francisco Rengifo Salazar (1600-1676) fue el dueño de la hacienda El Palmar hasta su muerte. A finales de 1665, fundó una capellanía con un capital de 2.000 patacones y nombró como capellanes a sus

---

[104] Colmenares, op. cit., pp. 48 y 77.

[105] Colmenares, op. cit., pp. 173-174.

[106] AHC, Fondo Escribanos, Notaría Primera, 29 de abril de 1644, ff. 82-83v.
Arboleda (1956), *Historia de Cali*. Tomo I, p. 209. Este río recibía entonces los nombres de zanjón del Palmar o zanjón de Romero. Corresponde en la actualidad al río Palmira en la zona del centro y occidente del poblado.

[107] Tascón, Tulio Enrique (1939), *Historia de Buga en la Colonia*, Edit. Minerva, Bogotá, pp. 26-27.

[108] Quintero (2006), op. cit. pp. 56-58.

hijos, nietos y sobrinos por línea paterna. El capellán principal era Juan José Rengifo, clérigo. Como respaldo puso su propiedad que en ese momento tenía 2.000 reses en el hato[109]. En 1669 hizo testamento y declaró sus bienes comprendidos en joyas, artículos de madera, plata, el hato de San Antonio del Palmar, 5.200 reses, 900 yeguas, 15 yuntas de bueyes, y otras bestias mulares. También poseía tierras en los potreros de La Herradura y del Bolo, lo mismo que 10 esclavos. Los bienes sumaban 30.388 patacones[110]. Edificó una capilla en su propiedad bajo la advocación de Nuestra Señora del Rosario[111]. Su viuda, Beatriz Ordóñez de Lara vendió en 1681 a su hijo Pedro Rengifo de Lara, las tierras del Palmar y otras propiedades en zona montañosa donde corren afluentes del Bolo y Claro (río Aguaclara) por la suma de 400 patacones[112].

En 1684 apenas se repartió la herencia de Francisco Rengifo Salazar. La propiedad se extendía de oeste a oriente desde el Rincón del Palmar hasta Barrancas Altas, dos leguas y media (10 km). A uno de sus hijos, Pedro Rengifo de Lara, le correspondió el trozo desde el Rincón del Palmar hasta el zanjón Salado y se le adicionó el Rincón del Papayal[113].

El 14 de abril de 1689, Marcos Rengifo de Lara compró a Jerónimo Rengifo Baca, la capilla de la hacienda El Palmar. En 1723, el presbítero Gaspar de Oviedo obtuvo el permiso del obispo de Popayán para colocar la reliquia del Santísimo en la capilla, lo cual se realizó el 22 de octubre de 1724[114].

Hubo una línea procedente de Popayán de los Saa Hurtado que se relacionó con los descendientes de Rengifo Salazar. En efecto, Ignacio Javier de Saa y Hurtado casó en segundas nupcias con Manuela Rengifo Lara, hija de Gregorio Rengifo de Lara. Uno de los hijos de este matrimonio fue el maestro Gregorio de Saa y Rengifo, nacido hacia 1698[115].

---

[109] AHC, Fondo Escribanos, 16 de diciembre de 1665.

[110] AHC, Fondo escribanos, 27 de junio de 1669, Notaría Primera, ff. 55-64.

[111] Tascón (1938), *Historia de la Conquista de Buga*, op. cit., p. 260.

[112] Arboleda (1956), Tomo I, op. cit., p. 305.

[113] Arboleda (1956), Tomo I, op. cit., pp. 305-306.

[114] Tascón (1938), Historia de la Conquista de Buga, op. cit., p. 260.

[115] Quintero (2006), op. cit., pp. 722-724.

El 4 de diciembre de 1758 Gregorio de Saa y Rengifo donó parte de sus tierras de El Palmar a la Cofradía de Nuestra Señora del Palmar[116]. Todo indica que hubo una población informal en el sitio incluso tiempo antes de este hecho porque el 15 de marzo de 1759, Gregorio Rodríguez Molano tenía hipotecada una casa "de teja alto y bajo y solar en que está fundada que tiene y posee en uno de los frentes de la plaza de la población del dicho sitio de Llanogrande" [117] y a los pocos días, el 1° de abril de 1759, en Buga, elevaba una escritura para hipotecar cinco esclavos que poseía en Llanogrande[118]. Es muy improbable que se pudiera hacer una edificación de ese tamaño en ese corto lapso de tiempo de 3 meses y ya hubiera plaza.

Finalmente, el 5 de septiembre de 1798, Vicente Olave, cura de Llanogrande, a nombre de la Cofradía de Nuestra Señora del Palmar vendió las tierras donadas por Gregorio de Saa y Rengifo a Gabriel de Francisco Prado. En el documento de compraventa se hacía claridad que la Cofradía había vendido otros derechos de tierras desde 1761[119]. Este caserío fue el origen del poblado de Llanogrande.

El Pantanillo. En 1681, Pedro de Silva Saavedra compró a Marcos Rengifo de Lara, alférez real de Buga, las tierras de Pantanillo. En 1717, Pedro Rengifo de Lara vendió a José Holguín Fernández otra parte de tierras en El Pantanillo que había heredado de su padre. La propiedad luego pasó a manos de Juan Antonio Fernández de Velasco[120].

El Papayal. Las primeras menciones de este territorio (Rincón de Papayal), se dan en una hijuela de la sucesión de Francisco Rengifo

---

[116] En nuestra obra, *Poblamiento de Llanogrande y Palmira, documentos inéditos para la historia comarcana,* se relaciona extensamente este suceso urbanístico de Llanogrande.

[117] Archivo Histórico de Cali, Notaría Primera, 1759, vol. 35, ff. 69-70.

[118] Archivo Histórico de Buga, Caja 14, 1756-1759, ff. 336-337.

[119] Archivo Histórico de Buga, caja 37, 1798, folio 500-509.

[120] Quintero, op. cit., p. 1144, 288 y 500.

Salazar otorgada a su hijo Pedro Rengifo de Lara en 1684[121]. En 1721, Juan Rengifo de Lara Lasso era su dueño y tenía yeguas y ganado[122].

En 1764, en el testamento del maestro Gregorio de Saa y Rengifo, realizado por su apoderado Juan Feijoó, declaró ser dueño de El Papayal y 25 esclavos[123]. Por sus deudas de diezmos en 1768, había sido demandada la viuda del encargado de la hacienda en ese momento, Juan Feijoó[124].

En 1770, Nicolás Ospina Fernández de Soto compró El Papayal en 2.000 pesos en la subasta de los bienes del maestro Gregorio de Saa[125]. En 1789 era dueño Manuel Guzmán Rivera[126].

El Trejo. Estas tierras estaban comprendidas entre la banda derecha del río Amaime y el río Sabaletas y pertenecieron a Antonio Núñez de Rojas y Llanos y luego a sus hijas, yernos y nietos. En 1717, los albaceas de Antonio Núñez, reconfirmaron la venta que el difunto había hecho al convento del Carmen de Valladolid de media legua de tierra dentro de la hacienda El Trejo. Antes había sido propiedad de Pedro Silva Saavedra. El convento vendió esta propiedad segregándola más en 1719 por venta a Manuela Peláez de Sotelo y 1726 a Mateo Castrellón. Un terreno heredado por sus yernos pasó a manos de Ignacio de Piedrahíta que lo donó a su sobrina Agustina Ruiz Calzado para conformar como ya se dijo, la hacienda El Cerrito. Otra parte proveniente de la misma propiedad de Antonio Núñez recibía el mismo nombre de Trejo y pertenecía a su nieto Roque de Escobar Alvarado. Para 1739 esta hacienda tenía 2.000 reses, 300 yeguas y 27 esclavos sobre los que había constituido un censo que gravaban la propiedad. En 1748, el Colegio de Compañía de Jesús en Quito, la compró a la viuda de Roque de Escobar por 7.762 patacones y tenían un censo impuesto por 5.287 patacones. El territorio negociado ahora

---

[121] Arboleda (1956), Tomo I, op. cit., p. 306.

[122] Quintero (2006), op. cit., p. 329.

[123] Quintero (2006), op. cit., p. 724.

[124] ACC Sign. 5349 Col EI-14d.

[125] ACC Sign. 5458 Ind. JI-11cv; Quintero (2006), op. cit., pp. 215-216.

[126] Tascón (1939), *Colonia*, p. 280.

era de solo un cuarto de legua y adjuntas a la banda izquierda del zanjón de Trejo[127].

El Yegüerizo. Colindaba con la hacienda Nuestra Señora de Loreto y compartían una acequia que provenía del río Nima[128].

En 1726 era propiedad de Antonia Rengifo Baca y con la ayuda de su marido Manuel Crespo Lozano, se dispusieron a ampliar la hacienda. Así el 11 de octubre de 1734, Antonia Rengifo Baca, ya viuda, vendió El Yegüerizo a Gregorio de Saa y Rengifo por la suma de 10.322 patacones que incluía esclavos, trapiche, sembradíos, ganados, guaduales, casa de habitación y derechos de tierras comprados con anterioridad, entre ellos "El Rincón de Cifuentes" donde se reservaba una parte que habían heredado algunos particulares; otro que su marido compró a Juan de Silva Saavedra y otro comprado a Francisco Rengifo [129].

La Herradura. Hacia 1650, los hermanos Juan Lasso de los Arcos y Onofre Lasso junto a Miguel Vivas Sedano compraron a Juan Romero las tierras de La Herradura por 250 patacones. El amplio latifundio se extendía al noroeste hasta el Paso de la Torre; al sur hasta el Bolo; por el oeste hasta el río Cauca y al oriente con tierras de los Lasso[130]. En 1682, Juan Lasso de los Arcos había comprado una tercera parte de La Herradura a Beatriz Ordóñez de Lara viuda de Francisco Rengifo Salazar[131].

En 1733, Ana Vivas Sedano copropietaria de la hacienda[132], se casó con el español Juan Luis de Saavedra Ramírez quien asumió el censo de 1.000 patacones con que estaba gravada la propiedad a favor del

---

[127] Colmenares, op. cit., pp. 206-207.

[128] Colmenares, op. cit., pp. 53 y 207.

[129] Archivo Histórico de Cali, Notaría Primera, 1734, volumen 15, ff. 86v-90v.

[130] Arboleda (1956), Tomo I, p. 213.

[131] Arboleda (1956), Tomo I, p. 306.

[132] Los hermanos Onofre y Ana Vivas Sedano Lasso eran los dueños de La Herradura. Eran hijos de Miguel Vivas Sedano Piedrahíta y Micaela Lasso de la Espada. A su vez nietos por línea materna de Onofre Lasso de los Arcos y Micaela López de la Espada y bisnietos de Lorenzo Lasso de los Ríos y Leonor Astigarreta Ponce de León. En Quintero (2006), op. cit., p. 394.

Convento de las Mercedes de Cali. El heredero de ellos, Antonio Saavedra y Vivas vendió una porción de la hacienda en 1747 a Juan, Miguel y José de Cárdenas y en 1749 a Nicolás Pérez Serrano, la mitad de las tierras que heredó de su madre Ana Vivas Sedano. Por su parte Miguel Vivas Sedano Lasso vendió en 1736, a José Pretel y Llanos, 150 patacones de tierras en La Herradura como también en Piles[133].

En las transacciones que se hizo a la hacienda en los años de 1754 y 1763 aunque el precio de la propiedad aumentó de 2.501 a 3.173 patacones, el componente de sus bienes oscilaba mucho. El precio total de esclavos bajó de 500 a 150 patacones, ya sea por venta de algunos de ellos o de su traslado a otras propiedades de los dueños. Los ganados, en su mayoría yeguas y caballos, se incrementaron de 801 a 1.119 patacones y las tierras disminuyeron de 1.200 a 865 patacones[134].

En 1762, hubo un viraje en el pleito entre Petrona Cobo de Figueroa y José Escobar y Lasso, por un lote de tierra entre los zanjones de Mirriñao y El Palmar, que la Cobo había heredado de su padre Felipe Cobo de Figueroa quien la había comprado a Mariana Lasso y Vivas en 1729. El fallo inicial había sido favorable a Escobar, pero la apelación ante el gobernador de Popayán fue ganada por la señora Cobo[135]. Una década después, Catalina García, viuda de José Escobar, y Petrona Cobo, recibieron del presbítero Miguel Durán, una objeción a la sentencia anterior por considerar que lesionaba sus derechos en terrenos colindantes. Como las dos partes demandadas renunciaron a los recursos, el alcalde de Cali, entregó las exigencias al demandante[136].

En 1763 La Herradura fue adquirida por Francisco Lourido Romay. En 1776, Petrona de Cobo donó a María Custodia Vivas, esposa de Pedro Custodio de Escandón, cuatro cuadras de tierras de la hacienda. También hizo lo mismo con Felipe de Avenia a quien donó dos cuadras de terreno, por "el amor y buena voluntad que le

---

[133] Colmenares (1983), op. cit., pp. 184-185.
[134] Colmenares (1983), op. cit., pp. 59 y 61.
[135] ACC Sign. 11331 Col JIII-15cv.
[136] ACC Sign. 11238 Col JIII-11cv.

profesa"[137]. Petrona Cobo se había casado en 1723 con Santiago de Avenía Rodríguez y eran padres de Josefa, Jerónimo, Ambrosio y Gregorio de Avenia Cobo[138]. Este último, casado con María Ignacia de Escobar, testó en 1778 donde afirmó que la hacienda le pertenecía a su madre Petrona[139].

En 1784, se inició otro pleito contra Francisco Vivas Serrano que era yerno de Petrona Cobo y su apoderado en tiempos pasados. El nuevo conflicto era porque el demandado había acudido a derribar los cercos que sus vecinos Francisco Sinisterra y los Cárdenas, habían levantado. Vivas Serrano adujo que era en tierras que una sentencia había otorgado a Petrona Cobo. El alcalde de Cali dictó sentencia a favor de Vivas y la otra parte apeló ante el gobernador que declaró y ratificó la sentencia y obligó a pagar el costo del pleito a los Cárdenas[140].

En 1784, María Ignacia Escobar y Pedro González de la Penilla pidieron al gobernador de Popayán intervenir para el deslinde de las haciendas La Herradura y El Limonar[141].

Malagana. Hubo un extenso territorio hacia 1691 que era de José de Mora y su esposa Ana Torrijano al suroeste del territorio que se conoció como Hato de Mora y fue de propiedad de esta última hasta mediados del siglo XVIII. Lindaba el Hato de Mora por el oeste con el río Guachal y se extendía hacia el oriente por el sur de tierras de la Herradura de propiedad de la familia Vivas Serrano y se extendían hacia el sur incluso más allá del río Bolo donde colindaban con Cabuyal de propiedad de los Vivas Serrano y luego de los Vivas Sedano. Pues bien, en un momento que no hemos podido determinar, una parte de este territorio se fragmentó y dio origen a la hacienda Malagana, que pasó a manos de los descendientes de Juan Barona Fernández. Se extendía desde el zanjón Salado hasta el río Bolo en dirección norte-sur y en el sentido oriente-oeste abarcaba desde las

---

[137] AHC, Fondo Escribanos, octubre de 1776, Not. Primera, ff. 133v-137v; 18 de septiembre de 1776, ff. 137v-138.

[138] Quintero (2006), op. cit. pp. 62-63.

[139] AHC, Fondo Escribanos, 4 de septiembre de 1778, Not. Primera, ff. 103-105v.

[140] ACC Sign. 11337 Col JIII-14cv.

[141] ACC Sign. 11226 Col III-10cv.

tierras de los herederos de Pedro Rengifo de Lara y Marmolejo dueño de El Papayal hasta la parte de terreno que conservó Teresa de Mora en 1763 en el extremo occidental de Malagana.

Malaganita. El cura de Llanogrande Juan Barona, era codueño de la hacienda Malagana y en su testamento de 1781 dejó en libertad a algunos de sus esclavos y además les donó la tierra en el sector oeste que tomó el nombre de Malaganita.

Malibú. Estaba situada entre los zanjones Malibú y Mirriñao. Se derivó de tierras que fueron de Gregorio de Astigarreta El Viejo y su hijo El Mozo. Hacia 1628, la viuda de este último donó a su hijo Sebastián de Astigarreta, las tierras de Malibú[142]. En 1642, el capitán Melchor Jacinto de Saa vendió su estancia en los llanos de Malibú a Juan de Aguirre[143].

En 1666, Juan Lasso de los Arcos en un trueque de tierras con Melchor Jacinto de Saa, le cedió una parte de la estancia de Malibú[144]. En 1668, el presbítero Juan Ignacio de Rocha vendió a Francisco Ordóñez de Lara y su mujer Francisca del Castillo, tierras en Malibú con 2.814 reses vacunas por un total de 4.671 patacones de 8 reales. El precio de cada cabeza era de 12 reales (uno y medio patacones)[145]. Significaba que el ganado valía en total 4.221 patacones y la estancia 450 patacones.

La nieta de Francisco Rengifo Salazar e hija de Gregorio Rengifo de Lara era Mariana Rengifo y Silva. Esta al morir legó las tierras a su hija María Pérez Serrano y Rengifo que se casó con el alférez Luis José García en 1709. Cuando este murió en 1743 figuraba en su testamento la hacienda con casa de habitación, trapiche, tres fanegadas de cañaduzales, 27 esclavos y un millar de ganado caballar[146]. Su hijo mayor Francisco García como tutor de sus hermanos, la vendió después de 1752 en 12.222 pesos a su hermano

---

[142] Arboleda (1956), Historia de Cali, Tomo I, op. cit., p. 180.

[143] AHC, Fondo Escribanos, 15 de noviembre de 1642, Notaría Primera, ff. 6-6v.

[144] AHC, Fondo Escribanos, 30 de abril de 1666, Notaría Primera, ff. 105-105v.

[145] AHC, Fondo Escribanos, 5 de abril de 1668, Notaría Primera, ff. 10-11v.

[146] Colmenares (1983), op. cit., pp. 50 y 192-193.

Antonio quien debería reconocer las hijuelas de los tres hermanos y las correspondientes a dos censos que sumaban 2.274 patacones. Luego, en septiembre de 1755, Antonio García la vendió a Domingo de Mendía y La Torre por 12.615 patacones. En 1761 se la vendió a Antonio de la Lastra quien no pudo pagar sus compromisos y deudas, siendo la hacienda rematada en 1769 por 4.000 patacones[147]. En esa época, la hacienda se especializaba en la cría de ganado caballar[148].

En el año de 1771, la Real Audiencia de Quito condenó a Antonio Delgado, alcalde de la Santa Hermandad de Cali por abuso de autoridad al rodear a Salvador Cuervo en su casa. A este lo absolvió del cargo de robarle a Delgado la suma de 5.000 pesos en doblones y oro[149]. Al alcalde se le impuso una multa total de 600 patacones y el embargo de Malibú y La Quesera, lo cual fue ratificado por la Real Audiencia en 1774 así como la no procedencia del cargo de robo en su contra. Ante esto, en 1775 Casimiro Soto manifestó que Malibú era suya por venta oculta que le hizo Antonio Delgado. El voluminoso proceso de más de mil hojas, al final le costó a Delgado 1.321 patacones para pagar a los oidores, escribanos, correos y demás funcionarios reales y gastos en papel sellado[150].

Miguel Umaña y Avellaneda fue su dueño posteriormente, a finales del siglo XVIII[151].

Nuestra Señora de Loreto. Ya en 1666, el hato de Nuestra Señora de Loreto vendía ganado. Se registra una transacción por 4.500 reses a entregar en tres lotes de 1.500 novillos hasta 1669 a otras estancias de la región[152].

El 6 de marzo de 1705, Nicolás Lasso de los Arcos y su esposa Faustina Solarte Benavides, vendieron la hacienda al cura doctrinero de indios de San Jerónimo de los Ingenios y maestro, Francisco Cobo de Figueroa. La propiedad colindaba por el sur con la hacienda del

---

147 Colmenares, op. cit., pp. 50 y 193.

148 Colmenares, op. cit., p. 60.

149 ACC Sign. 9904 Col JII-7cv.

150 ACC Sign. 11556 Col JIII-18cv.

151 Quintero (2006), op. cit., p. 1039.

152 AHC, Fondo Escribanos, 5 de enero de 1666, Notaría Primera, ff. 99-99v.

Palmar con el río de por medio[153]. En 1723, fue vendida a Manuel Crespo Lozano casado con Antonia Cobo y Rengifo. La hacienda constaba de tierras, capilla, esclavos y casa y fue tasada en 7.678 patacones (pesos) de los cuales 900 valían las tierras, 2.060 patacones los ganados, 3.540 los esclavos y 1.178 patacones en otros bienes. El 10 de diciembre de 1726 fue vendida a Diego Rangel por 7.639 patacones, pero había aumentado su gravamen de censos hasta 3.600 patacones[154].

Para el año de 1779 el presbítero Miguel Durán era el propietario de Loreto. Poco después la adquirió en remate público, el maestre de campo Pedro Antonio Sánchez de Hoyos, quien tuvo problemas en 1784 con el Convento de Padres Predicadores de Cali por una capellanía que el dueño de la hacienda de Loreto se negaba a reconocer bajo pena de embargo[155]. Al fallecer en diciembre de 1793, la dejó en herencia a sus hijos[156].

Piedechinche. Fue propiedad de Gertrudis Barona Ruiz Calzado quien con su marido José Costa, mandaron construir la casa de la hacienda en 1715, en la banda derecha del río Amaime[157].

Santa Bárbara del Hatico. Fue una propiedad desprendida de El Alisal por parte de las herencias de los hermanos Barona y Ruiz, situada a las márgenes del río Amaime. El cura de Llanogrande José Barona y Ruiz Calzado empleaba en su hacienda a 25 esclavos[158]. Santa Bárbara del Hatico fue vendida por José Barona a Cayetano Cabal Escobar el 24 de octubre de 1777 e incluyó los derechos de

---

[153] Arboleda, Gustavo (1956), *Historia de Cali*, Tomo I, p. 261. También en Tascón (1938), *Historia de la Conquista de Buga*, p. 261.

[154] Colmenares, op. cit., pp. 59 y 191. Wenceslao Quintero dice que el nombre de la esposa de Manuel Crespo Lozano era Antonia Cobo Rengifo (Quintero, op. cit. p. 326)

[155] ACC Sign. 8991 Col. EI -17 j.

[156] Hay que distinguir a Pedro Antonio Sánchez de Hoyos, nacido en Asturias, España, de su segundo hijo, Pedro Antonio Sánchez de Hoyos Flórez. El primero se casó con María Rosa García Flórez.

[157] Quintero, op. cit., p. 316.

[158] Colmenares, op. cit., pp. 48-49.

tierras, ganado vacuno y algunos esclavos en 11.988 patacones y 4 reales. La hacienda estaba sometida a varios censos a favor del Convento de la Merced en Cali, al mismo José Barona, capellán de una capellanía y otros particulares por un total de 9.042 patacones[159].

San Jerónimo. Es una hacienda homónima a la de los Cobo, pero derivada de las propiedades de Astigarreta, al margen derecho del río Amaime. En 1670, Juan de Hinestrosa Príncipe y su mujer donaron media legua de tierras, una pareja de esclavos de 550 patacones cada uno, 600 reses entre otros bienes, a Bernardo Hinestrosa Príncipe que se ordenaría de sacerdote. La donación total alcanzaba la suma de 3.100 patacones[160].

En 1720, José Barona Fernández vendió la hacienda a su cuñado Francisco de la Flor Laguno y se excluía del negocio las tierras adjudicadas a Juan de Barona Fernández en El Callejón y en otro sitio aledaño a la propiedad de Antonio Basilio Cayzedo y a Pedro Barona en El Terronal. De la Flor gravó la propiedad con una capellanía de 5.120 patacones para que uno de sus nietos siguiera la carrera sacerdotal y en 1745 testó y nombró como albacea a su yerno, Cristóbal Cobo Figueroa y Cayzedo a la vez deudor, que al final se quedó con la hacienda en el año de 1750[161].

San José de Amaime. A mediados del siglo XVIII pertenecía a Ángela Ruiz Calzado. Estaba situada al margen derecho del río Amaime y limitaba al norte por el zanjón de Trejo. En el sentido oriente-oeste abarcaba desde la boca del zanjón de la Magdalena afluente del Amaime, hasta la desembocadura del Trejo[162]. En 1749, Ángela Ruiz Calzado, agobiada por los intereses de las obras pías que gravaban la propiedad en 14.460 patacones, decidió cederla a su hermano Juan Ruiz Calzado y su mujer, Isabel de Castrellón. Al inventariar la propiedad sumó 15.536 patacones. La diferencia fue pagada por Juan Ruiz a su hermana y ellos asumieron la deuda.

---

[159] Notaría Segunda Cali, Vol. 8, 1777, ff.164v-168.

[160] AHC, Fondo Escribanos, 8 de septiembre de 1670, Notaría Primera, ff. 30v-31v.

[161] Colmenares, op. cit., pp. 49 y 188-189.

[162] Colmenares, op. cit., pp. 49 y 189.

Antonio Barona Fernández, hijo del matrimonio de Josefa Ruiz Calzado y Juan Barona Fernández, vendió en 1799 la hacienda al minero y comerciante Toribio García [163].

Vilela. Fue un indiviso ubicado entre los ríos Aguaclara y Bolo que eran los límites norte y sur, respectivamente y por el oeste se extendía hasta su punto de confluencia. Al oriente limitaba por las estribaciones de la Cordillera Central. Al final del siglo XVIII fue propiedad de Miguel Barona Cabal.

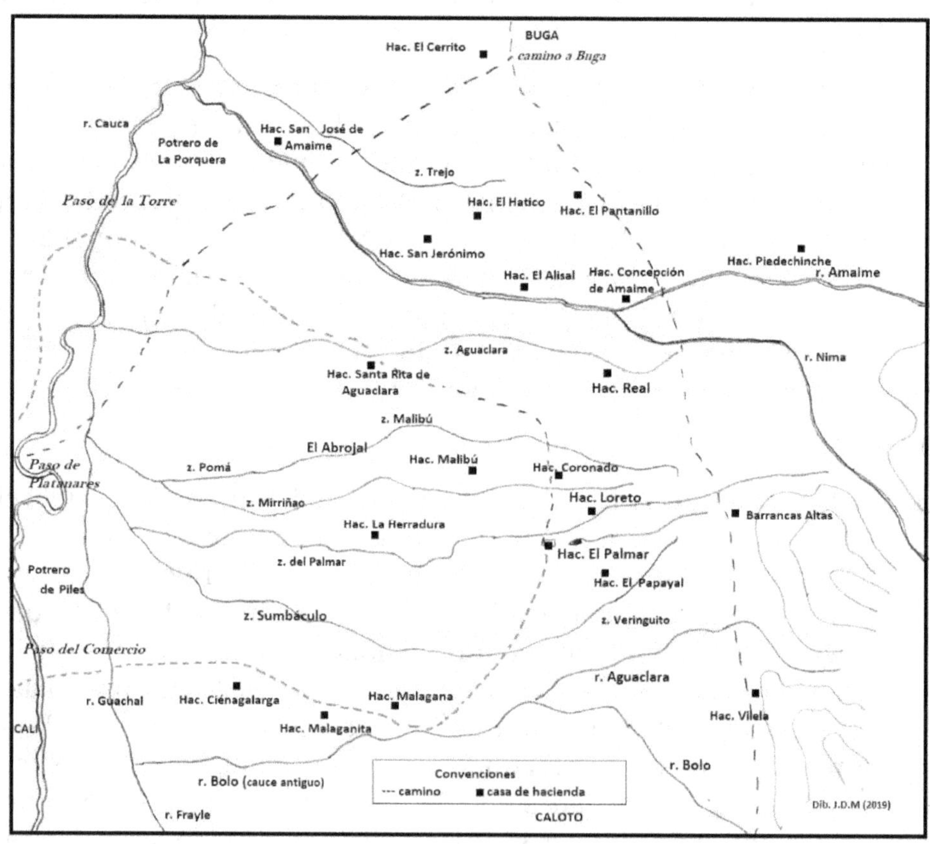

Figura 10. Haciendas de Llanogrande en 1770

---

[163] Colmenares, op. cit., pp. 189-190.

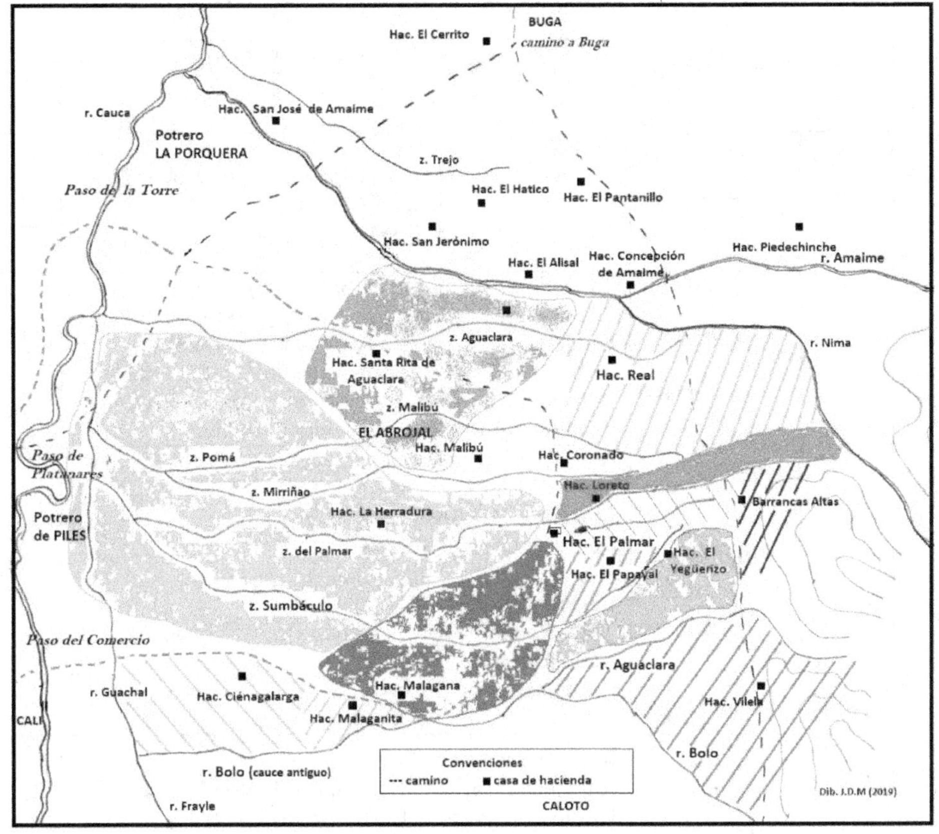

Figura 11. Extensión de las principales haciendas de Llanogrande en 1770

55

Tabla 3. Haciendas de Llanogrande en el siglo XVIII

No.	Nombre	Propietario/Vigencia	Fuente
1	San Jerónimo	Pedro Cobo Andrés y Lázaro Cobo y descendientes (1546-1723) Manuel Crespo Lozano (1723-xx) Tomasa Cobo (1810-xx)	164
2	Concepción de Anapunima	Gregorio de Astigarreta (1568-1605) Juana Ponce de León vda de Astigarreta (1605-xx) Gregorio de Astigarreta Avendaño (xx-1628) Isabel Rivadeneira vda de Astigarreta (1628-1644) Baltasar J. de Astigarreta y Leonor Ponce (1628-xx) Juan Romero (1644-xx) compra El Palmar	165
3	Abrojal	Nicolás y Pedro Velásquez, José de Escobar Lasso (xx-1749) Coronado (1748-xx) Petronila Cobo (1749-xx) Juan y José Cárdenas (1752-1757) Ignacio Payán (1757) Juan Rangel (1755 segregada como Santa Rita de Aguaclara) Juan Lozano (1759-xx)	166
4	El Alisal	Antonio Basilio de Cayzedo Antonio de Caycedo Salazar (xx-1732) herencia Nicolás de Cayzedo Hinestroza (1732-1749) her. Juan de Barona Fernández (1749-1755) Josefa Ruiz Calzado vda de Barona (1755-1759) Francisco Vivas y Lasso (1759) La Porquera	167
5	Nuestra Señora de Loreto	Juan Lasso de los Arcos Nicolas Lasso y Faustina Solarte (xx- xx) Francisco Cobo de Figueroa (xx-1723) Manuel Crespo Lozano y Antonia Rengifo (1723-1726) Diego Rangel (1726-xx) Miguel Durán Pedro A. Sánchez de H. (xx-xx)	168

---

[164] García Vásquez, Demetrio (1928), *Los hacendados de la otra banda y el Cabildo de Cali,* Imprenta Gutiérrez, Cali, p. 44.

[165] Arboleda (1956), *Historia de Cali,* Tomo I, p. 209.

[166] Ídem, pp. 157-158.

[167] Ibídem, pp. 158-160.

[168] Colmenares (1983), op. cit., p. 191.

No.	Nombre	Propietario/Vigencia	Fuente
6	La Herradura	Miguel Vivas Sedano (xx-1733) Onofre Vivas y Juan de Saavedra (1733-xx) Antonio de Saavedra (xx-1747) mitad herenc. Juan, Miguel y José Cárdenas (1747-xx) José Escobar y Lasso (1752) canje Valentín Manzano (1768) compra parte a J. Saavedra Nicolás Pérez S. (1749-xx) compra a A. Saavedra Nicolás de Cayzedo H. (xx-xx) compra a V. Manzano Juan de Argumedo (1751) Manuel Cayzedo y Tenorio (1763) Lourido y Romay (1763) compran parte a Argumedo	169
7	Santa Rita de Aguaclara	Lorenzo Lasso de la Espada (xx-1723) Feliciano Escobar Alvarado (1723-1747) herencia José Escobar y Lasso (1747-1755) herencia Juan Rangel (1755-xx)	170
8	San Jerónimo	José Barona Fernández (xx-1720) Francisco de la Flor Laguno y Manuela Sancha Barona (1720-xx) Cristóbal Cobo Figueroa (1750-xx)	171
9	San José de Amaime	Ignacio de Piedrahíta Saavedra (xx-xx) Jerónimo Rengifo y María Silva y Escobar (xx-1724) Ignacia de Piedrahíta (1724-xx) Ángela Ruiz Calzado (xx-1749) herencia Juan Ruiz Calzado e Isabel Castrellón (1749-xx) Antonio Barona Fernández (xx-1799) cesión familiar Toribio García (1799-xx)	172
10	Amaime	Feliciano Escobar Ana de Guzmán Ana María de los Reyes	173
11	El Cerrito	Antón Núñez de Rojas (xx-xx) Francisca Núñez de Rojas (xx-xx) herencia Ana María de los Reyes (xx-1732) herencia Vicente Palacios (1723-xx) herencia Agustina Ruiz Calzado (1734-1769) José Agustín de Arango (1769-xx)	174

---

[169] Colmenares (1983), op. cit. pp. 184-186.

[170] Colmenares (1983), op. cit. p. 159.

[171] Colmenares (1983), op. cit. pp. 188-189.

[172] Colmenares (1983), op. cit. pp. 189-190.

[173] Colmenares (1983), op. cit. p. 162.

[174] Colmenares (1983), op. cit. p. 173.

No.	Nombre	Propietario/Vigencia	Fuente
12	Coronado	José Escobar y Lasso (xx-1748) vende parte Abrojal Antonio Núñez, Petronila Cobo y Pedro Velásquez (1748-xx)	175
13	Yegüerizo	Juan Francisco Garcés de Aguilar Juan de Silva Saavedra Manuel Crespo Lozano (1726-1731) compra parcial Antonia Rengifo Baca vda de Crespo (1731-1734) Gregorio de Saa (1734-xx)	176
14	El Palmar	Juan Romero(1644-xxx) Francisco Rengifo Salazar (xx-1676) Beatriz Ordóñez de Lara (1676-1681) Pedro Rengifo de Lara (1681-xx) Gregorio de Saa y Rengifo	
15	Concepción del Nima (Hac. Real)	Rodrigo Arias (1619-1651) parte de un globo de tierras Compañía de Jesús (Colegio de Popayán) (1651-1767) Junta de Temporalidades (1767-1777) Pedro González de la Penilla (1777-1807)	

---

[175] Colmenares (1983), op. cit. p. 176.
[176] Colmenares (1983), op. cit. pp. 207-208.

CAPÍTULO 5

LAS PRINCIPALES HACIENDAS DEL SIGLO XIX

A pesar de la fragmentación y distribución del territorio de Llanogrande realizado en los siglos precedentes, algunas haciendas se mantuvieron consolidadas y otras, como la hacienda Concepción de Nima de los jesuitas, luego llamada hacienda Real, fueron sometidas a una segregación paulatina. En el transcurso del siglo XIX esta propiedad se dividiría en más de un centenar de propietarios. Por su parte, las extensas haciendas de Loreto situada al norte (margen derecho) del cauce del río Palmira y la hacienda El Palmar al sur del mismo riachuelo, se fueron loteando para urbanizar el poblado de Llanogrande y luego de Palmira.

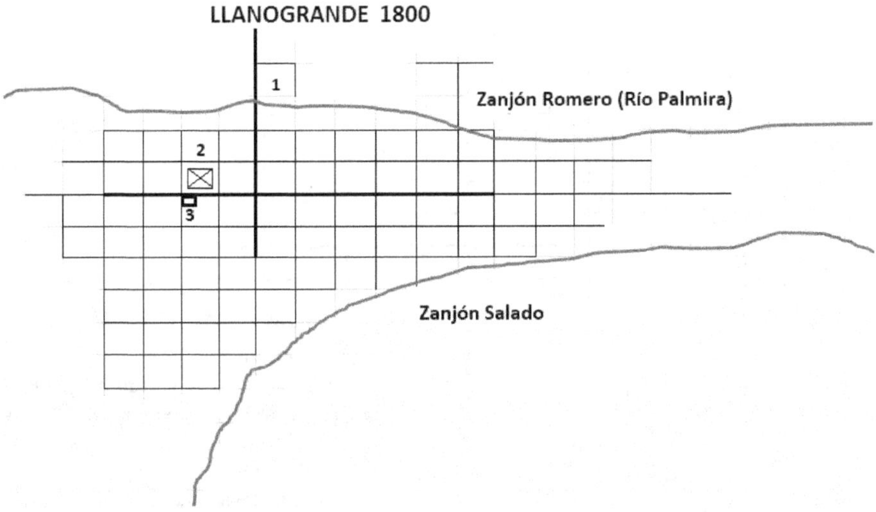

Figura 12. Urbanística de Llanogrande en 1800. 1: Factoría del Tabaco; 2: Plaza principal; 3: Capilla de Nuestra Señora del Rosario del Palmar

El proceso autonómico e independentista a partir de 1810, modificó sustancialmente el carácter productivo de las haciendas y de la distribución de la propiedad. El resquebrajamiento de la economía esclavista de la Gobernación de Popayán haría que las élites del Gran Cauca poco a poco se vieran obligadas a incorporarse a un capitalismo no sin grandes dificultades sociales, económicas y políticas. A mediados del siglo XIX, la abolición de la esclavitud vendría a cambiar las relaciones de trabajo en las haciendas y la desamortización de los bienes de manos muertas incidiría sobre la economía. El último cuarto de siglo se caracterizará por el impulso de la agroindustria exportadora y la llegada de extranjeros que, junto a pioneros locales, impulsarán diferentes aspectos de la economía local, en medio de las incertidumbres de las guerras civiles. Al finalizar el siglo, el poblado de Palmira se expandía aún más sobre todos los puntos cardinales copando las antiguas tierras de Loreto, El Palmar, Santa Bárbara, El Papayal y Malagana.

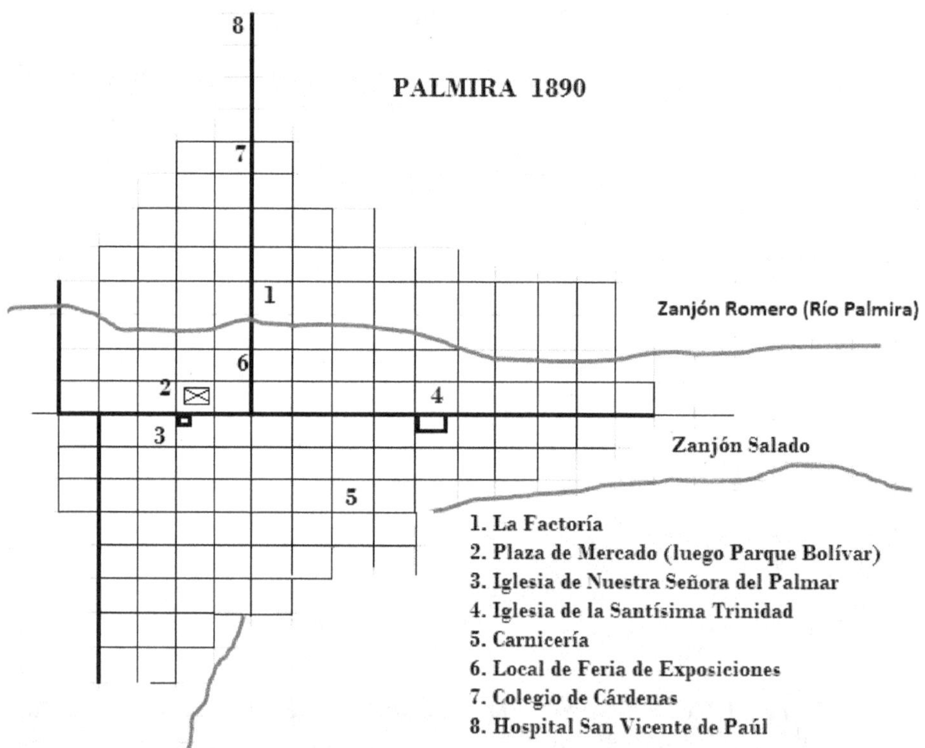

Figura 13. Urbanística de Palmira en 1890

Hacienda Real

Los doce herederos de Pedro Ignacio González de la Penilla, nacido en Burgos en 1730, muerto como se dijo, en 1807, vendieron poco a poco esos derechos y se formó un juicio de indiviso que subsistió por más de un siglo hasta el año de 1907. Fueron ellos: el presbítero Joaquín; Juana Isabel; María Josefa; Francisca; Florencia; Petronila; Pedro Santiago; Francisco; el presbítero Pedro Antonio; María Manuela; Sixta y Judas Tadeo González de la Penilla[177].

A finales de 1807, Tadeo González de la Penilla vendió sus derechos herenciales en la sucesión de sus padres a Francisco Cabal Barona, en el sitio de El Rodeadero con su casa, guaduales, ganados y bosques. La venta incluía un derecho de cien pesos en Chinche y de cincuenta pesos en Casangal, por un total de 2.150 pesos. Los esclavos los vendía en 4.838 pesos. Asimismo, Francisco González de la Penilla vendió a Francisco Cabal sus derechos en el indiviso por valor de 5.439 pesos en el sitio El Hato que constaba de casa, sembrados y ganado[178]. Estas propiedades estuvieron en el centro de la disputa entre el gobierno español y la madre de Francisco Cabal, la matrona Margarita Barona que las reclamó para evitar fueran confiscadas.

El 23 de julio de 1825, Roque Figueroa compró un derecho de tierras a Miguel Palacios, esposo de Josefa Matía Saénz y Pinilla, hija de Florencia González de la Penilla[179].

En enero de 1834, José Joaquín Somera hijo de Sixta González de la Penilla, vendió derechos de tierras sobre la hacienda Real por trescientos pesos. Los límites de la hacienda Real eran: por el oriente, desde la toma del río Nima al pie de la sierra; por el oeste con el zanjón Juan Rozo que colinda con tierras de La Torre; por el sur con

---

[177] Quintero (2006) op. cit., pp. 237-238. La escritura N°102 del 12 de octubre de 1835, Not. 1ª. de Palmira, habla además de Rafaela, hija de Pedro González de la Penilla. No sabemos si se trata de Pedro Ignacio o su hijo Pedro Antonio González de la Penilla.

[178] ACC Sign. 5259 INd JI-8su, 1826.

[179] La escritura fue realizada en la alcaldía municipal de la Villa de Palmira, ya que en ese momento no había notarías. Ese derecho de tierras lo heredó Carlos Figueroa Carvajal. En 1881, este lo vendió por 160 pesos a Bernardino Molina, escritura N° 82 del 23 de abril de 1881 de la Not. 2ª de Palmira.

el zanjón Coronado y por el norte, la madrevieja del río Nima hasta desembocar al Amaime[180].

También el 4 de junio de 1834, Florencia González de la Penilla vendió a Mariano Becerra parte de la finca El Rodeadero dentro del globo que formaba la antigua hacienda Real[181]. Otra parte del predio que había sido de Judas Tadeo de la Penilla y luego de Francisco Escobar, y el cual luego adquirieron en remate público Miguel Cabal y José María Molina, en 1838, estos lo vendieron a Pedro Gómez[182].

Sin embargo, no todo era armonía entre los herederos de la inmensa hacienda Real. En 1835, los señores Manuel Cruz González, José Joaquín Somera y Pioquinto Posada presentaron una demanda para que los sucesores de Joaquín González de la Penilla dieran cuenta de los dineros recibidos por este, en su calidad de albacea que fue de Pedro González de la Penilla[183].

En 1838, María Josefa González de la Penilla hizo su testamento ratificando otro realizado en 1825. Nombró como albaceas a su hijo Pioquinto Posada y en segundo lugar a Ramón Becerra[184].

Por su parte, Florencia González de la Penilla, había testado en 1831[185]. Volvió a testar en junio de 1838 y adicionó codicilos a sus testamentos de 1831 y 1835. En él hacía donaciones de dinero y joyas

---

[180] Escrit. N° 6 de enero de 1834, Not. 1ª de Palmira.

Para 1875, se especificaban mejor tales límites: oriente: el ángulo que forma el río Palmira al desprenderse del río Nima; sur: el río Palmira aguas abajo hasta el sitio donde se desprende el zanjón Coronado o Zamorano y por este zanjón hasta terrenos que fueron de Casimiro de Soto; por el norte, el cauce del río Nima hasta desembocar al Amaime y por él aguas abajo hasta llegar al cauce antiguo del mismo y por este cauce seco hasta dar con tierras de La Torre y por el oeste, dos cuadras arriba de la posesión que fue de José Escovar. (Escrit. No. 9 del 8 de enero de 1875, Not. 1ª de Palmira).

[181] Escrit. N° 55 del 4 de junio de 1834, Not. 1ª. de Palmira.

[182] Escrit. N° 65 del 17 de agosto de 1838, Not. 1ª de Palmira.

[183] Escrit. N° 102 del 12 de octubre de 1835, Not. 1ª de Palmira.

[184] Escrit. N° 28 del 20 de abril de 1838, Not. 1ª de Palmira.

[185] Este testamento de 1831 fue de nuevo registrado 80 años después, en 1911, por algún propósito. Allí Florencia declaraba que en su segundo matrimonio con Joaquín Sáenz y su tercero con Manuel Palacios, introdujo capital pero ellos no aportaron capital alguno. (Oficina de Registro I., P. de Palmira, N° 498 del 15 de noviembre de 1911).

a sus nietas y sobrinos. Hizo también una provisión para su hija Josefa Matía que sufría incapacidad mental[186].

En 1838, Florencia González de la Penilla vendió una parte de su propiedad, llamada La Acequia, a Ramón Becerra que según condición de venta solo se podría tomar posesión de ella a su muerte, ocurrida en mayo de 1839[187]. A su vez al año siguiente, en 1840, Ramón Becerra se la vendió a Jorge Henrique Isaacs[188].

En el mismo año de 1840, Catalina Becerra, esposa de Vicente Bacca, le vendió derechos de tierras por 200 pesos en el indiviso de la antigua hacienda Real, a Ángel María Becerra[189].

A mediados de 1840, Josefa Matía Sáenz de la Penilla, demanda de los albaceas de los bienes de su madre Florencia, los señores Ramón Becerra y José Joaquín Somera, le sea entregada su parte herencial[190].

Otra parte importante del indiviso de la hacienda Real había sido vendido tiempo atrás por Florencia González de la Penilla a Mariano Becerra Carvajal que la rebautizó como hacienda Concepción de Nima. Becerra a su vez la vendió en 1840 por 8.000 patacones a Jorge Henrique Isaacs, padre del político y escritor[191]. Estas tierras con nombres de hacienda La Manuelita y La Rita, pasaron a manos de Santiago Eder el 21 de abril de 1864 por remate de las deudas de Isaacs[192]. Otra hacienda adyacente a La Manuelita, llamada El Oriente que estaba en las notificaciones del remate, al final no fue negociada porque el yerno del difunto Isaacs, José María Iragorri argumentó en un memorial al juzgado que había sido dada por donación a su esposa Rebeca Isaacs en 1858[193]. Sin embargo, Eder negoció con Iragorri, meses más tarde y le compró El Oriente el 3 de julio de 1864 por un

---

[186] Escrit. N° 43 del 22 de junio de 1838, Not. 1ª de Palmira.

[187] Escrit. N° 97 del 12 de noviembre de 1839, Not. 1ª de Palmira.

[188] Escrit. N° 75 del 27 de noviembre de 1840, Not. 1ª de Palmira.

[189] Escrit. N° 25 del 12 de mayo de 1840, Not. 1ª de Palmira.

[190] Escrit. N° 46 del 20 de julio de 1840, Not. 1ª de Palmira.

[191] Escrit. N° 58 del 3 de octubre de 1840, Not. 1ª de Palmira.

[192] Escrit. N° 36 del 21 de abril de 1864, Not. Segunda de Palmira. Para efectos del presente estudio, en adelante se tratará las haciendas derivadas individualmente.

[193] Eder, Phanor James (1981), *El Fundador*, p. 101.

valor de 4.000 pesos fuertes, equivalentes a 4.000 dólares que Eder pagaría con un lote de medicinas importadas por él hasta Buenaventura. El 7 de octubre de 1864, se hizo la escritura de compraventa de El Oriente que constaba de dos casas pajizas, 80 almudes de pasto guinea y pará, 50 reses, varias matas de guadua y una acequia[194].

Tras un siglo desde la expulsión de los jesuitas, la antigua hacienda Concepción de Nima, había dado origen a un centenar de fincas y una decena de haciendas a partir de un globo indiviso de tierras de una extensión importante entre oeste y oriente de 15 km y de norte a sur de unos 4 km, es decir 60 km^2 o 6.000 hectáreas. Entre ellas se contaban las haciendas y fincas La Rita, La Manuelita, La Gertrudis, El Oriente, La Primitiva, La Acequia, El Rodeadero, El Hato, Belén, entre otras.

Para 1880, Carlos Figueroa Carvajal vendió a Manuel Espinosa un derecho de tierras. Este a su vez, en 1881 lo vendió a Isidoro Daza por cuarenta pesos[195]. En ese mismo año, Margarita López le compró a Miguel Antonio Gómez, cinco matas de guadua situadas en diferentes fincas y sitios dentro de la hacienda Real. Al igual compró a Pedro Antonio González Becerra un derecho de tierras por veinte pesos, que este había adquirido a Manuel Espinosa[196].

Para 1894, Francisco de P. Molina vendió a Fidel Echeverry, derechos de tierras por 150 pesos. El precio tasado era de 2 pesos por plaza[197].

En 1899, Vicenta y Carmen Pizarro Baca vendieron a Primitivo Crespo, sus derechos de tierras por el valor de $ 159. El derecho vendido lo obtuvieron por herencia de su padre, Cayetano Pizarro Baca. La adjudicación tenía dos fanegadas con 6.500 varas cuadradas y lindaba con la hacienda El Hato[198].

---

[194] Eder, op. cit., p. 102.

[195] Escrit. N° 43 del 5 de marzo de 1881, Not. Segunda de Palmira.

[196] Escrit. N° 191 del 30 de septiembre de 1881, Not. Segunda de Palmira.

[197] Escrit. N° 165 del 13 de abril de 1894, Not. Segunda de Palmira.

[198] Escrit. N° 44 del 15 de febrero de 1899, Not. 1ª de Palmira.

Nuestra Señora de Loreto (hacienda)

Al morir el 28 de diciembre de 1793, el dueño de la hacienda, el español Pedro Antonio Sánchez de Hoyos, dejó su herencia a los siete hijos que tuvo con María Rosa García y Flórez. Ellos fueron: María Josefa; Pedro Antonio; Margarita; Ana Joaquina; Juan Gregorio; Bárbara y María del Carmen Sánchez de Hoyos García[199].

Se destacaron entre los herederos, Pedro Antonio Sánchez de Hoyos García y Flórez (1777-1834), quien sería protagonista de la vida política, social y económica de la comarca por más de dos décadas. En cuanto a la tenencia de tierras, fue importante su hermana Margarita Hoyos quien llegó con su marido Gabriel de Francisco Prado y sus hijos, a acumular y recomponer grandes extensiones de tierra por compras a sus hermanos y familiares. Una parte de los hermanos Sánchez de Hoyos empezó a usar el apellido Hoyos en vez de Sánchez.

Mientras entre 1816 y 1817, el Valle del Cauca padecía la tiranía española del Régimen del Terror ejercida por los coroneles Francisco Warleta y Ruperto Delgado, el terrateniente Pedro Antonio Sánchez de Hoyos, era mayordomo de fábrica de la iglesia parroquial de Llanogrande. El cura vicario era el enemigo de los patriotas, el bandolero fray Andrés Sarmiento[200]. En 1821, ya con el territorio liberado del yugo español, Pedro Antonio Sánchez se dirigió al gobernador Concha, para que le exonerara del pago de intereses de la deuda contraída con particulares desde 1816. Para ello aducía que su hacienda de Loreto fue ocupada primero por los realistas de Sebastián Calzada y luego, por las tropas republicanas del general Manuel Valdés, por lo cual huyó a Ibagué. Pedía se extendiera la gracia otros cuatro años más mientras reconstruía su hacienda. A pesar de los alegatos del presbítero Peña, uno de sus acreedores, se falló en favor de Sánchez de Hoyos[201]. Luego se desempeñó como Factor del tabaco de la Factoría entre 1822 y 1824. A finales de ese año y hasta mediados de 1825, se ausentó para viajar a Bogotá como senador[202].

---

[199] Quintero (2006), op. cit. pp. 102-106.

[200] ACC Sign. 575 Ind. EI -8d.

[201] ACC Sign. 5216 Ind JI-7cv.

[202] ACC Sign. 2254 Ind CI-22et; Sign. 4979 Ind. C II -23h; Sign. 1330 Ind CI-17et y Sign. 1454 Ind C-17et.

Terminadas las guerras de independencia, con las ventas de las hijuelas de la herencia de los siete hermanos: comenzó un proceso de desintegración de la propiedad. En 1827, María Josefa Hoyos vendió un lote de media plaza, en el Llano de la Factoría que colindaba con terrenos de su hermano Pedro Antonio Sánchez de Hoyos, el Factor del tabaco[203].

El albacea de la sucesión de Andrés A. Balcázar vendió el 16 mayo de 1828 a Gabriel de Francisco Prado, marido de Margarita Hoyos, 20 cuadras en el Llano de Guayabal por el valor de 273 pesos. Estas tierras colindaban por el oriente con propiedad de Alberto Arana; por el oeste con la hacienda Loreto de Pedro Antonio Sánchez de Hoyos; por el norte y sur con tierras de María Josefa Hoyos y su hijo Antonio Castro. Dicha tierra estaba gravada en un principal a favor del Colegio Santa Librada de Cali por 795 pesos, pero, Balcázar la había liberado y trasladado a otra propiedad. Esta tierra de Guayabal, que dejó Balcázar, había sido comprada en 1809 por 500 patacones, a Manuel Durán quien lo heredó de su padre Tomás Durán[204].

Para una venta de tierras, se acostumbraba citar a los vecinos del predio para ratificar los linderos y evitar pleitos. De tal manera para la venta antes citada, fueron citados el procurador municipal Antonio Castro, dueño de tierras aledañas y su tío y suegro a la vez, el Factor del tabaco, Pedro Antonio Sánchez de Hoyos, dueño de Loreto, quien aceptó la compra hecha por su cuñado Gabriel de Francisco Prado, esposo de Margarita Hoyos.

Desde ese momento, Margarita Hoyos comenzó con su hijo y apoderado, Gabriel Corcino Prado, a comprar propiedades de sus hermanos y vecinos. En 1828, cuatro hermanos habían recibido la herencia de su difunta hermana célibe, Ana Joaquina, por lo cual Pedro Antonio, Margarita, Carmen y Bárbara Sánchez de Hoyos, recibieron cada uno 36,5 cuadras de tierras en el indiviso La Factoría, como parte del globo de la antigua hacienda de Loreto[205]. En enero de 1829, Margarita Hoyos le compró las tierras a Bárbara Hoyos por 600

---

[203] Escrit. N° 25 del 17 de marzo de 1834, Not. 1ª de Palmira.

[204] Escrit. del 16 de mayo de 1828, Not. 1ª de Palmira, transcrita en escritura del 8 al 12 de julio de 1834 de la Not. 1ª de Palmira.

[205] Las 146 cuadras o plazas recibidas equivalían a 93,4 hectáreas, casi un kilómetro cuadrado.

pesos. Margarita Hoyos también compró los derechos de tierras a Manuel Belalcázar en La Bolsa (328 patacones) y Guayabal (502 patacones) en 1829. En el año de 1830, Margarita Hoyos, le compró a Carmen, su hermana, las 36,5 cuadras en el Llano de Guayabal o de Cárdenas por 730 pesos. Compró igualmente en 1831, a su sobrino Antonio Castro, treinta cuadras por 686 patacones en Guayabal. Pedro Sánchez de Hoyos vendió el 14 de diciembre de 1833 a su hermana Margarita Hoyos, dichas 36,5 cuadras ubicadas hacia el oriente, contra el zanjón Romero. El total de la propiedad de Margarita Hoyos en 1834, fue avaluada y consolidada en 258 plazas por un valor de 5.150 pesos[206].

En 1833, Pedro Vicente Cárdenas demandó a Gabriel Corcino Prado por la tasa del interés sobre un principal de la hacienda de San Pedro que Prado aducía del 3% y Cárdenas del 5%. Se falló a favor de Cárdenas y aunque Prado apeló, se confirmó la sentencia[207]. En agosto de 1834, se canceló la hipoteca de 4.000 pesos sobre la hacienda San Pedro que servía de respaldo de Gabriel C. Prado, en un principal de 1832 en favor de Pedro Vicente Cárdenas. Al mismo tiempo, como Pedro Sánchez de Hoyos había fallecido recientemente, Margarita Hoyos, su hermana, adoptó y acogió el reconocimiento de una capellanía de 2.000 patacones que tenían sobre la hacienda de Loreto[208].

El 18 de agosto de 1834, Tomás Saavedra le vendió a Rafael Prado Hoyos, una esclava negra de 16 años por el valor de 200 pesos. La esclava se hallaba libre de empeño e hipoteca, sin vicios, lesión y tacha alguna[209].

Pedro Sánchez de Hoyos murió el 19 de agosto de 1834[210]. Por su parte otro de los hermanos, Juan Gregorio Hoyos, casado con María Manuela Cabal González, al morir tenía una finca del antiguo globo

---

[206] Escrit. N° 83 del 8 al 24 de julio de 1834, Not. 1ª de Palmira. Estas 258 plazas equivalen a 165,1 hectáreas o un cuadrado de 1.285 metros de lado.

[207] ACC Sign. 426 Rep JI-8cv.

[208] Escrit. N° 86 del 23 de agosto de 1834, Not. 1ª de Palmira.

[209] Escrit. N° 78 del 18 de agosto de 1834, Not. 1ª de Palmira.

[210] Family Search, Archivo Parroquia Nuestra Señora del Rosario de Palmira, reg. 41, Vol. 8 de 1834-1837.

de Loreto de 148 plazas, llamado La Legua, que fue vendido en 1833 y de nuevo negociado en 1839[211].

El 26 de agosto de 1834, María Josefa Sánchez de Hoyos dio poder a su hermano Juan Francisco Sánchez para que se retraiga de la venta hecha a José Ignacio Polo de tierras en Matarredonda por incumplimiento del último en las condiciones de venta. Tres días después, la misma María Josefa, quitó el poder que le había conferido a su hermano José Agustín Sánchez para representarla[212].

También, en esta época de 1834, fueron comunes los pleitos por tierras y linderos con Elías Fernández de Soto y su familia. En septiembre, los Hoyos colocaron apoderado para un litigio por linderos contra Fernández[213]. En diciembre, este demandó a Pedro Vicente Cárdenas por injuria, contra la memoria de su fallecido padre. En abril de 1835, fue Pedro Vicente Cárdenas quien demandó a Tomás Fernández de Soto, en espera de una apelación ante el juez segundo de primera instancia, Gabriel Corcino Prado, sobre una nulidad de una obligación de 500 pesos[214]. En 1835 Corcino Prado reconoció hipoteca de la hacienda de San Pedro por un préstamo de 1.607 patacones hecho a un amigo de los Prado[215].

Aunque con pleitos entre las familias Hoyos y Fernández de Soto, se hacían negocios entre ellos. En 1838 y al morir Gabriel Corcino Prado Hoyos, su viuda Mariana Concha y su madre Margarita Hoyos, dieron poder a Rafael Prado Hoyos, para protocolizar una escritura reconociendo la deuda del fallecido Corcino Prado a Santiago Fernández de Soto, por la suma de 1.700 pesos[216].

El 10 de marzo de 1859, Margarita Hoyos, su hijo Rafael y sus nietos Inés, Dolores y Tulio, vendieron a Manuel Belalcázar un terreno de 16 plazas de extensión en el sitio de Guayabal por la suma de 320 pesos. El predio limitaba por el norte con callejón de por medio con el Potrero de La Alpina de Antonio Castro; por el sur con el Llano de Cárdenas de Pedro y Josefa Rizo; por el oriente con tierras de la

---

[211] Escrit. N° 70 del 16 de agosto de 1839, Not. 1ª de Palmira.

[212] Escrit. N° 88 y 92 del 26 y 29 de agosto de 1834, Not. 1ª de Palmira.

[213] Escrit. N° 98 del 15 de septiembre de 1834, Not. 1ª de Palmira.

[214] Escrit. N° 31 del 10 de abril de 1835, Not. 1ª de Palmira.

[215] Escrit. N° 42 del 4 de mayo de 1835, Not. 1ª de Palmira.

[216] Escrit. N° 56 del 6 de agosto de 1838, Not. 1ª de Palmira.

sucesión de María Ángela Benítez y por el oeste con la carretera nacional que iba a Buga[217].

El 10 de mayo de 1864, se hizo la repartición de la herencia de la difunta Margarita Hoyos entre su hijo Rafael Prado Hoyos y sus nietos: Inés, Dolores y Tulio, hijos del difunto Gabriel Corcino Prado Hoyos[218]. Entre muchos bienes, la herencia disponía de 36 plazas en el globo de San Pedro:

> cuyos linderos son por el oriente con el camino público que conduce del Amaime a Aguaclara; por el poniente con el llano denominado de Cárdenas de propiedad del señor Pedro Rizo; por el norte la antigua acequia de Palmira y por el sur el antiguo zanjón de Romero, hoy río de Palmira[219].

De las tierras mencionadas fueron adjudicadas a Rafael Prado 18 plazas y la misma cantidad a Tulio Prado que ya tenía terrenos adyacentes a esta hijuela, en la llamada hacienda La Esperanza[220].

Al parecer los Prado tenían otras posesiones en el mismo sector y dos semanas después, Tulio Prado adquirió a su hermana Inés Prado, 119 plazas de terreno de bosques y 47 plazas de tierra plana (despejada) por 1.600 pesos de ley en terrenos del globo llamado San Pedro[221].

A comienzos de 1873, Rosa Hoyos vendió a Daniel Echevarría gran parte de las 32 fanegadas de terreno heredadas de su padre Jorge Juan Hoyos. Esta propiedad tenía como linderos al oriente, el camino público a Buga; por el norte con el zanjón Mirriñao; por el

---

[217] Oficina de Registro I. P. de Palmira, N° 23 del 28 de enero de 1874.

[218] Los dos hermanos, Gabriel Corcino y Rafael Prado Hoyos, eran casados respectivamente con dos hermanas: Mariana y María Concha García. Citado por Miguel Wenceslao Quintero en su obra, p. 105.

[219] Escrit. N° 47 del 10 de mayo de 1864, Not. Segunda de Palmira.

[220] En terrenos de esta hacienda La Esperanza se instaló el Ingenio La Esperanza a mediados del siglo XX y queda en la zona de Guayabal en la vía de Palmira a Tiendanueva.

[221] Escrit. N° 65 del 25 de mayo de 1864, Not. Segunda de Palmira.

oeste con tierras de Modesto Hoyos y por el sur con tierras de la vendedora. El precio de la venta fue de 800 pesos[222].

En 1873, Tulio Prado vendió la finca La Esperanza, en el sitio de Guayabal a los hermanos Ricardo, Ángel María y Crisanto Cabal. Se componía de casa, cocina, ramada para trapiche, cacaotales, cañadulzales, molino, hornilla, fondos del trapiche y dos acequias[223].

En 1874, en antiguos terrenos de Loreto, se había levantado el barrio Colombia[224]. En 1875, Modesto Hoyos compró una franja de terreno en forma triangular cuya base limitaba al norte con el zanjón Mirriñao. El vértice oriental estaba al lado del nuevo camino abierto hacia Amaime, hoy carretera central, que venía desde la población y se conocía como "Calle del Colegio", en alusión al Colegio de la Libertad (hoy Colegio Cárdenas). El precio del negocio fue de 12 pesos[225].

Otro sector de la antigua hacienda fue vendido en 1875 por Rafael Prado Concha a Rafael Plaza. El terreno de 2,5 plazas estaba comprendido: por el oriente con propiedades de Francisco Gómez Acevedo; por el sur y el oeste con tierras de José María Domínguez y por el norte con la población. El predio lo adquirió Prado en pago por los honorarios de la sucesión de Pedro Antonio Sánchez de Hoyos y Asunción Cabal. El valor de la venta fue de $320[226].

En 1875, Josefa Antonia Rizo vendió parte de sus derechos a su hermano Pedro Rizo, sobre los guaduales comprados en 1831 y 1859 a Margarita Hoyos y su hijo Rafael y nietos Tulio, Dolores e Inés Prado en la zona entre la quebrada de La Honda y la madrevieja del río Aguaclara. Además, vendió un lote de tierra en la zona norte de Loreto que compró a Tulio Prado. La transacción fue de 180 pesos[227].

En síntesis, en el siglo XIX, la antigua hacienda de Loreto situada al margen derecho del río Palmira que le servía de límite por el sur

---

[222] Escrit. N° 568 del 24 de febrero de 1873, Not. Segunda de Palmira.

[223] Escrit. N° 621 del 30 de marzo de 1873, Not. Segunda de Palmira.

[224] Escrit. N° 9 del 14 de febrero de 1874, Not. 1ª de Palmira.

[225] Escrit. N° 41 del 28 de enero de 1875, Not. 1ª de Palmira.

[226] Escrit. N° 185 del 3 de junio de 1875, Not. 1ª de Palmira.

[227] Escrit. N° 342 del 12 de octubre de 1875, Not. 1ª de Palmira y registro N° 89 del 3 de mayo de 1859, Registro de Instrumentos Públicos de Palmira.

desde su nacimiento en el río Nima, había pasado de ser un globo de tierras con único dueño, a ser la matriz de otras estancias, potreros y haciendas menores como La Factoría, Llano de Cárdenas o de Guayabal, La Bolsa, San Pedro, La Legua, La Esperanza, entre otras. Con el poblamiento creciente de Palmira, las tierras más cercanas al centro del poblado, se fueron urbanizando y empezaron a desaparecer los potreros de La Factoría y San Pedro.

Aguaclara

Este indiviso estaba situado en los márgenes del río Aguaclara que baja de la Cordillera Central y es tributario del río Bolo. En 1867, Bibiana Arce vendió a Paterson Pizarro una finca dentro del globo de Aguaclara[228].

Aguaclara Sur (finca)

Comprendía 185 plazas y fue vendida por Ricardo Escobar Ramos a Adolfo Blum quien la hipotecó en 1878 para respaldar una deuda contraída con Santiago Eder por la venta de La Rita. Limitaba al norte con el río Aguaclara; al sur con la finca Pichindé: al oriente la madrevieja del río Aguaclara y al occidente, con terrenos comprados a José María Pinillos[229].

Aguaverde (finca de libertos)

Margarita Rengifo había donado en 1783 a sus esclavos un terreno que limitaba por el sur y el occidente con terrenos de José María Díaz; por el oriente con El Papayal y por el norte con la hacienda El Guauco. Un descendiente de los esclavos libertos, vendió su parte al presbítero Pedro Antonio Holguín y este a su vez, lo vendió en 1875 a Ildefonso Bejarano por $ 16 de ley[230].

---

[228] Escrit. N° 480 del 7 de enero de 1873, Not. Segunda de Palmira.
[229] Escrit. N° 108 del 16 de mayo de 1878, Not. 1ª de Palmira.
[230] Escrit. N° 293 del 6 de septiembre de 1875, Not. 1ª de Palmira.

Barrancas Altas

Fue una denominación dada a una región situada en el piedemonte y margen izquierda del río Nima, que como la gran mayoría de propiedades era indiviso debido al mayorazgo y solo se vendían los derechos de tierra.

En 1652, el capitán Martín Holguín Pantoja vendió a Francisco Rengifo Salazar, el Llano de Ortega donde se encontraba el indiviso de Barrancas Altas[231]. Lo heredó su hija Lucía Rengifo. Un nieto de esta, Domingo de Saa, lo había heredado y junto a otro derecho comprado al difunto Gregorio Molano ensanchó la propiedad. A su vez, en junio de 1838, Mariano de Saa Polanco hijo de Domingo, heredó la mitad de los derechos de tierras. Tenía parte de la hacienda hipotecada por 400 pesos a Luis Molina. Otra parte del indiviso era de Antonio de Saa Escandón, hijo de Jacinto Asencio de Saa y nieto de Domingo de Saa[232].

En 1838, Elías Fernández de Soto y José Ignacio Rengifo demandaron por linderos y tierras a Mariano, Jacinto Melchor, Francisco Antonio y Bárbara Saa. Estos nombraron como apoderado a Pedro Antonio Rodríguez[233].

En 1860, Lorenzo Chavarro vendió a Clara Varona, la casa, los frutales y cercos de piñuela que había comprado desde 1852. El valor del negocio fue de 65 pesos[234].

De igual manera, en el mismo indiviso de Barrancas Altas vendieron en esos días María Isabel Nieto y Rengifo y su esposo Sebastián Belalcázar, a Juana Benítez, un derecho de tierras situadas en las vegas del río Nima en el sitio llamado San Emidgio, compuesto de platanar, catorce reses, cercados de piñuela, un pequeño guadual y una acequia que pasaba por el predio. La propiedad había sido heredada por Isabel en 1847, de su madre Manuela Rengifo. El hecho de ser un indiviso traía problemas y por eso en la escritura se hacía énfasis que todo el indiviso había sido estimado en 700 pesos y ya se habían vendido derechos de tierras a los señores José Antonio

---

[231] Quintero, op. cit. p. 158.

[232] Escrit. N° 42 del 20 de junio de 1838, Not. 1ª de Palmira.

[233] Escrit. N° 46 del 30 de junio de 1838, Not. 1ª de Palmira.

[234] Escrit. N° 18 del 28 de febrero de 1860, Not. Segunda de Palmira.

Quintero; Cruz Idrobo; Francisco Marmolejo; Sebastián Roa; Esteban Terán, Antonio Álvarez y Gabriel Escobar, por la suma de 260 pesos. Los derechos restantes de 440 pesos, pasaban a ser de la compradora que dio 475 pesos [235].

Un trapiche de tamaño apreciable fue vendido en 1860 por Saturnino Maya a Gerardo Molina. El predio constaba de casa, galpón y alambique para destilación de aguardiente, hornillas con tres fondos de cobre, moldes para panes de azúcar, ocho suertes de caña, siete caballos y sesenta cerdos. Lindaba por el oriente y el sur con propiedades de Luis Molina y herederos de Pío Rengifo; por el oeste lindaba con la acequia Papayal y predios de Mercedes Baca y por el norte, lindaba con el camino real que iba de Buga a Pradera[236].

En 1874, Sergio Carvajal le vendió 21 cuadras de terreno a Francisco Saldarriaga que era una parte de la finca La Primavera, cuya otra parte se la había vendido a Wenceslao Carvajal. El precio de la venta fue de 208 pesos. Esta finca se había deslindado de la hacienda Barrancas Altas y tenía como linderos: por el oriente con La Primavera; por el norte con el río Palmira; por el sur con tierras de los herederos de Ignacio Saa y los Belalcázar y por el sur con una línea del último mojón hasta donde inicia la acequia El Papayal[237].

Por el valor de 70 pesos, Remigio Quintero vendió en 1875, siete plazas de tierra a Diego Sánchez. Los linderos eran por el oriente con terrenos del vendedor; por el oeste con propiedad de Elías Fernández de Soto; por el norte con la acequia El Salado de por medio con terrenos del vendedor y por el sur con tierras del comprador[238].

El mismo Diego Sánchez, poco después compró a Francisco Saldarriaga un terreno de 5,5 hectáreas con casa de techo de paja, iracales, pasto de guinea y tres guaduales por $ 135. Los linderos eran: por el oriente el camino público; por el oeste y sur, los cercados

---

[235] Escrit. N° 21 del 19 de marzo de 1860, Not. Segunda de Palmira.

[236] Escrit. N° 186 del 22 de septiembre de 1881, Not. Segunda de Palmira. El camino real pasaba por la calle principal del actual caserío de Barrancas e iba hacia el sur a salir a Aguaclara y de allí se enrutaba a Pradera.

[237] Escrit. N° 298 del 26 de noviembre de 1874, Not. 1ª de Palmira.

[238] Escrit. N° 28 del 19 de enero de 1875, Not. 1ª de Palmira.

de la hacienda San José y por el norte con propiedad de Esteban Terán[239].

Un derecho de tierras por 56 pesos, que alguna vez perteneció a Nicolás Ospina, luego lo heredó su hija Elvira Ospina y a la muerte de esta, lo fue de su esposo Ismael Escobar que lo legó a la otorgante Dionisia Escobar, fue vendido en 1875 a Alfonso Saa. Este terreno tenía como linderos al sur y oriente con la quebrada La Honda; al norte con las tierras de San Rafael por la línea trazada desde el primer mojón de Cantarrana hasta el Alto del Ceibo y del Guabito hasta la Honda; por el oeste con tierras de Pedro A. Soto con un total de 52,4 hectáreas (81,8 plazas) a cuatro pesos por plaza[240].

Para 1876, del globo total se desmembró la finca llamada La Ventura propiedad de Antonio Saa, y heredada de su madre Ventura Saa. Fue vendida a su hermano Alonso Saa y comprendía entre otros bienes, cinco plazas de tierra en la parte llana y cinco más en la parte montuosa. Colindaba por el oriente con la quebrada El Guabito y aguas abajo con la quebrada La Honda y la hacienda San José[241].

En 1881, Francisco Saldarriaga dio en venta a Luis M. Cambás, por la cantidad de 166,4 pesos, 21 cuadras de terreno montañoso. Estas tierras las había comprado en 1874 a Sergio Carvajal[242].

Del inmenso indiviso inicial, habían quedado algunas unidades productivas que a final de siglo se destacaban por su producción panelera. Una era la hacienda Barrancas que en 1896, Manuel de Jesús Molina hipotecó para respaldar un préstamo grande de 65.100 pesos suministrado por Antonio Urdinola. La hacienda tenía una casa y molino. Limitaba al norte con los ríos Nima y Palmira; al sur el camino público que conducía de Palmira a La Zapata; al poniente con el río Palmira y al oriente con predios de Anastasio y Sebastián Molina[243].

---

[239] Escrit. N° 122 del 10 de abril de 1875, Not. 1ª de Palmira.

[240] Escrit. N° 425 del 28 de diciembre de 1875, Not. 1ª de Palmira.

[241] Escrit. N° 142 del 30 de mayo de 1876, Not. 1ª de Palmira.

[242] Escrit. N° 61 del 29 de marzo de 1881, Not. Segunda de Palmira.

[243] Oficina de Registro I. P. de Palmira, N° 73 del 12 de enero de 1896.

Para 1899, en el testamento de Bartolomé García dejaba a sus herederos, tierras vecinas a Barrancas y San Rafael por un total de 24 plazas compradas a Elías Fernández de Soto y Melchor Penagos[244].

Belén (hacienda)

El 12 de enero de 1867, el presbítero Pedro Antonio Holguín compró la hacienda a Francisco Antonio Gómez[245].

En las guerras civiles de 1876 y 1877, una parte de la hacienda fue rematada por Adolfo Martínez, para pagar un empréstito que se le impuso a Holguín, remate que fue pagado con productos de la hacienda. En 1881, Pedro A. Holguín vendió la hacienda junto a otros terrenos aledaños que había comprado a Antonio y Crisanto Castro (La Alpina). El nuevo comprador fue Isidoro Borrero quien le pagó 12.800 pesos[246].

Bolo

En 1838, Rafaela Girón vendió a José María Durán por 500 patacones, una estancia y derecho de tierras de trece cuadras junto al río Bolo, que su difunto esposo había comprado a Juan F. Sánchez en 1830[247].

En 1894, Manuel de J. Molina que heredó de su padre Luis Molina, vendió a José Cruz Ramírez, 44 plazas de tierra entre el río Bolo con que colindaba en el sur y Bolo Viejo. El límite oeste del predio era la carretera que va de Palmira a Candelaria. El sitio era llamado de Durán. El negocio fue por 2.240 pesos[248].

Camacho

Este era un inmenso predio de 116 plazas que limitaba por el norte con el zanjón Mirriñao; por el sur con el camino a La Herradura,

---

[244] Escrit. N° 124 del 28 de abril de 1899, Not. 1ª de Palmira.

[245] Escrit. N° 15 del 19 de enero de 1881, Not. Segunda de Palmira.

[246] Escrit. N° 260 de diciembre de 1881, Not. Segunda de Palmira.

[247] Escrit. N° 61 del 13 de agosto de 1838, Not. 1ª de Palmira.

[248] Escrit. N° 180 del 23 de abril de 1894, Not. Segunda de Palmira.

por el oriente con tierras de Rafael González Camacho y por el oeste con tierras de Justo Avenía. Hacia 1881 era de Luis Molina que la había heredado de su padre Francisco Molina. En ese año la permutó con otra propiedad de su hermano Manuel Salvador Molina, para tomar otra tierra de este, en Coronado[249].

Cantadelicias (finca)

Esta propiedad fue segregada de la hacienda de San Pedro. En 1877 Antonio Álvarez vendió la finca Cantadelicias a Antonio Calero. Este a su vez la vendió al año siguiente a Januario Hurtado por $ 240. Esta constaba de una casa con techo de paja, potreros de pasto con cercas de piñuela y medía 14 plazas. Colindaba por el norte, oriente y poniente con predios del Potrero de San Pedro y por el sur en parte con el río (zanjón Romero) y la propiedad de Gregorio Cabal[250].

A comienzos de 1881, Januario Hurtado la permutó con la finca La Linda de Miguel Aparicio, situada dentro del indiviso de El Papayal[251]. En 1886, Paulina Pizarro viuda de Hurtado vendió Cantadelicias al presbítero Rafael Aguilera que limitaba por el oriente y el norte con el potrero de San Pedro; por el sur con la antigua acequia de Palmira (zanjón Romero) y por el oeste con potrero de Jesús Londoño, predio de Ángel Arosemena y de San Pedro. Esta propiedad la obtuvo de su difunto esposo que la recibió a su vez como pago de disolución de sociedad comercial con Miguel Aparicio[252].

Casangal (territorio de la hacienda Real)

Era un territorio en la parte occidental del indiviso de la hacienda Real y que limitaba por el norte con el zanjón de Coto y por el sur con el zanjón Cascajal. En 1881, Vicente López vendió a Eugenio Rodríguez, dos derechos de tierras por valor de 51,2 pesos de un potrero que está limitado al norte por el zanjón de Coto; por el oriente

---

[249] Escrit. N° 163 del 13 de agosto de 1881, Not. Segunda de Palmira.

[250] Escrit. N° 198 del 17 de octubre de 1878, Not. 1ª de Palmira.

[251] Escrit. N° 1 del 3 de enero de 1881, Not. Segunda de Palmira. El río a que se refiere puede ser el zanjón Romero o El Salado, ya que ambos confluían en esa época en cercanías de este territorio.

[252] Escrit. N° 56 del 20 de agosto de 1886, Not. 1ª de Palmira.

con un camino público que divide propiedades del vendedor y su hermano Juan Bautista López; por el sur con el zanjón Cascajal y por el oeste con potreros de Rafael López y Lisímaco Pinillos[253].

Cascajal (hacienda)

Para 1875 que se vendían derechos a Ángel María Becerra, los límites del terreno eran: por el norte con el zanjón del Casangal; por el oriente con la hacienda Real chamba de por medio; por el sur con el zanjón de Malibú y por el oeste con el camino que sale del paso público del zanjón Malibú hacia el Casangal[254].

Chinche

Petronila Penilla había recibido de sus padres, herencia en tierras en Chinche por cantidad de 100 patacones, misma que vendió en 1838 al presbítero Manuel Santos Escovar por igual cantidad[255].

En 1881, Rodolfo Martínez vendió a la compañía Lalinde Hermanos, los terrenos del indiviso de Chinche por un valor de 300 pesos. Los linderos del terreno negociado eran por el norte, sur y oriente, terrenos baldíos y por el oeste con las tierras de Piedechinche, la quebrada La Honda que va de norte a sur a desaguar al río Amaime y la de Tenjo, que va de sur a norte a caer al mismo Amaime. Estas tierras las había heredado de su padre Pedro A. Martínez a quien se las adjudicaron en 1865[256].

Por su parte, en el inmenso territorio montañoso denominado Chinche, en 1894, Jacinto Saa vendió a Manuel de J. Molina dos fincas pequeñas en Cabuyal. El vendedor le había comprado derechos a Pedro A. Martínez y estaba comprendido en terrenos de Cerrito y Palmira. Limitaba por el oeste con la quebrada La Honda y por el sur con la quebrada de Tenjo[257].

---

[253] Escrit. N° 123 del 7 de junio de 1881, Not. Segunda de Palmira.

[254] Escrit. N° 182 del 29 de mayo de 1875, Not. 1ª de Palmira.

[255] Escrit. N° 60 del 11 de agosto de 1838, Not. 1ª de Palmira.

[256] Escrit. N° 244 del 29 de noviembre de 1881, Not. Segunda de Palmira.

[257] Escrit. N° 182 del 24 de abril de 1894, Not. Segunda de Palmira.

Cienagalarga

Ya habíamos mencionado cómo a finales del siglo XVIII, el dueño era Nicolás Ospina Fernández. Luego pasó a manos de su hijo José Nicolás Ospina y a la muerte de este último, a su hija Mariana Ospina, casada con Antonio Facio Lince[258].

Concepción de Amaime

Esta hacienda hizo parte del territorio de Llanogrande y Palmira hasta 1824. Está situada al margen derecho del río Amaime y guarda una enorme importancia por cuanto fue propiedad de la familia Cabal Barona quienes contribuyeron con sus bienes y sus vidas a la causa independentista.

Allí nacieron Miguel Cabal Barona en 1771, sus hermanos Francisco Cabal Barona en 1773 y Vicente Lucio en 1775. Fue propiedad de Manuel Antonio Cabal Escobar hasta su muerte en 1798[259]. La heredó su mujer Margarita Barona en la partición de bienes en 1807, y la vendió en 1810 a su hijo Francisco quien se comprometió a pagarle los intereses[260]. El valor de la venta fue de 47.557 pesos de los cuales se debía con cargo a la hacienda, principales o deudas de casi 20.000 pesos. La diferencia de 28.000 patacones debía pagarla Francisco Cabal a su madre por el momento solo en intereses anuales del 5% sin abonos al capital de la deuda total[261].

En 1813, cuando Sámano había tomado a Popayán, Margarita Barona demandó a Ildefonso Tejada, alcalde ordinario de Buga por haber despojado a su familia de la hacienda. El gobernador y comandante militar Sámano, determinó que la hacienda era propiedad de Francisco Cabal Barona[262].

El 5 de julio de 1816, Margarita Barona previendo las persecuciones contra su familia y las implicaciones sobre los bienes

---

[258] Escrit. N° 240 del 30 de julio de 1912, Not. 1ª de Palmira.

[259] Quintero, op. cit., p. 1061.

[260] AHC, Fondo Escribanos, diciembre 22 de 1825, ff. 245-252.

[261] ACC Sign. 5259 Ind JI-8su, 1826.

[262] ACC Sign. 5617 Ind JI-14cv.

declaró en Cali que las haciendas de sus hijos Miguel y Francisco Cabal en Vilela, Concepción de Amaime, Chinche, El Hato y Salinas de Caloto, que, aunque las había vendido a ellos, solo le pagaban los intereses de la deuda[263].

Cuando sobrevino la Época del Terror tanto José María Cabal Barona fusilado en Popayán el 19 de agosto de 1816 como su primo Francisco Cabal Barona, fusilado en Santafé el 22 de octubre del mismo año, perdieron sus propiedades por confiscación de los gobernantes españoles. Francisco aparecía como dueño de las haciendas Concepción de Amaime, El Hato y Rodeadero en Llanogrande y de las haciendas Caloto Arriba y Salado del Murciélago en Caloto. Miguel Cabal había sido dueño de Vilela. En diciembre de 1816 se hicieron los inventarios de las haciendas incautadas y aparecía la relación de libros, mapas, manuscritos y cartas encontradas en la Concepción[264]. A mediados de 1817 cuando se iban a rematar las haciendas de Concepción y la de Chinche de los Cabal, Margarita Barona viuda de Cabal, ofreció el 75% del avalúo, según la ley, para conservar la propiedad[265].

La valerosa Margarita Barona viuda de Cabal no se amilanaba ante las dificultades y en abril de 1818, pidió que le desembargaran los bienes que a la muerte de su marido Manuel Cabal, le hipotecara a su hijo Francisco para vivir de la renta. Exhibió una solicitud al respecto que hizo en 1816 a la Junta de Secuestros donde también aparecía una declaración bajo juramento donde Francisco decía que los bienes eran de su madre[266]. Nada de esto surtió efecto ante el gobierno tiránico español y sus colaboradores locales. Más bien algunos se aprovecharon de la situación para lucrarse de la desgracia de los patriotas. Francisco Gregorio de Angulo compró en remate las haciendas El Hato y El Rodeadero mientras José Joaquín Sanclemente, adquirió Vilela[267].

Al restablecerse la república patriota, Vicente Lucio Cabal pidió la restitución de los bienes de su madre Margarita Barona lo cual se hizo

---

[263] AHC, Fondo Escribanos, 1816, ff. 141-142.
[264] ACC Sign. 5820 Ind JI- 4cs; Sign 5206 JI-4cs y Sign 5189 Ind JI-4cs.
[265] ACC Sign. 4737 Ind JI- 4cs
[266] ACC Sign. 5812 Ind JI-4cs, 1818.
[267] ACC Sign. 5806 Ind JI-4cs, 1817.

por parte del alcalde con asesoría de un letrado. Posteriormente en 1826 se inició una demanda ante la Corte Suprema de Justicia, de parte de María Josefa Martínez, viuda del mártir Francisco Cabal Barona para obtener dichas haciendas. El tribunal confirmó la sentencia y las propiedades quedaron en manos de los Cabal Barona[268].

En 1820, Margarita Barona había contribuido con 3.000 pesos de un total de 30.000 asignados como cuota a los pobladores y hacendados destinados a las campañas militares del sur del continente[269].

Coronado (territorio indiviso)

En 1838, Lucas Hernández Payán vendió al cura Francisco José Scarpetta, dos cuadras de terreno, con casa de techo de paja. El negocio se hizo por 292 pesos[270].

En un sector del indiviso, Vicente Lazo vendió en 1864 a Manuel S. Lenis una porción de 2,5 plazas de tierra que lindaban en su lado oeste con el camino a La Torre y por el sur con el zanjón Mirriñao. Por el oriente estaban las tierras de Antonio Castro y en el norte, tierras del mismo vendedor Lazo. El valor de la transacción fue de 101 pesos[271].

En 1859, mediante escritura N°99 de la Notaría Segunda de Palmira, Cerveleón Núñez había vendido a Manuel Salvador Molina, un extenso terreno que se comprendía de norte a sur entre el zanjón Coronado y el Mirriñao; por el oriente con La Chamba y por el oeste con tierras de herederos de Núñez. En 1881, permutó parte de Coronado con su hermano Luis Molina en la cantidad de 116 plazas.

En ese mismo año de 1881, el presbítero Pedro Antonio Holguín vendió 30 plazas de tierra a Saturnino Maya. El predio constaba de casa, 600 matas de cacao, platanar y pastizales de guinea. La finca

---

[268] ACC Sign. 5259 Ind JI-8su, 1826.
[269] ACC Sign. 1044 Ind CI-15cp, 1820.
[270] Escrit. N° 54 del 20 de julio de 1838, Not. 1ª de Palmira.
[271] Escrit. N° 116 del 26 de agosto de 1864, Not. Segunda de Palmira.

limitaba con el norte, zanjón Coronado de por medio con la hacienda El Hato y por el sur con un camino que conducía hacia Buga[272].

En 1886, Luis y Manuel Salvador Molina vendieron a José María López 400 plazas de tierra de la hacienda con los utensilios para producir azúcar, guaduales que ocupaban cinco plazas, los derechos del agua de la acequia que cruzaba el sitio, y la de los zanjones de Mirriñao y Coronado. Cada plaza se vendía a 12,8 pesos y la hacienda colindaba por el oriente con una zanja que unía el zanjón Coronado con el Mirriñao y la finca La Margarita; por el sur limitaba con el zanjón Mirriñao en una parte y el resto con los montes de la hacienda El Tránsito; por el norte con la mitad de la ciénaga formada por el zanjón Coronado y por el oeste, con una zanja que limita la tierra de los Donneys. Los vendedores habían heredado parte de la propiedad de sus padres Francisco Molina y María Josefa Varela Martínez. El resto lo compraron a María Josefa, Vicente, Antonio y Mariana Molina[273].

El Beringo (finca)

En mayo de 1878 fue dada como parte de pago en la compra que hizo Adolfo Blum de la hacienda La Rita a Santiago Eder. Se estableció un valor de $ 14.000 por la finca. Limitaba al norte desde el vértice de la propiedad de Macario Pizarro por el camino que conduce a Pradera, teniendo al frente la finca del difunto general Miguel Bohórquez y la hacienda San José de Elías Fernández de Soto, hasta llegar al mojón que divide el Beringo de La Elisa a Aguaclara Norte; por el oriente el límite era desde el mojón referido hasta el mojón del terraplén que divide el Beringo, Aguaclara y Papayal; por el sur, desde el mojón del terraplén, una zanja seca abajo hasta unirse con el zanjón del Beringo y desde allí, aguas abajo hasta dos cuadras y media antes de la confluencia del Beringo al zanjón Sumbáculo; por el poniente desde este punto de cruce partiendo en línea recta hasta el camino público a Pradera desde donde se partió la trayectoria del límite[274].

---

[272] Escrit. N° 248 del 1° de diciembre de 1881, Not. Segunda de Palmira.

[273] Escrit. N° 22 del 17 de marzo de 1886, Not. 1ª de Palmira.

[274] Escrit. N° 108 del 16 de mayo de 1878, Not. 1ª de Palmira.

En octubre de 1878, Eder vendió El Beringo a Germán (Hermann) Blum por la suma de $ 12.000[275].

En diciembre de 1895, Hermann Blum hipotecó la propiedad para respaldar un préstamo que le hizo Alberto Buckhardt por 10.000 pesos de los cuales pagaría la mitad al 1% mensual en un primer pago en seis meses y el otro en el término de un año[276].

En 1898, Sierra Hermanos compraron a Pedro Velasco y Gregoria Victoria, 12 plazas de tierra en el sitio El Beringo por la suma de 2.280 pesos. Los documentos no nos dan a conocer si hubo una parte segregada de la propiedad de Blum o hacía parte de una vieja partición del globo total conocido por el nombre de El Beringo[277].

El 8 de agosto de 1898, Hermann Blum vendió la finca a Luis Blum. En octubre de 1899, este la vendió a Sierra Hermanos. Constaba de casa de adobe y ladrillo cubierta de teja, sementeras de plátano y café con cercados de guadua y piñuela. Tenía una extensión de 121,5 plazas[278].

El Carmen (hacienda)

En 1867, Antonio Castro vendió al presbítero Pedro A. Holguín, un total de 115 fanegadas en la zona noroeste de la hacienda. El terreno lindaba por el norte con el zanjón Coronado que lo separaba de la hacienda Belén del mismo padre Holguín; por los demás puntos cardinales limitaba con tierras que vendió a sus hijos Alejandro y Crisanto Castro. El precio de la tierra vendida fue de 12,80 pesos por fanegada. Al tiempo, Alejandro Castro vendió dos plazas más a Holguín[279].

En 1881, el dueño de la hacienda Alejandro Castro, le vendió por 300 pesos a Ángel María Sánchez, una parte de la hacienda que le había comprado a su padre Antonio Castro, en 1868. La propiedad

---

[275] Eder, op. cit. p. 447.

[276] Oficina de Registro I. P. de Palmira, N° 76 del 31 de enero de 1896.

[277] Oficina de Registro I. P. de Palmira, N° 152 del 28 de septiembre de 1899.

[278] Oficina de Registro I. P. de Palmira, N° 602 del 20 de octubre de 1899.

[279] Escrit. N° 516 del 31 de enero de 1873, Not. Segunda de Palmira.

quedaba en inmediaciones de Guayabal y uno de sus linderos estaba a 200 varas de la acequia de Loreto[280].

El Guauco (hacienda)

Situada hacia el sur en una región bañada por los zanjones que corren hacia el río Bolo. En 1875, José María Ávila vendió en 40 pesos los derechos de una porción de dos plazas de la hacienda a Manuel Esteban Baca. Limitaba al oriente con predio de Hermann Blum; por el oeste con tierras del vendedor; por el norte con propiedad de Bernardino Díaz y por el sur con el zanjón Sumbáculo. La hacienda la había comprado el año anterior a los señores Francisco y Ricardo Vásquez y a Rafael Villegas[281].

El Hato (hacienda)

Fue propiedad de Francisco González de la Penilla quien la vendió a Francisco Cabal Barona en 1807 por 5.439 pesos[282]. Tras las guerras de emancipación a partir de 1813 le fue confiscada por los españoles por la rebelión de Francisco Cabal Barona y en varias oportunidades litigada por Margarita Cabal contra las autoridades españolas en 1816. En el testamento de Margarita Barona en 1825, dice que la vendió a Ignacio Cabal[283].

El Limonar (hacienda)

Esta hacienda se comprendía entre el zanjón El Limonar y el de Mirriñao de norte a sur y en el partido de La Herradura. En 1834, el albacea de Bartolomé Prieto de Tovar vendió la hacienda a Francisco Donneys que tenía el cargo de procurador municipal. En 1840, se hizo traspaso del derecho sobre un principal de capellanía de 2.000 pesos

---

[280] Escrit. N° 162 del 12 de agosto de 1881, Not. Segunda de Palmira.

[281] Escrit. N° 8 del 8 de enero de 1875, Not. 1ª de Palmira.

[282] ACC Sign. 5259 IndJI-8su, 1826.

[283] AHC, Fondo escribanos, diciembre 22 de 1825, ff. 245-252.

que tenía Belisario Caicedo Delgado y ahora pasaba a Ángel María Becerra[284].

En 1875, Joaquín Zúñiga vendió a Marco Aurelio Cabal, un derecho de tierras en el indiviso, por $ 1.000. El terreno negociado colindaba por el oeste y el oriente con tierras de José María Medina; por el sur con el zanjón Malibú y por el norte con el camino a La Torre. El vendedor la había comprado al presbítero Manuel Antonio Peña en 1874[285]. Esta hacienda parece ser parte de la antigua hacienda El Abrojal como lo reza un documento de 1886 que ratifica la compra de 1883 en que Carlos Smith compró una parte a Adela Bueno de Scarpetta[286].

En 1893, Amalia Arroyo vendió a José Antonio Concha, un potrero heredado de su tía Carmen Arroyo, de una extensión de 133 fanegadas en el indiviso[287].

En 1894, Fidel Donneys vendió a Manuel Vicente Monedero seis plazas de tierra que tenían como linderos por el oriente los predios del comprador; por el oeste con tierras del vendedor; por el norte con el camino que iba desde Palmira a las haciendas La Josepilla y La Burrera. Por el sur limitaba con el zanjón Yeguas o Poma. El otorgante obtuvo estas tierras por herencia de su padre Francisco Donneys en los deslindes de La Herradura y El Limonar. El valor de la venta fue de 120 pesos[288].

El Oriente (finca)

Era un cuerpo de tierras proveniente de la hacienda Real que había sufrido segregaciones a lo largo del siglo XIX. De los Penilla pasó a los Carvajal y de estos a los Isaacs. Una de las hijas de Jorge Henrique Isaacs estaba casada con José María Irragorri. En octubre de 1864, Santiago M. Eder adquirió la propiedad[289].

---

[284] Escrit. N° 51 del 21 de mayo de 1834 y N° 43 del 3 de julio de 1840, Not. 1ª de Palmira.

[285] Escrit. N° 181 del 29 de mayo de 1875, Not. 1ª de Palmira.

[286] Escrit. N° 27 del 3 de abril de 1886, Not. 1ª de Palmira.

[287] Escrit. N° 25 del 24 de octubre de 1893, Not. Segunda de Cali.

[288] Escrit. N°248 del 9 de junio de 1894, Not. Segunda de Palmira.

[289] Escrit. N° 151 del 7 de octubre de 1864, Not. Segunda de Palmira.

En 1893, Santiago Eder confirmó la venta realizada en 1884 mediante documento privado, a su sobrino Constantino Meyendorff y su socio Carlos Balden en una extensión de 131 fanegadas (plazas). En la venta original se contemplaba dos casas de techo pajizo en mal estado y diversas construcciones de ladrillo. El precio de venta, muy favorable para su sobrino en virtud de los servicios prestados, había sido de $ 3.434[290].

El Papayal (hacienda)

Al fallecer Nicolás Ospina Fernández, su hijo José Nicolás Ospina Escobar pasó a ser el dueño de El Papayal. Este último había nacido en 1763 y se casó con María Carmen Escobar Rivera en 1807[291]. En 1828, María Carmen Escobar Rivera, viuda ya, tenía pleitos con Joaquín Fernández de Soto dueño de la hacienda San José, para que le devolviera las tierras colindantes del Viringo (Beringo). Dos años después, se falló a favor de Carmen Escobar y sin embargo, Fernández de Soto apeló. Los límites que declaraban tanto la demandante como sus testigos eran que la hacienda limitaba por el norte, con un zanjón que nacía en un guadual y en su recorrido hacia el oeste, se juntaba con el zanjón El Viringo. El límite oriental era una chamba antigua y por el sur delimitaba con la quebrada de Aguaclara. También aclaraba que la hacienda la conformaban dos fincas llamadas Naranjal y Yegüerizo[292]. En esta época, las tierras de El Papayal fueron el escenario de una importante confrontación entre las fuerzas legítimas del vicepresidente Domingo Caicedo y las fuerzas dictatoriales del general Urdaneta, defensor del bolivarismo. El 10 de febrero de 1831 las tropas de José María Obando y José Hilario López vencieron a los partidarios de Rafael Urdaneta. El resultado fue la hegemonía del santanderismo y la disolución de la Gran Colombia.

En 1834, Manuel Francisco Feijoo, demandó a María Carmen Escobar por un principal de capellanía de 4.000 pesos sobre la hacienda El Papayal[293].

---

[290] Eder, op. cit. pp. 450-451.

[291] APBuga, Matrimonios, L16, f. 77, img. 81 Familysearch.

[292] ACC Sign. 5458 Ind. JI-11cv.

[293] Escrit. N° 10 del 6 de febrero de 1834, Not. 1ª de Palmira.

En 1857, el dueño era Carlos Martínez quien vendió una plaza a José María Pinillos[294]. Este la vendió en 1875 a Hermenegildo Varona y lindaba al norte con el zanjón El Salado y al sur y oeste con tierras de José Ramón García y al oriente con tierras del vendedor[295].

En 1873, José María Pinillos vendió a Crisóstomo Ampudia dos plazas de tierra del derecho otorgado a la muerte de su suegra Carmen Escobar. El precio de venta fue de ciento veinte pesos de ocho décimos[296]. En ese año igualmente, Pinillos asumió la deuda contraída desde 1854 con su hermana María Jesús Pinillos por 3.000 pesos y para respaldar la deuda hipotecó la hacienda El Papayal[297].

A inicios de 1881, Miguel Aparicio poseía una finca llamada La Linda en este indiviso. Tenía una casa sin terminar, un pequeño platanar y cacaotal y terrenos con caña dulce y otros sin cultivar. Limitaba su propiedad por el oriente con finca de José María Cruz; por el oeste con callejón al medio con potreros de Joaquín Herrera; por el sur con el río Bolo y por el norte con guaduales de José María Pinillos. La había permutado el año anterior a Juan Evangelista Conde. Ahora en 1881, avaluada en 640 pesos, la permutaba nuevamente con la finca Cantadelicias en el indiviso de San Pedro, propiedad de Januario Hurtado[298].

En 1881, Eduardo Becerra vendió en 144 pesos, tres plazas del globo de tierras de la hacienda a Evaristo Pinillos en la parte oeste de la propiedad. El predio negociado estaba rodeado por tierras del vendedor y solo por el oeste limitaba con la carretera que va de Palmira al Bolo y que divide a Papayal de la hacienda El Rincón[299].

En noviembre de 1892, Evaristo Pinillos y su nuera Rafaela Ospina de Pinillos, vendieron la hacienda a José María Rivera Escobar[300].

---

[294] Escrit. N° 200 del 27 de octubre de 1857 y Escrit. N° 7 del 5 de enero de 1875, ambas de la Not. 1ª de Palmira.

[295] Escrit. N° 7 del 5 de enero de 1875, Not. 1ª de Palmira.

[296] Escrit. N° 504 del 17 de enero de 1873, Not. Segunda de Palmira.

[297] Escrit. N° 528 del 4 de febrero de 1873, Not. Segunda de Palmira.

[298] Escrit. N°1 del 3 de enero de 1881, Not. Segunda de Palmira.

[299] Escrit. N° 63 del 1º de abril de 1881, Not. Segunda de Palmira. Esta vía es la carrera 24 actual hacia el sur de la ciudad.

[300] Oficina de Registro I.P. de Palmira, N° 217 del 23 de mayo de 1912.

El Pindo (hacienda)

En diciembre de 1872, José María Tejada compró la propiedad a los herederos de Pedro Pablo Cabal. En agosto de 1874 la vendió a Agustín Orejuela[301]. El 21 de abril de 1879 su territorio fue escenario de la batalla entre los liberales radicales al mando de Modesto Garcés y el general Francisco Antonio Escobar y los liberales independientes dirigidos por el general Eliseo Payán, que resultaron vencedores.

El Rincón (hacienda)

Era el mismo predio llamado en la Colonia como Rincón de Cifuentes. El indiviso pertenecía antes de 1874 entre otros propietarios a José María Vivas. Le heredó su hijo homónimo quien en 1875 vendió $450 de derechos a Francisco Gómez Acevedo[302].

Quedaba al sur del territorio y limitaba por el sur con terrenos de Vicente Guzmán; por el norte con la finca de Francisco Martínez Tofiño; por el oriente callejón de por medio con la hacienda El Papayal y por el occidente con la hacienda La Italia de Ernesto Cerruti. Posteriormente pasó a manos del Banco del Cauca que la vendió en 1886 a Hernando Ayala. En 1894, éste la hipotecó a Félix Escobar por la suma de 2.500 pesos a un interés del 1% mensual, deuda que debería cancelar en seis meses[303].

El 31 de diciembre de 1895, Ayala se asoció con Santiago Eder para fomentar la producción de las 220 plazas de la hacienda. Eder le compró la mitad en $ 9.000 y aportó a la compañía adicionalmente otros $ 7.000. En julio de 1899, permutaron El Rincón por la hacienda Amaime de Fernando Durán, situada al lado de otra del mismo nombre comprada dos años antes por Eder a Pedro Antonio Gómez Campo y ambas en el indiviso de la hacienda Real. Al liquidar la compañía, Eder se quedó con la hacienda Amaime consolidada en dos terrenos adyacentes[304].

---

[301] Oficina de Registro I.P. de Palmira, N° 253 del 17 de agosto de 1874.

[302] Escrit. N° 14 del 11 de enero de 1875, Not. 1ª de Palmira.

[303] Escrit. N° 242 del 5 de junio de 1894, Not. Segunda de Palmira.

[304] Eder, op. cit. pp. 451-452.

El Rodeadero (hacienda)

En 1807, Tadeo González de la Penilla que había heredado de su padre tierras en la hacienda Real, vendió a Francisco Cabal Barona una propiedad dentro del indiviso por la suma de 2.100 pesos. Los esclavos fueron vendidos por 4.838 pesos[305].

Mencionamos antes que, en 1834 Florencia González de la Penilla vendió a Mariano Becerra parte de la hacienda El Rodeadero. Posteriormente fue adquirida por Miguel Cabal y José María Molina en remate público en Buga. En 1838, estos últimos la vendieron a Pedro Antonio Gómez por 1.500 pesos[306].

En 1878, Lucio Cabal compró mediante dos transacciones, tierras dentro del globo a Manuel Garcés y a José María Miranda[307].

En 1895, su propietario, Cabal Hermanos, la hipotecó para garantizar la cesión de la renta de aguardiente extranjero en la provincia de Buga, dado por Sierra Hermanos para el cuatrenio 1995-1998. Limitaba por el oriente con La Cabaña; por el oeste con Belén, San Rafael y El Oriente; por el norte con la finca Culebrero y por el sur con la misma finca La Cabaña[308].

La Alpina (finca)

En 1877, Crisanto Castro vendió parte de su finca La Alpina, al presbítero Pedro Antonio Holguín -que ya poseía tierras en el sector- un lote triangular que colindaba por el oriente con la hacienda El Carmen. La propiedad la había comprado a su padre Antonio Castro en 1868[309].

---

[305] ACC Sign. 5259 IndJI-8su, 1826.

[306] Escrit. N° 65 del 17 de agosto de 1838, Not. 1ª de Palmira. Se repitió el negocio, en la Escritura N° 4 del 17 de enero de 1839, en la misma notaría.

[307] Escrit. del 16 de febrero de 1878 y N° 37 del 26 de febrero de 1878, Not. 1ª de Palmira.

[308] Oficina de Registro I. P. de Palmira, N° 1 del 7 de enero de 1895.

[309] Escrit. N° 28 del 10 de febrero de 1881, Not. Segunda de Palmira.

La Bolsa (territorio indiviso)

En 1807, Manuel Durán había vendido algunos derechos por cuadra y media de terreno del indiviso a Gregorio de Roa que lindaba al sur con tierras de los herederos de Pedro Sánchez de Hoyos. En 1836 los transfirió a su hijo Sebastián Roa por 150 patacones[310].

Había varias zonas de este territorio indiviso. Una de ellas conocida como La Bolsa Guacimal o de los Manzanos porque Rafael Prado Hoyos la había comprado a María del Carmen Manzano. Los límites generales del indiviso eran por el norte, la acequia Hinojosa; por el oriente, la loma del río Palmira (piedemonte); por el sur, la acequia de Loreto; por el oeste, con el predio de los Salazares. En 1864, Rafael Prado Hoyos la vendió a Lisandro Caicedo y éste la vendió de nuevo en 1875 a Alejandro Scarpetta por noventa pesos[311].

En 1886, Alejandro Scarpetta le vendió a Alejandrina Scarpetta los derechos en un potrero sembrado de pasto en el indiviso[312].

La Buitrera (indiviso)

A finales de agosto de 1881, José Manuel Bonafontt vendió estas tierras llamadas también Las Flores, a Pedro María Salazar y Manuel Somera. Dos meses después, estos la revendieron a Benjamín Durán en dos derechos de tierras de sesenta pesos cada uno. El indiviso total tenía por linderos: al oriente la cima de la cordillera; por el poniente con terrenos de los herederos de Toribio Carrejo; por el norte con la quebrada Aguaclara y tierras de los Carrejo y por el sur con tierras que fueron de Antonio Avenía[313].

La Burrera o Quesera

En 1835, Mariano Escovar vendió derechos de tierras en el indiviso, por 40 patacones a José Ignacio de la Cruz[314].

---

[310] Escrit. N° 65 del 29 de octubre de 1840, Not. 1ª de Palmira.

[311] Escrit. N° 402 del 7 de diciembre de 1875, Not. 1ª de Palmira.

[312] Escrit. N° 62 del 30 de agosto de 1886, Not. 1ª de Palmira.

[313] Escrit. N° 215 del 27 de octubre de 1881, Not. Segunda de Palmira.

[314] Escrit. N° 46 del 11 de mayo de 1835, Not. 1ª de Palmira.

En 1875, tenía como linderos, al oriente El Abrojal y El Limonar; por el oeste colindaba con el río Cauca; por el sur con el zanjón Yeguas y por el norte con el zanjón de Juan Rozo[315].

La Cabaña (indiviso)

En 1886, Miguel Figueroa vendió a Rosalía Sánchez por la suma de 7.200 pesos, un trapiche con 16 suertes de caña sembrada y 20 plazas de pasto guinea. El territorio negociado comprendía los linderos: al oriente, el camino de Palmira a Nima (actual Tiendanueva); por el poniente con la finca Altagracia; por el sur lindaba con la acequia Hinojosa y por el norte, zanjón de por medio, con la finca de Antonio Campo. La finca estaba en el indiviso del mismo nombre que tenía cómo límites al oriente el río Nima donde se desprende un acequión de la hacienda Real; por el norte el mencionado acequión; por el oeste la tierra de los Salazar y por el sur, una línea que parte de un antiguo horno para dividir en medio los globos indivisos de La Cabaña y los Manzano[316].

La Esmeralda (finca)

Situada al oriente del poblado y cercana al desaparecido zanjón El Salado, esta propiedad fue vendida al terminar 1893 por Romelia Varela de Dorronsoro a la firma Sierra Hermanos. Limitaba al sur con el camino de Palmira a Aguaclara; por el oriente con la hacienda San José de propiedad de Apolinar y Pepe Sierra; por el norte con el camino que va del poblado a La Zapata y por el oeste, con cercas del señor Joaquín Arboleda. Tenía casa de habitación, arboledas y acequia derivada de El Salado. Esta finca había sido comprada por el matrimonio Dorronsoro-Varela en 1881, al Banco de Buga a quien se la adjudicaron en la sucesión del general Miguel Bohórquez, quien debía dinero al banco. El precio de la transacción fue de 4.500 pesos[317]. Un potrero aledaño a la finca por su parte norte mediado un

---

[315] Escrit. N° 116 del 6 de abril de 1875 y N° 147 del 30 de abril de 1875, Not. 1ª de Palmira.

[316] Escrit. N° 54 del 6 de agosto de 1886, Not. 1ª de Palmira.

[317] Escrit. N° 621 del 22 de diciembre de 1893, Not. Segunda de Palmira.

callejón, fue comprado en la suma de 620 pesos por Sierra Hnos. al señor Agustín Mercado el 22 de junio de 1894[318].

La Esperanza (hacienda)

Eran tierras segregadas de la antigua hacienda de Loreto que pasaron a manos de Margarita Hoyos cuando murió su padre. Luego las heredaron sus nietos, hijos de Gabriel Corcino Prado Hoyos. En 1873, Tulio Prado vendió a Ricardo, Ángel María y Crisanto Cabal, el trapiche con su ramada, el molino de piedra, hornilla, fondos de cocción y enseres. Estaba dotada de dos acequias. Tenía como linderos: por el oriente una zanja que unía en ese momento la antigua acequia del poblado con el río Palmira y que la dividía del terreno vendido por Tulio Prado a Santiago Peláez; por el norte con el río Palmira desde el punto donde toca la zanja seca mencionada, aguas abajo hasta el sitio en donde le cae el zanjón Romero y de este, orilla arriba hasta dar con el camino público de Guayabal. Y de allí, de este camino hacia el occidente hasta dar con los cercos que la separan de otras propiedades y por el sur, desde la citada zanja seca y el curso de la acequia vieja de Palmira para abajo, hasta dar con el paso que está cerca de la casa que fue del finado Pedro A. Escandón y de allí una línea recta que va por el monte que mide aproximadamente 500 metros. Y de allí una línea recta hacia el oeste hasta dar con el río Palmira, cuyo curso es el lindero occidental. El precio de venta fue de 12.500 pesos de ocho décimos[319].

En 1878, la propiedad fue hipotecada por los tres dueños a Manuela Cabal para respaldar un crédito de $1.200 a un interés del 1% mensual[320].

La Estrella (finca)

En 1899, los hermanos Apolinar y José María Sierra compraron esta finca a Bernardo Lühr por la suma de 3.600 pesos. Sus linderos eran por el norte las tierras de San Pedro con el zanjón Romero de

---

[318] Oficina de Registro I.P. de Palmira, N° 465 del 18 de julio de 1894.

[319] Escrit. N° 621 del 30 de marzo de 1873, Not. Segunda de Palmira.

[320] Escrit. N° 80 del 12 de abril de 1878, Not. 1ª de Palmira.

por medio; por el sur con el camino de Palmira a Barrancas; por el oriente con predios que fueron de Martina Pérez y por el poniente con terrenos que fueron de Pedro José Cleves, ambos comprados por Sierra Hermanos[321].

La Herradura (hacienda)

En 1817, Manuel Antonio Buenaventura compró la hacienda y la abandonó en 1819 para huir al extranjero[322]. Estaba embargada y sobre ella pesaba una capellanía de 1.600 pesos a favor del presbítero Gaspar Quintana. En 1831, le fue devuelta la hacienda a la esposa de Buenaventura. Este alegaba un deterioro completo de la hacienda y pidió en 1833 que, de acuerdo a una ley de 1824, se redujeran los intereses y el principal (capital) de la deuda. El acreedor Quintana accedió, pero, ya en la notaría, se retractó. Por ello, Buenaventura apeló y el obispo de Popayán ordenó a Quintana proceder según la ley. En 1834, la deuda fue rebajada a 1.200 patacones[323].

En 1824 pertenecía a la Hacienda Pública por el embargo ya anotado. Fue arrendada a Gabriel C. Martínez que aducía falta de pagos por el mal estado de la hacienda. Se quiso cambiar de administrador y ejecutar al fiador José Joaquín Escobar, con quien se acordó se dejase pagar a Martínez su atraso, a plazos[324].

En 1835, el jefe político y coronel José Ignacio Rengifo, vendió a Pedro Antonio Gómez un derecho de tierras que poseía en La Herradura. Lo había adquirido en 1833, tanto de Santiago Farfán por decisión judicial como de Gaspar A. Pizarro, ambos fallecidos [325].

---

[321] Escrit. N° 342 del 27 de septiembre de 1899, Not. Segunda de Palmira.

[322] Buenaventura huyó porque era acusado de colaborar con Warleta en 1816, persiguiendo a patriotas. Hubo una denuncia en 1835 de Pedro de la Cruz, quien lo acusaba de perseguirlo en 1816 y de confiscarle artículos y joyas. Buenaventura negó los cargos de robo pero reconoció que era agente del gobierno español forzado por las circunstancias, ACC Sign.534 Rep JI-10cv.

[323] Escrit. del 23 de mayo de 1833, y Escrit. N° 15 del 19 de febrero de 1834, Not. 1ª de Palmira.

[324] ACC Sign. 5434 Ind CII-23h.

[325] Escrit. N° 30 del 8 de abril de 1835, Not. 1ª de Palmira. Pedro A. Gómez había testado desde 1834 y se encontraba vivo para esta época.

En 1875, en el indiviso de La Herradura, Cristóbal Romero vendió un derecho de tierras por treinta pesos a Josefa Antonia Rizo. En ese momento la hacienda tenía como linderos al norte con el zanjón Limonar; por el oeste con terrenos de El Cabuyal y por el sur con tierras de San José y Pacheco[326]. Asimismo, la Rizo compró otro derecho de tierras por valor de $ 32, a Antonio Belalcázar en ese mismo año[327].

En 1875, Rafael, Salomé y María Jesús Domínguez, vendieron por la suma de $ 90, a Manuel Santos Vásquez, los derechos que tenían en el indiviso, sobre la casa y terrenos de su finca heredada del finado padre Juan Domínguez. Este la había comprado a Toribio Escandón en 1839[328].

En 1893, Macario Palomino y Hermano, vendió a Agustín Mercado, un potrero de 60 fanegadas sembrado de pastos y cercado, en el indiviso de Pacheco o La Herradura. El potrero limitaba al oriente con la hacienda San José; por el oeste con otro terreno del comprador y terrenos del indiviso de Pacheco o La Herradura; por el sur con el zanjón Tamborero y por el norte con otros terrenos del indiviso[329].

La inmensa propiedad continuó fragmentándose, y en 1895, un juez determinó que un terreno de 262 fanegadas (plazas) que un vecino había denunciado en el globo de La Herradura o Limonar y Rodeogrande, como un bien vacante o mostrenco, en realidad lo era y pasaba a ser propiedad del municipio. En tal caso, el cabildo resolvió venderlo con primera opción al denunciante Manuel J. Hernández quien lo compró en el remate público por la suma de 8.370 pesos en el año de 1896[330].

La Honda (finca)

Para consolidar la propiedad, en 1894, Santiago Eder compró la parte a Pedro Pablo Caicedo, con quien tenía sociedad, dos potreros en el suroriente del poblado: Cantarohondo que limitaba por el norte

---

[326] Escrit. N° 98 del 27 de marzo de 1875, Not. 1ª de Palmira.

[327] Escrit. N° 198 del 16 de junio de 1875, Not. 1ª de Palmira.

[328] Escrit. N° 134 del 22 de abril de 1875, Not. 1ª de Palmira.

[329] Oficina de Registro I. P. de Palmira, N° 796 del 4 de diciembre de 1893.

[330] Escrit. N° 160 del 18 de julio de 1896, Not. 1ª de Palmira.

con el río Aguaclara; por el sur con el zanjón Pichindé; por el oriente con la madrevieja de Aguaclara y por el oeste con la hacienda El Papayal. El otro potrero era La Pereza que tenía linderos irregulares. Por el oriente desde un mojón situado al lado del camino a Pradera y que lo divide de la hacienda El Beringo de Herman Blum, tirando una línea recta hasta el paso del río La Honda. De allí hacia el sur, tomando el cauce del río La Honda hasta su confluencia al río Aguaclara y por este río aguas abajo hasta encontrar la línea imaginaria norte-sur que divide El Papayal y El Beringo. Al oeste, dicha línea que va a terminar al mojón donde comenzó. El valor de la transacción fue de 14.000 pesos[331].

La Josepilla (hacienda)

En 1873, al morir Félix Chábarro, dejó a su viuda Ana Josefa Piedrahíta y sus cinco hijos, los derechos por 2.000 pesos comprados a los hermanos Vejarano. Canceladas las deudas y separado el derecho de la viuda, se procedió a rematar la parte de los hijos que sumaban 586 pesos que fueron comprados por Agustín Mercado[332].

La Manuelita (hacienda)

La hacienda La Manuelita fue adquirida por Santiago M. Eder y Pío Rengifo, en el remate de la causa mortuoria de Jorge Henrique Isaacs. El 21 de abril de 1864 se registró la escritura en Palmira[333]. En 1875, Julián Becerra vendió derechos de tierras por $ 30 a Santiago Eder en predios del indiviso de la hacienda Real. El vendedor los había comprado a Joaquín Somera en 1854[334]. En 1875, Cecilia García vendió sus derechos de tierras a Santiago Eder por la suma de $ 40[335].

En 1881, Phanor Eder residente en Nueva York da poder a Teodoro Materón para que cobre a Santiago M. Eder, la suma de ochenta mil pesos que este reconoce deberle. Dicha cantidad se debe

---

[331] Escrit. N° 217 del 22 de mayo de 1894, Not. Segunda de Palmira.

[332] Escrit. N° 501 del 16 de enero de 1873, Not. Segunda de Palmira.

[333] Escrit. N° 36 del 21 de abril de 1864, Not. Segunda de Palmira.

[334] Escrit. N° 30 del 22 de enero de 1875, Not. 1ª de Palmira.

[335] Escrit. N° 184 del 1° de junio de 1875, Not. 1ª de Palmira.

a 50.000 pesos en mercancías recibidas y el resto, en una letra que recibió de Materón. Del total de la deuda, Santiago Eder se compromete a pagar 20.000 pesos, cada dos años con un interés anual del 6%. Como garantía da en hipoteca además de casas y solares situados entre el marco norte de la plaza principal de Palmira y el río, ofrece la hacienda La Manuelita, situada en el indiviso de la hacienda Real y la finca de El Oriente, localizada anexa y en el mismo globo indiviso. Ambas propiedades tenían linderos por el oriente, con el potrero de San Rafael y tierras de Lucio y Modesto Cabal, teniendo de por medio al camino real que iba de Aguaclara al río Nima. Por el oeste, limitaba con el camino público que iba de Palmira a Buga teniendo al frente de la vía divisoria, las haciendas de El Hato y La Gertrudis; por el sur, limitaba con tierras de Santa Rita (La Rita), vendidas a Adolfo R. Blum e Ignacio Wolf y también limitaba con un camino vecinal que iba a El Rodeadero que lo dividía de la hacienda de El Sauce que fue de Francisco Antonio Gómez; por el norte colindaba con el río Nima y con el zanjón Nimaviejo[336].

En 1897, Charles J. Eder obrando como apoderado de Santiago M. Eder vendió a Modesto Cabal G., 200 plazas del territorio de La Manuelita. Esto ocasionaría años después pleito entre Santiago y Cabal cuando rivalizarían por las rentas de aguardiente[337].

La Rita o Santa Rita (finca)

Como afirma Phanor Eder, es posible que en 1878, Santiago Eder se hallara escaso de efectivo y por ello vendió La Rita a Adolfo R. Blum e Ignacio Wolff. En dicha hacienda se había levantado un importante cultivo de café, el primero en el Valle del Cauca[338]. La propiedad adquirida limitaba al poniente con el camino a Buga teniendo al frente la hacienda El Hato de Luis Molina; por el oriente colindaba con la finca El Sauce de Petrona Materón teniendo al medio el callejón que pasaba por El Rodeadero; por el sur, con el zanjón Coronado o Zamorano que lo dividía de la hacienda Belén del presbítero Holguín y por el norte, marcaban los mojones que se instalaron sobre el

---

[336] Escrit. N° 233 del 21 de noviembre de 1881, Not. Segunda de Palmira.

[337] Eder, Phanor, *El Fundador*, pp. 408-409.

[338] Eder, Phanor, *El Fundador*, p. 388.

zanjón del Hato que lo dividían de La Manuelita. El tamaño del terreno se estimó en 200 plazas y el precio de venta fue de $ 60.000. Parte del pago -$14.000- lo dieron cediendo al vendedor la finca El Beringo, propiedad de Adolfo Rafael Blum. El mismo Blum hipotecó las fincas de su propiedad, llamadas Pichindé y Aguaclara Sur, situadas cerca a El Beringo[339].

De esa manera, los dos compradores (Blum y Wolff) ese mismo día de la compra, establecieron una compañía de elaboración y exportación de café de La Rita, por un término de 10 años colocando cada uno, diez mil pesos de capital[340].

En todos estos negocios, La Rita había quedado hipotecada a los Eder y Santiago endosó los documentos acreedores a su hermano David Martin Eder. Coincidió esta época de las repetidas guerras civiles colombianas con una crisis comercial que afectó las exportaciones nacionales de café, añil, quina, tabaco y azúcar. Se unió a eso, los pleitos entre Santiago Eder de La Manuelita y Adolfo Blum de La Rita por la destrucción de cercos por parte de Blum que obligó a una demanda de Eder. La crisis económica afectó a Blum y Wolf que se declararon insolventes para pagar sus créditos y David M. Eder ejecutó la deuda hipotecaria. Blum demandó a David Eder para pedir nulidad de la venta de 1878. El tribunal falló y negó la rescisión del contrato, pero, obligó a David Eder a responder por unos vales de extranjeros con que Blum había hecho pagos parciales a su deuda. Poco después, en julio de 1884 murió Adolfo R. Blum, y su viuda, demandó a Eder y se falló en noviembre de 1887 a favor de Eder. Antes del fallo, en agosto de 1887, Santiago Eder había propuesto una conciliación favorable a la familia Blum Arosemena, pero, el fallo vino luego. El proceso había demorado varios años y al tanto que David M. Eder había muerto en Estados Unidos en 1883, y se había nombrado a Phanor Eder como administrador de los bienes de los hijos menores de David.

La Rita se subastó el 25 de enero de 1888 y Phanor Martin Eder fue el mejor postor. La propiedad fue escriturada a David, Dora y Vivian Eder, hijos menores de David Martin Eder[341]. La finca tenía

---

[339] Escrit. N° 108 del 16 de mayo de 1878, Not. 1ª de Palmira.

[340] Escrit. N° 109 del 16 de mayo de 1878, Not. 1ª de Palmira.

[341] *Correo del Cauca*, 24 de julio de 1917.

60.000 matas de café en malas condiciones y otros enseres. Se avaluó en 20.175 pesos y Phanor Eder dio la suma de 13.450 pesos o sea dos tercios del valor. Finalmente, el 30 de diciembre de 1892, Santiago M. Eder volvió a ser dueño de La Rita, al pagar todas sus deudas a la sucesión de su hermano David [342].

La Torre (hacienda)

En 1894, Manuel Dolores Lenis vendió 50 plazas de terreno a José de la Cruz Mojica en la cantidad de 1.500 pesos. El otorgante había comprado estas tierras dentro de un globo mayor, a Modesto Garcés en el año anterior (1893). El terreno adquirido quedaba rodeado en todas las direcciones por tierras del vendedor Lenis[343].

Loreto (territorio)

Prácticamente todo el territorio rural de la antigua hacienda fue vendido durante el siglo XIX. Quedaban algunas grandes zonas aisladas en la periferia del poblado que pertenecían en el nuevo siglo XX a los herederos de las familias Hoyos, Prado, Castro, Concha y Cabal. Para el año de 1909, murió Zoila Cabal Concha viuda de Modesto Hoyos Cabal, hijo de Pedro Antonio Sánchez de Hoyos, el antiguo factor del tabaco. Dos de los hijos de este matrimonio, Isaac y Jorge Hoyos Cabal, heredaron tierras ya en el sector poblado de Palmira y en antiguo territorio de la hacienda Loreto, que vendieron inmediatamente a Modesto Crisanto Cabal[344].

Malagana (hacienda)

Para 1811, el dueño de la hacienda era José Nicolás Ospina[345].

En 1838, José María Cifuentes vendió a Pedro A. Martínez Escobar, los derechos que tenía en el proindiviso de Malagana. Los había comprado a Manuel María Barona. Ahora los vendía por 4.180 pesos

---

[342] Eder, Phanor, *El Fundador*, pp. 392-400.

[343] Escrit. N° 236 del 1 de junio de 1894, Not. Segunda de Palmira.

[344] Escrit. N° 171 del 31 de diciembre de 1909, Not. Segunda de Palmira.

[345] Familysearch, AP Palmira, Defunciones, L. 5, img. 216.

e incluían 258 reses a 7 pesos cada una y 101 yeguas a 8 pesos por cabeza[346].

En 1878, Ruperto Romero vendió a Lorenzo Escandón, y este a su vez hizo lo mismo en 1881, al vender un terreno dentro del indiviso a Joaquín Barona Holguín, que limitaba al oriente con tierras de Vicente Tobar; por el oeste con tierras de Barona; por el norte con potreros sembrados de guinea de Rafael Soto y por el sur, con tierras de la misma hacienda Malagana. A su vez el indiviso original limitaba al oriente con las haciendas Matarredonda y Guauco; por el poniente con tierras de Malaganita; por el sur, con el cauce antiguo del río Bolo y por el norte con tierras de Santa Bárbara y San José, con el zanjón Tamborero de por medio. En la escritura de este negocio recalca que se incluye en la compra el derecho al agua por 3,5 pesos, del acequión que pasa por medio de la hacienda Malagana cuyos derechos estaban fundados en un valor de 105 pesos, cifra muy considerable en ese momento[347].

En el mismo indiviso existía la finca El Convenio de Victoriano Ampudia quien la hipotecó en 1878 por un préstamo que recibió de Miguel S. Concha de 1.600 pesos al uno por ciento mensual[348].

En 1894, Victoriano Ampudia vendió por 652,5 pesos a Jesús Escobar, 43,5 plazas de tierra deslindadas de Malagana, en el sitio llamado Barrionuevo situado al lado del camino que de Palmira conducía a Cali. Los terrenos estaban divididos en dos porciones: una de once plazas que lindaba con el camino de Barrionuevo a Candelaria; por el norte y oeste con el potrero de La Esmeralda y al oriente con tierras de Juan E. Navia. Las restantes 32,5 plazas estaban delimitadas al sur con el cauce del Boloviejo; por el norte con potreros del comprador y Juan E. Navia; por el oriente con tierras de los Barona y Martínez de Malagana y por el oeste con tierras de Malaganita. Estas tierras las había adquirido Ampudia por compra a los Barona y Martínez, dueños de Malagana[349].

---

[346] Escrit. N° 8 del 26 de enero de 1838, Not. 1ª de Palmira.

[347] Escrit. N° 44 del 8 de marzo de 1881 y N° 218 del 1 de noviembre de 1881, Not. Segunda de Palmira.

[348] Escrit. N° 90 del 23 de abril de 1878, Not. 1ª de Palmira.

[349] Escrit. N° 167 del 14 de abril de 1894, Not. Segunda de Palmira.

El 21 de agosto de 1895, Juan Crisóstomo Ampudia vendió a Manuel de J. Molina, un total de 111 fanegadas (plazas) de terreno que limitaban al oeste con Malaganita; por el sur con el camino de Palmira a Malaganita y otros predios; por el norte lindaba con el zanjón Tamborero y por el oriente con propiedad de Joaquín Barona Holguín y Valerio Corrales. La transacción fue de 3.910 pesos que pagó en efectivo y en seis plazas de terreno a razón de 40 pesos por plaza, que le cedió de su hacienda de Santa Bárbara[350].

Malaganita (indiviso)

Para 1875, los linderos de un sector vendido por José Vicente López a Clímaco Lloreda eran: por el norte el zanjón de la Herradura o Tamborero; por el oriente con la hacienda de Malagana; por el oeste con tierras de Ciénagalarga y por sur con el cauce antiguo del río Bolo (Boloviejo)[351].

En 1881, José Vicente López vendió a Manuel Caicedo un derecho de tierras por el valor de 9,6 pesos. Que el terreno que vende, lo obtuvo el otorgante de otro terreno mayor de 48 pesos que compró a Joaquín Barona en 1873[352].

En 1886, María Francisca Barona vendió una gran porción del indiviso a Manuel Garcés, de las tierras heredadas de su padre Eugenio Barona y a su vez, heredó del presbítero Juan Barona quien testó el 14 de marzo de 1781[353].

En 1899, Manuel de la Cruz Molina dio en venta los derechos de tierra a Ruperto Carrejo por la suma de $ 13. Provenía de la donación del cura Juan Barona a sus esclavos Eugenio, Gregorio y Andrés, del cual derivaban los derechos en venta[354].

---

[350] Oficina de Registro I.P. de Palmira, N° 29 del 31 de agosto de 1895.

[351] Escrit. N° 119 del 9 de abril de 1875, Not. 1ª de Palmira.

[352] Escrit. N° 113 del 27 de mayo de 1881, Not. Segunda de Palmira.

[353] Escrit. N° 15 del 24 de febrero de 1886, Not. 1ª de Palmira. Gustavo Arboleda se equivoca cuando afirma en *Historia de Cali*, III, p. 36, que Juan Barona murió en 1785 después de testar el 22 de septiembre. El cura Barona murió el 27 de marzo de 1781 en Llanogrande (APNSP), vol. 1, f.166v).

[354] Escrit. N° 117 del 24 de abril de 1899, Not. 1ª de Palmira.

Matarredonda, Concepción de (finca)

El 27 de noviembre de 1826, Juan Francisco Sánchez declaró ante el escribano público del cantón de Palmira, que había vendido a José Ignacio Rengifo dos derechos de la sucesión de sus padres por 1.875 pesos en tierras del indiviso. Dicha cantidad manifestó haberla recibida. También vendió un tercer derecho por 5.450 pesos de los cuales 4.050 pesos debía asumir el comprador como capellanías que gravaban la propiedad. El terreno se componía de una parte montuosa con valor de 6,75 pesos por plaza y otra parte plana a 10 pesos por plaza. El documento describe las mediciones que se hicieron teniendo como límite norte el zanjón Romero y al sur el zanjón Aguaverde. El trapecio medía en el lado oeste 14,5 cuadras; en el lado oriental 21 cuadras; en el límite norte 27 cuadras y en el límite sur una longitud de 26 cuadras. Se declaraba una superficie total de 531,5 cuadras o plazas. El zanjón Romero o río Palmira que mencionan está equivocado porque este se sitúa al norte de la hacienda El Papayal que se interponía entre Matarredonda y Loreto. Y más al oeste se interponían los lotes sin urbanizar de la hacienda El Palmar y la misma población. Se debe tratar del zanjón Salado[355].

En 1846 hubo una demanda de María Josefa Sánchez a José Ignacio Polo por venta de Matarredonda en la hacienda Concepción porque Polo no le había pagado los 2.098 pesos por la venta del terreno de 381 plazas. Polo adujo que la Sánchez no le había hecho escritura. Tras la sentencia y apelaciones, la Corte Suprema de Justicia obligó a Polo a pagar el terreno[356].

En el indiviso de la antigua hacienda, en 1875, Virginia Díaz y Gabriela Valles vendieron por $ 800 a José Bermúdez Díaz, unos derechos de tierras sembradas de plátano, tabaco y cacao. El globo total de Matarredonda comprendía los linderos del oriente con la hacienda El Guauco; por el poniente con el camino público a Candelaria; por el sur el río Bolo y por el norte el zanjón de Aguaverde. Las vendedoras, una hija del finado Gregorio Díaz y la otra, su cónyuge sobreviviente, las heredaron. Juan Díaz, padre de

---

[355] Oficina de Registro I.P. de Palmira, N° 470 del 18 de octubre de 1894. Es curioso que 68 años después de haberse celebrado el negocio, un descendiente de los Sánchez, hizo protocolizar una copia de la escritura de 1826.

[356] ACC Sign. 1695 Rep JII-8cv.

Gregorio, la había adquirido en 1826, por compra a José Ignacio Rengifo[357].

Los herederos de Pedro Antonio Martínez Escobar, su hijo homónimo y su viuda, María Jesús Barona, vendieron en 1875, a los hermanos Pedro y Luis Felipe Sánchez, sesenta plazas de terreno delimitado al oriente por la hacienda El Guauco; por el oeste con terrenos de la antigua hacienda Malagana; por el sur con el zanjón Aguaverde y por el norte con una línea que partía de la esquina de la hacienda Santa Bárbara hasta la finca El Sauce. El precio de venta fue de 6.167 pesos[358].

Mirriñao (territorio indiviso)

En 1875, este terreno indiviso delimitaba al norte con el zanjón Mirriñao; por el oriente con las tierras de los herederos de Francisco Molina; por el oeste con terrenos de los herederos de Francisco Donneys y por el sur con predios de Luis Molina. Sobre la propiedad se negociaban diferentes derechos de tierras[359].

Palmaseca

En 1902, Alonso Madriñán vendió a Emilio Madriñán, 50 plazas de terreno en el indiviso de Palmaseca y Bala por la suma de 5.00 pesos. Los linderos eran: por el norte con tierras de El Cenizo; por el oriente con predios de Cienagalarga; por el sur con La Tigrera y por el oeste con el río Guachal[360].

Pacheco (territorio indiviso)

En 1881, Rafael Soto Rodríguez donó a su hijo Manuel Salvador Soto, dos derechos de tierras por 464 pesos que lindaban con la hacienda de San José y por el norte con el acequión que cruzaba la Herradura y por el sur con el zanjón Romero, que dividían la hacienda

---

[357] Escrit. N° 50 del 13 de febrero de 1875, Not. 1ª de Palmira.

[358] Escrit. N° 340 del 11 de octubre de 1875, Not. 1ª de Palmira.

[359] Escrit. N° 341 del 11 de octubre de 1875, Not. 1ª de Palmira.

[360] Escrit. N° 60 del 27 de abril de 1902, Not. 1ª de Palmira.

de Malagana. Este territorio que donó lo había adquirido Rafael Soto en 1873 a Felicidad Somera viuda de Rengifo[361].

Pasoancho (hacienda)

De propiedad de Pedro Antonio Gómez. Cuando testó en 1834, poseía más de mil reses, cañaduzales y trapiche y valía 1.500 pesos. La había comprado a Santiago Donneys y Miguel Palau. Junto a otra propiedad en Malagana, poseía quince esclavos[362].

Pichindé (finca)

Fue vendida por Paterson Pizarro a Adolfo Blum el 13 de junio de 1876 bajo escritura N° 154 de la Notaría Primera. Limitaba por el oriente con el camino a Pradera que los dividía de tierras de Toribio Plaza, Ramón Trujillo y Modesto Hoyos; por el sur con tierras de José María Barona y Carlos Hoyos; por el oeste con propiedades de Laureano Martínez y por el norte con tierras de Manuel J. Herrera, Gregorio Martínez y Gabina Soto y parte del río Aguaclara. En 1878, Blum la hipotecó para respaldar deuda por compra a Santiago M. Eder de La Rita[363].

El 6 de noviembre de 1894, Eder vendió la finca a Sierra Hermanos, la sociedad de Apolinar y José María *Pepe* Sierra[364].

En 1899, Luis Blum que le había comprado a Hermann Blum un pedazo de tierra de seis plazas, las vendió a Sierra Hermanos que consolidaron la propiedad[365].

---

[361] Escrit. N° 220 del 10 de noviembre de 1881, Not. Segunda de Palmira. Esta hacienda San José al oeste de Palmira es diferente a la hacienda San José situada al oriente de la ciudad. De igual modo, el nombrado aquí como zanjón Romero, es el río Palmira que antiguamente en la Colonia, se llamaba zanjón de Juan Romero o del Palmar.

[362] Escrit. N° 81 del 22 de agosto de 1834, Not. 1ª de Palmira. Es de anotar que en esa época se construía una iglesia nueva en Palmira y Pedro Antonio Gómez dejó en su testamento donar a la obra, una res cada mes durante un año.

[363] Escrit. N° 108 del 16 de mayo de 1878, Not. 1ª de Palmira.

[364] Eder, op. cit., p. 401.

[365] Oficina de Registro I. P. de Palmira, N° 602 del 20 de octubre de 1899.

Piedechinche

La hacienda había pertenecido por un siglo a los Barona Ruiz Calzado y luego a los Costa Barona. La hija de estos, Josefa Costa Barona se casó en 1779 con el español José Borrero Ramírez. El matrimonio era el propietario de Piedechinche al menos hasta 1824, cuando la hacienda pasó a estar dentro de la jurisdicción de El Cerrito. Disponía de trapiche hidráulico y un acueducto de ladrillo para mantener el nivel del agua que movía la rueda del molino. Una de sus herederas, María Petrona Borrero Costa heredó una parte de la hacienda y construyó la casa de la Sierra en el sitio llamado El Paraíso donde más tarde vivirían los Isaacs[366].

Poma (indiviso)

Este territorio estaba situada al occidente del territorio. En 1881, Agapito Barona le vendió por 1.600 pesos a José Joaquín Lasso y Raimundo Arce, una finca con casa, potreros de pastizales y cercas de guaduas. Los linderos eran: por el norte con el zanjón de Poma; por el sur con el zanjón Farfán, por el oeste con potreros de Simón Arizabaleta y por el oriente con tierras de Luis Bejarano. La propiedad la obtuvo Barona por compra que hizo en 1867 a los hermanos Saavedra. Se pagaron 4 pesos de derechos de registro[367].

Potrerillo (territorio indiviso)

En 1834, Francisco Barona le vendió a Roque Figueroa, un derecho de tierras de 524 pesos en el Potrero de los Negros. El vendedor recibió 424 pesos de la venta y afirmaba que donaba 100 pesos a la renta de las Ánimas Benditas de Buga. El comprador se comprometía a hipotecar sobre su propiedad adquirida, este valor y pagar un 5% anual al mayordomo de las rentas de las Ánimas[368].

En 1837, el coronel Manuel A. Pizarro le entregó a Antonio Ocampo un pedazo de tierra en el Potrero de las Guacas, por restitución por un pleito donde Ocampo había perdido un terreno

---

[366] Quintero, op. cit., pp. 317-318.

[367] Escrit. N° 9 del 11 de enero de 1881, Not. Segunda de Palmira.

[368] Escrit. N° 33 del 11 de abril de 1834, Not. 1ª de Palmira.

equivalente ante reclamo de los señores González entre la quebrada de Gualí y el río Nima[369].

Potrerillo era un indiviso que tenía como linderos, al oriente la cordillera Central; por el oeste la quebrada de Coto en su unión con el cauce de Nimaviejo; por el norte la misma quebrada de Coto y por el sur, el río Nima[370]. Los límites declarados en 1902 eran: al oriente la quebrada de Los Negros; al oeste la junta de los ríos Nima y Coto; al norte el zanjón de Coto y al sur, el río Nima[371].

En 1899, Manuel Antonio Pizarro vendió 27 plazas a Eduardo Castañeda. Este terreno se encontraba en la fecha en vías de adjudicación y titulación para eliminar el carácter de indiviso. El vendedor había pagado los gastos del juicio a Josefa Bejarano. En el valor de $ 577, se fijó el precio de venta[372].

San Antonio (finca)

En 1895 constaba de 142 plazas de tierra y estaba ubicada en la zona vecina a Barrancas Altas. Constaba de casa de habitación, trapiche con molino de piedra. Lindaba por el oriente con tierra de herederos de Narciso Granobles y con la acequia de Rivas; por el occidente con la acequia de Papayal (El Beringo) y tierra de Juan Valdivia, Mercedes Baca y los Cifuentes; por el sur con propiedades de los mismos Cifuentes y por el norte el camino que conduce de Buga a Pradera. El dueño en ese momento, Manuel Antonio de la Cruz, la obtuvo en 1892 en permuta con otra finca con Gerardo Molina. En 1895, hipotecó la finca por una deuda de 3.000 pesos[373].

Santa Bárbara (hacienda)

En 1881, Santiago M. Eder vendió 35 plazas o fanegadas de tierra a su antiguo dueño Luis Molina, quien a raíz de la guerra civil de 1876 tuvo que ponerlas en remate público para pagar el empréstito forzoso

---

[369] Escrit. N° 83 del 18 de octubre de 1838, Not. 1ª de Palmira.

[370] Escrit. N° 52 del 20 de febrero de 1899, Not. 1ª de Palmira.

[371] Escrit. N° 22 del 19 de febrero de 1902, Not. 1ª de Palmira.

[372] Escrit. N° 52 del 20 de febrero de 1899, Not. 1ª de Palmira.

[373] Oficina de Registro I.P. de Palmira, N° 44 del 16 de octubre de 1895.

decretado por el gobierno para los gastos de guerra. Eder las había adquirido en el remate. El precio de la venta fue de 350 pesos. El terreno lindaba por el norte con el cauce antiguo de la acequia de Palmira; por el oriente con el poblado y al sur y occidente con terrenos del comprador, Luis Molina[374].

En 1894, Manuel de Jesús Molina había recibido en herencia de Luis Molina, el potrero de Valdivieso, aledaño a la hacienda. Con esta propiedad hizo contrato con la firma Bertin y Sobrinos, para alquilar tierras y pastos para acoger ganado a 20 centavos por mes por cada cabeza. Al mismo tiempo la compañía prestaba por dos meses, la suma de 3.759 pesos que Molina debía devolver en dos meses con un interés del 2% mensual[375].

En 1894, este hipotecó la hacienda por una deuda de 4.000 pesos a Napoleón Bueno. Los linderos eran: por el oriente con terrenos del mismo Molina en compañía con Santiago Eder, el panteón municipal, predios de José M. Materón y los Cifuentes; por el oeste río Palmira al medio, lindaba con el Potrero de Valdivieso; por el norte con el río Palmira al medio con fincas de Miguel Mercado, de Francisco Pinillos y otros; y por el sur con predios de Juan C. Ampudia, Enrique Baeza y Antonio Somera[376].

En septiembre de 1895, Manuel de J. Molina compró por 6.000 pesos un lote de 100 novillos a Sierra Hnos. y para ello hipotecó el Potrero de Valdivieso ubicado al oeste de la hacienda Santa Bárbara. Una semana después, compró a crédito a los mismos Sierra, otro lote de 100 novillos y 20 vacas por 6.090 pesos dando por garantía el mismo potrero mencionado[377].

En una continua actividad de negociaciones, Manuel de J. Molina a comienzos de 1896, protocolizó una deuda de 65.100 pesos, ante Antonio Urdinola como un total de sendos préstamos percibidos desde dos añas atrás. El plazo de pago del capital sería de 4 años a

---

[374] Escrit. N° 172 del 31 de agosto de 1881, Not. Segunda de Palmira.

[375] Escrit. N° 181 del 24 de abril de 1894, Not. Segunda de Palmira.

[376] Oficina de Registro I. P. de Palmira, N° 58 del 15 de julio de 1894.

[377] Oficina de Registro I.P. de Palmira, N° 41 del 4 de octubre de 1895.

un interés mensual del 1 %. Como respaldo parcial hipotecó la hacienda de Santa Bárbara[378].

Santa Gertrudis (hacienda)

Esta propiedad hacía parte del indiviso de la hacienda Real. Antes de 1874, era propiedad de la sociedad Santa María y Cía. de Liverpool. En 1874, José Manuel Tejada compró la hacienda Santa Gertrudis a Mario Escovar por medio de su apoderado Ricardo Escovar[379]. A comienzos de 1875, Tejada la hipotecó a Santiago Eder como respaldo de un préstamo que este le hizo por 4.655 pesos. Sus límites abarcaban por el oriente, el camino público a Buga; por el norte y oeste, con bosques del indiviso de la hacienda Real y por el sur con tierras de la hacienda de El Hato de Luis Molina[380].

José María Tejada la vendió en 1875, a Rebolledo Holguín y Cía., por la suma de 2.400 pesos. La propiedad se componía de casa principal y casas anexas, trapiche, tres plazas de platanares, un cacaotal de trece plazas y un cañaveral de dieciséis plazas sembradas, dieciséis bestias caballares, guaduales y sembrados de pasto guinea, además de derechos sobre el agua del acequión que pasaba por el predio[381].

San José (hacienda)

Esta hacienda quedaba situada al oriente de Palmira en la cuenca de acequias y zanjones que en dirección suroeste tributaban a los zanjones Beringo, Beringuito, Papayal, Aguaverde y Sumbáculo. En marzo de 1834, Elías Fernández de Soto reconoció sobre su hacienda de San José, un censo de 257 patacones al 5% anual de intereses, del parcial de un principal de capellanía fundado por el presbítero Mateo Marmolejo de 624 patacones. El otorgante continuó el compromiso que antes reconocía su padre Joaquín Fernández de Soto en su hacienda Santa Lucía (hoy San José) por venta que le hizo de la finca,

---

[378] Oficina de Registro I.P. de Palmira, N° 73 del 12 de enero de 1896.

[379] Escrit. N° 311 del 16 de noviembre de 1874, Not. Segunda de Cali.

[380] Escrit. N° 9 del 8 de enero de 1875, Not. 1ª de Palmira.

[381] Escrit. N° 314 del 16 de septiembre de 1875, Not. 1ª de Palmira.

el señor José Nicolás de Ospina. El resto del principal lo tenía María del Carmen Escobar viuda de Ospina. En agosto del mismo año, la deuda reconocida se redujo a 325 pesos por arreglo que se hizo con el mayordomo de la iglesia de San Pedro en Cali y certificación del obispo de Cali[382]. En 1835, Elías Fernández canceló la deuda de 325 pesos[383].

Una parte aledaña a la hacienda, llamada El Beringo, de propiedad de Magdalena Fernández de Soto, fue vendida en 1839, por 75 pesos a Tomás Pizarro[384].

En 1875, Elías Fernández de Soto vendió a Romualdo Tominá, una porción de su hacienda. Los linderos del predio eran al norte, la acequia antigua que iba a Palmira; al sur con terrenos del vendedor con camino público al medio. Por el oeste y oriente con terrenos de Martina Pérez. El precio de la venta fue de $ 400[385].

En 1895 fue vendida por su propietario Luciano Estrada, a la sociedad de Sierra Hermanos[386].

San Pedro (hacienda)

Es un cuerpo de tierras segregado de la hacienda de Loreto. En 1835, Corcino Prado hipotecó la hacienda para respaldar la deuda del señor Manuel María Rada en Popayán a un censo fundado por José María Montalvo por 1.607 pesos[387].

En 1859, Margarita Hoyos y sus hijos, los Prado Hoyos vendieron a los hermanos Pedro y Josefa Antonio Rizo, un extenso terreno de la antigua hacienda de Loreto que los Prado ya llamaban San Pedro en 1834[388]. Eran parte de las tierras compradas y otras heredadas por Margarita Hoyos, esposa de Gabriel Francisco Prado y madre de

---

[382] Escrit. del 3 de marzo y N° 91 de 29 de agosto de 1834, Not. 1ª de Palmira.

[383] Escrit. N° 65 del 16 de julio de 1835, Not. 1ª de Palmira.

[384] Escrit. N° 52 del 26 de junio de 1839, Not. 1ª de Palmira.

[385] Escrit. N° 39 del 27 de enero de 1875, Not. 1ª de Palmira.

[386] Oficina de Registro I. P. de Palmira, N° 14 del 17 de marzo de 1939. Se consigna allí que Estrada vendió San José mediante la Escritura N° 610 del 15 de diciembre de 1895, Not. Segunda de Palmira.

[387] Escrit. N° 42 del 4 de mayo de 1835, Not. 1ª de Palmira.

[388] Oficina de Registro I. P. de Palmira, N° 89 del 3 de mayo de 1859.

Gabriel Corcino y Rafael Prado Hoyos, que se extendían hasta límites de Barrancas. El predio estaba situado al nororiente de la villa, aún en zona despoblada[389]. Poco a poco, los hermanos Rizo comenzaron a segregar el globo con ventas de parcelas entre las cuales estaba Cantadelicias.

En 1881, Rafael Álvarez vendió a Manuel Espinosa un lote de 50 por 100 varas por un valor de 48 pesos, inmerso en terrenos que le había vendido Pedro Rizo y que limitaba al norte con el camino para Guayabal y la finca La Esperanza. Los derechos de registro costaron 0,125 pesos al comprador[390].

Santa Rita - La Bolsa (hacienda)

Ramón Becerra vendió en 1839 esta hacienda compuesta de plantaciones de cacao, cañadulzales, ganado, potros, trapiche, casas de habitación y esclavos, por un valor de 13.176 pesos a Pedro Antonio Gómez[391].

El 2 de agosto de 1841, el propietario Pedro Antonio Gómez fue asesinado en el campo de su hacienda por cinco de sus esclavos quienes fueron condenados a la pena de muerte en ese mismo año[392].

Para 1896, uno de sus herederos, Francisco Antonio Gómez había muerto y sus hijos vendieron todos los derechos que pudieran tener su padre Francisco Antonio o su abuelo Pedro Antonio Gómez y sus tías Ana Joaquina y Gregoria Gómez, en la hacienda Real vecina a la propiedad familiar. El comprador fue Modesto Cabal Galindo quien dio 350 pesos por los derechos[393].

---

[389] Escrit. N° 176 del 10 de septiembre de 1881, Not. Segunda de Palmira. El documento menciona que la compra de los Rizo a los Prado se hizo el 10 de marzo de 1859 con la escritura N° 60 de la Notaría Segunda de Palmira.

[390] Escrit. N° 124 del 7 de junio de 1881, Not. Segunda de Palmira.

[391] Escrit. N° 102 del 26 de noviembre de 1839, Not. 1ª de Palmira.

[392] ACC Sign. 128 Rep JI-3cr.

[393] Oficina de Registro I. P. de Palmira, N° 445 del 15 de enero de 1896.

Santa Rosa de Nima

En 1895 era propiedad de Modesto Cabal Galindo y se hallaba inmerso en el indiviso de la antigua hacienda Real. Limitaba al sur y el oriente con El Rodeadero; al norte con tierras del indiviso y por el occidente con callejón intermedio con predios de La Primitiva[394].

Santa Rosa (finca)

Situada en el sitio de Guayabal, colindaba por el oriente con callejón de por medio con la hacienda El Carmen lo mismo que al norte; por el sur con el callejón de Guayabal en el medio con predios de los vecinos Salvador Quintero, Rosa Granobles entre otros; por el poniente con tierras de las haciendas San Pablo y El Carmen. En 1884, Gerónimo López la compró a Ángel María Sánchez[395].

Tablones

En 1837, parte del indiviso era propiedad de Jacinto Mopáz que lo vendió ese año al cura Francisco José Scarpetta. Este lo vendió en 1838 al cura vicario Manuel Santos Escovar por la suma de 30 patacones[396].

Toche

Este territorio está situado en la zona montañosa de Palmira, cercano a las fuentes del río Amaime. En 1881, María Francisca Benítez viuda de Arana, le vendió a Ramón Antonio Rincón un terreno con este nombre por la suma de 20 pesos. Los linderos eran: por el norte, el río Amaime; por el oriente con tierras de Juan Bautista López; por el oeste con La Guaca, un lindero de Narcisa Castrillón y por el sur la quebrada de Gualí[397].

---

[394] Oficina de Registro I. P. de Palmira, N° 1 del 7 de enero de 1895.

[395] Escrit. N° 38 del 29 de octubre de 1884, Not. 1ª de Palmira.

[396] Escrit. N° 101 del 4 de diciembre de 1838, Not. 1ª de Palmira.

[397] Escrit. N° 173 del 1° de septiembre de 1881, Not. Segunda de Palmira.

Vilela (hacienda)

Esta hacienda antigua situada en Llanogrande que había estado durante la Colonia bajo jurisdicción del Cabildo de Buga, a partir de 1824, quedaría en el distrito de Palmira y finalmente, quedaría compartida en jurisdicciones de Palmira y Pradera por la quebrada de Las Flores que sirve de límite mutuo hasta su desembocadura al río Aguaclara y de este al río Bolo.

En el sitio de Aguaclara, Joaquín Saa vendió en 1860, a Antonio Belalcázar su casa y quince almudes de pasto guinea en el indiviso de Vilela por 680 pesos[398].

En 1863, la señora Ramona Campo viuda de Figueroa había vendido a Fermín Escovar un derecho de tierras en el proindiviso de Vilela por el valor de 50 pesos que una década después vino a protocolizar. El globo de Vilela se extendía por el oriente hasta terrenos de La Buitrera y La Ruiza, propiedades de los señores Carrejo, Cabal y Avenía; al norte el río Aguaclara; al sur el río Bolo y al oeste, la junta de los dos ríos mencionados[399].

En 1873, la señora Felipa Herrera de la Penilla vendió a Paterson Pizarro un derecho de 30 pesos en el indiviso[400].

En 1881, José María Ávila vendió a Agustín Mercado un derecho de tierras dentro del indiviso, por 55,4 pesos. Este terreno provenía de la compra que hizo Ávila a un deslinde realizado al globo de Vilela y en el cual se adjudicaron derechos al señor Toribio Carrejo, 1.211 pesos correspondientes a 125,8 hectáreas de tierras en la zona montañosa y 33,95 hectáreas en la parte llana. El terreno negociado comprendía un sector montañoso que colindaba por el oeste con las lomas adjudicadas a Modesto Hoyos y con la finca La Lomita de Carrejo; por el norte limitaba con el río Aguaclara desde las zanjas de La Lomita siguiendo aguas arriba, con las zanjas de La Buitrera. Por el oriente limitaba con la quebrada de Las Flores. La parte llana limitaba así: por la línea trazada desde el paso público de Aguaclara, siguiendo 650 metros hacia el sur que lo limitaba de la hacienda La Lomita. Del extremo de la recta anterior, se trazaba otra línea hacia el

---

[398] Escrit. N° 72 del 26 de noviembre de 1860, Not. Segunda de Palmira.

[399] Escrit. N° 491 del 12 de enero de 1873, Not. Segunda de Palmira.

[400] Escrit. N° 499 del 13 de enero de 1873, Not. Segunda de Palmira.

oeste de 610 metros. De este vértice, otra recta hacia el norte hasta encontrar el cauce del río Aguaclara[401].

Días después en el mismo indiviso, Carlos Hoyos vendió a Paterson Pizarro, tierras por el valor de 2.000 pesos. Esta apreciable cantidad para la época se correspondía en tierras que colindaban por el oriente camino público al medio con tierras de José Antonio Álvarez; por el oeste con terrenos de Laureano Martínez y José María Varona; por el norte con propiedades del comprador, de Fermín Escobar y José María Varona. Por el sur con tierras de este último. El tamaño del terreno no estaba especificado en la escritura[402].

---

[401] Escrit. N° 161 del 10 de agosto de 1881, Not. Segunda de Palmira.
[402] Escrit. N° 194 del 4 de octubre de 1881, Not. Segunda de Palmira.

CAPÍTULO 6
ECONOMÍA EN LAS HACIENDAS

Tanto desde su florecimiento hacia 1680 hasta su declive un siglo después, la hacienda colonial vallecaucana como unidad productiva estuvo sometida a los impactos de la crisis monárquica española, las reformas borbónicas, la minería, la revolución industrial y los aires de autonomía que reclamaban los criollos unida a las aspiraciones sociales que vislumbraban los *libres de todos los colores.*

La economía colonial estuvo soportada en gran medida por los recursos administrados por la Iglesia en los censos y capellanías y las interacciones monetarias entre las tres clases económicas de la élite: los terratenientes, los comerciantes y los mineros. A nivel local, Llanogrande tuvo como era de esperarse una destacada participación en todos estos procesos por las diferentes grandes haciendas que ocupaban el territorio. La fundación de la Factoría del Tabaco a finales del siglo XVIII dio impulso a este renglón económico que complementaba a la ganadera y la del aguardiente. Para inicios del siglo XIX, las guerras autonómicas e independentistas modificarían el panorama social, político y económico de la región impactando de igual manera a las haciendas y sus propietarios.

Economía colonial. Los latifundios de la Otra Banda durante los siglos XVI y XVII se mantuvieron por la escasa población blanca y una exigua mano de obra indígena. Más adelante, con el aumento de las familias blancas de la élite, la llegada de españoles pobres, esclavos negros y su mestizaje, produjo la fragmentación del latifundio, así como el crecimiento demográfico de los pardos libres y mestizos que adoptaron con el tiempo sistemas de colonato en tierras de los nuevos hacendados. Se estableció una balanza de ocupación territorial productiva y política. Los blancos dominaban los cabildos en las ciudades de Cali y Buga y aunque los hacendados tenían casas en las ciudades administraban sus haciendas a veces en forma personal o mediante mayordomos. Las castas comenzaban a aumentar en población y a ocupar tierras por fuera de las ciudades y de los escasos pueblos de indios del territorio de Llanogrande.

El siglo XVIII tuvo una dinamización social y económica con la apertura del frente minero del litoral pacífico fortaleciendo la relación estrecha entre terratenientes, mineros y comerciantes que monopolizaron la explotación minera, el comercio de mercancías y de esclavos. Las haciendas de Llanogrande produjeron carne, aguardiente y mieles para los reales de minas, ganado mular para el comercio de carga y de igual manera las castas lo hicieron en forma paralela pero marginados de la misma sociedad colonial.

Fueron importantes las producciones pecuarias de las principales haciendas de Llanogrande tanto las regidas por Buga que las asignadas al Cabildo de Cali.

Tabla 4. Ganadería de las haciendas de Llanogrande siglo XVIII.

Hacienda (año)	reses	Valor (pat)	yeguas	Valor (pat)	mulas	Valor (pat)	potros	Valor (pat)
Loreto 1726	278	20	400	2			44	3,5
Trejo 1726	375		350	2	15	2	92	4
Yegüerizo 1734	600	20	250	2			38	4
Malibú 1755	200		726	4			46	6
La Herradura 1763	40		150	4				
Amaime 1749	1.200		165	4	10	20		
El Abrojal 1755	500		56	5	7	20		
El Alisal 1766	937		243	4,5	55	22		

Fuente: German Colmenares, *Cali: terratenientes, mineros y comerciantes.*

De igual manera, la economía de la "salvación" intrínseco en la Monarquía Hispánica propició que las élites fundaran capellanías en su mayoría laicales, que en algunos casos favorecían a órdenes religiosas que administraban obras pías o fomentaban la carrera eclesiástica con el sostenimiento de un capellán que percibía sus sueldos a partir de los intereses de la capellanía fundada generalmente por sus padres o familiares. El fundador de la capellanía destinaba un capital o principal cuyos intereses anuales (casi siempre del 5%) servían para pagar misas perpetuas por el alma del fundador o un familiar. El beneficiario de la capellanía era en su mayoría, un miembro de la familia que seguía la carrera sacerdotal y percibía dichos intereses a cambio de cumplir las misas. Una capellanía fundada en 2.000 patacones daba un rédito anual de 100 patacones, suficientes para el sostenimiento de un cura capellán. Mientras tanto, los censos aprovechaban el dinero dispuesto por las capellanías para dar crédito a cualquier particular que pudiera respaldar el préstamo con un bien (tierras y productos de las haciendas o esclavos). Era una economía autolimitada con privilegios a los terratenientes, pero segura. Los mineros no eran favorecidos con los censos a menos que garantizaran el préstamo con sus esclavos porque su labor productiva era muy aleatoria. Los comerciantes definitivamente eran relegados del beneficio de los censos y debían recurrir a préstamos personales que según señala Colmenares, eran cercanos al 10% anual[403]. Ello motivó a muchos mineros y comerciantes en establecer alianzas matrimoniales con las familias terratenientes para gozar de un beneficio eminentemente monopolizados por los propietarios agrarios. El auge económico jalonado por la minería en el siglo transcurrido entre 1680-1780, experimentó una crisis cuando las reformas borbónicas y las nuevas ideas europeas de la ilustración puso a criollos de la élite a pensar en su autonomía.

Para Llanogrande hubo un último coletazo de resurgir económico agrícola en las postrimerías del siglo XVIII con la construcción de la Factoría del Tabaco. En realidad, las reformas borbónicas que habían heredado de la dinastía de los Habsburgo los impuestos al azogue, a los naipes y al papel sellado, añadieron los estancos al aguardiente y al tabaco. No se cobraba directamente a los productores, sino que se arrendaba por determinado tiempo a un particular que pagaba una suma fija al erario y el contratista se encargaba de recaudar el impuesto para su provecho personal, el cual, aunque descargaba al virreinato de gastos administrativos, dejaba en manos del licitante, generalmente un hombre rico, la mayor parte del beneficio del impuesto[404].

En 1778 se establecieron dos distritos productivos de tabaco en la Gobernación de Popayán. La primera en Candelaria perteneciente a

---

[403] Colmenares, Germán, *Cali: terratenientes, mineros y comerciantes*, pp. 90-91.

[404] Rodríguez Salazar, Oscar, La Caja Real de Popayán, 1738-1800, Departamento de Historia, Universidad Nacional de Colombia, pp. 18-19.

la ciudad de Caloto, que abarcaba tierras entre los ríos Palo y Bolo y la segunda, en el pueblo de indios de Tuluá. La factoría se ubicó inicialmente en Candelaria y más tarde, al notarse que la producción de las tierras aledañas al río Bolo superaban la demanda de la provincia, se eliminó como zona de cultivo legal a la de Tuluá y la producción se restringió más a una franja de tierra más estrecha entre el río Fraile y el Bolo. La administración del estanco de la provincia se situaría en Popayán y su ineficiencia daría lugar a un intenso contrabando y siembra ilegal en detrimento del fisco[405]. A partir de 1792, que se facilitó la construcción de una nueva factoría de tabaco en Llanogrande, el dueño de la hacienda Loreto, Pedro Antonio Sánchez de Hoyos[406] donó el terreno para su construcción. El administrador de la factoría de tabaco sería el español Joaquín Castro[407], yerno de Sánchez de Hoyos, al ser casado con su hija Josefa Hoyos.

La economía republicana del siglo XIX. Muchos propietarios de Llanogrande y de Cali habían sido fervientes patriotas y las guerras independentistas les habían dejado arruinadas sus haciendas. La Constitución de Cúcuta creaba nuevos dilemas con respecto a la abolición de la esclavitud, la dificultad de comercio a través de los caminos hacia otras regiones y al puerto de Buenaventura, eran limitantes para el desarrollo agropecuario de la región vallecaucana.

Aun así, con la consolidación de la Independencia y la proclamación jurídica de Palmira hacia 1824, las haciendas palmiranas tuvieron un desarrollo interesante. Se intensificó la siembra de pastos en las extensas llanuras para fomentar la cría de ganado. De todos modos, el precio de la tierra no superaba el 20% del precio de la propiedad, aunque, desde el siglo XVIII venía creciendo lentamente desde un 10% aproximadamente. El mayor precio lo constituirá el ganado criado en forma extensiva y especialmente a partir de mediados del siglo XIX con el aumento del consumo de

---

[405] González, Margarita, *El estanco colonial del tabaco*, en "Cuadernos Colombianos", tomo 8, año II, 1975, p. 672.

[406] Recordemos que un hijo de este tenía el mismo nombre. El padre murió en 1793 mientras el hijo, falleció en 1834.

[407] Hay una mención de Joaquín Castro nombrado como factor de tabacos en Candelaria en 1789, ACC, Sign. 6114 Col CIII-6 rc.

carne. Las rudimentarias vías de acceso a los centros de acopio y producción, permitía de igual manera, que el ganado mular tuviera aún gran importancia económica. El mayor precio de los inventarios de las haciendas hasta 1850 lo constituían los esclavos. Como lo señala Valdivia, las propiedades, aunque con inventarios sin mucho margen de variación podían aspirar a un crecimiento basados en tres factores: el potencial productivo de la tierra unido al crecimiento natural del ganado en las extensas praderas; también el monopolio de la tenencia de la tierra que permitía la especulación y por último el uso de la mano de obra, primero esclava y luego del campesinado que aumentó la utilidad en beneficio de los hacendados[408]. Al margen de lo anotado con las dos principales propiedades que propiciaron la urbanización de Llanogrande y Palmira como fueron las haciendas El Palmar y de Nuestra Señora de Loreto, una gran mayoría de haciendas fueron sometidas paulatinamente a su división y segregación por ventas entre familiares, herencias y negocios entre particulares.

El desarrollo económico de la primera mitad del siglo XIX, aún sometida al régimen esclavista tuvo en Palmira también un importante componente agrícola con la producción tabacalera, especialmente a partir de la finalización de las guerras de emancipación. Establecida desde 1792, la Factoría del Tabaco tuvo a Joaquín Castro y García como su primer factor, hasta el 28 de agosto de 1819. Lo sucedió desde el 1° de julio de 1820, Antonio Salcedo. El dueño de una parte de Loreto, Pedro Sánchez de Hoyos fue el factor del tabaco desde el 22 de enero de 1822 hasta el 31 de agosto de 1825[409]. Desde un comienzo, la administración colonial y luego la republicana mantuvieron ciertas exigencias de calidad y presentación en la comercialización de la hoja. Se prohibió la manufactura de cigarros y se negoció siempre con la hoja, que tuviera las debidas cualidades de madurez (sazón). Se prohibía comercializar las hojas bajas de la planta que generalmente se arrancaban tempranamente sin la debida madurez, para que la planta creciera mejor. Este tabaco "bajero" debía quemarse. Se establecieron cuatro calidades de la hoja que no dependían de innovaciones técnicas de los cultivos sino de la selección de la ubicación de la hoja en la planta y de su madurez

---

[408] Valdivia Rojas, Luis, *El desarrollo económico en el Valle del Cauca en el siglo XIX*, Universidad del Valle, pp. 36-38.

[409] ACC, Sign. 998 Ind. CI-6 et y Sign. 2254 Ind. CI-22 et.

116

adecuada. Se tenían entonces las clases: *principal, desecho, cafuchón y cafuche.* Los cultivadores debían disponer de almácigos para siembra de semillas adecuadas, trasplantes apropiados en los tiempos estipulados en la siembra en terrenos libres de malezas. Se determinaba que el tabaco de la sazón requerida y nunca verde, debía secarse en caneyes donde pudieran perder su humedad debido al aire y no al sol directo. Una vez beneficiado el tabaco, se debía agrupar en manojos o *tangos* de cinco onzas de peso para llevarlos a la factoría. Allí se esperaba que perdiera un poco de humedad adicional para alcanzar las cuatro onzas con las que se vendía o distribuía a las regiones y al público en general. El tabaco de primera clase y de cuatro onzas llevaba una mezcla de tabaco principal, de desecho y cafuchón. Otra clase más baja en calidad se vendía en tangos de tres onzas y llevaba solo tabaco cafuche, el de calidad más baja. Para la entrega a la factoría se exigía tabaco empacado en manojos de 100 tangos de 4 onzas o 133 tangos de 3 onzas[410].

El tabaco palmirano se destinaba a la venta regional: Popayán Pasto, Neiva, Chocó y Panamá. Sin embargo, la siembra y comercialización presentaba conflictos entre gobierno, hacendados y pueblo raso en general. Por ejemplo, en 1820, un funcionario gubernamental pedía al factor de Llanogrande no expedir licencias de siembra de tabaco a menos que pudiera tener más de mil matas[411]. En un informe al Congreso en 1843, donde se destacan las cuatro principales factorías: Ambalema, Girón, Palmira y Casanare, se señala que Palmira compartía el mismo defecto de las demás debido a su contabilidad y la rutina. Se le suma la gran cantidad de siembra clandestina y los desórdenes sin corregir por la gran impunidad reinante[412].

---

[410] González, Margarita, op. cit. pp. 676-678.

[411] ACC, Sign. 959 Ind. CI- 2g.

[412] República de la Nueva Granada, Secretaría de Hacienda. *Exposición del Director General de la Renta del Tabaco, 1843,* Imprenta de J. A. Cualla, Bogotá, pp. 12-13.

Tabla 5. Producción de tabaco en el año económico de 1° septiembre de 1841 a 31 agosto de 1842.

Factoría	1ª. Clase Arrobas	2ª clase Arrobas	3ª Clase Arrobas	Total Arrobas	Valores a precio de Factoría (Pesos)
Ambalema	35.525	45.647	5.128	86.300	209.188
Girón	1.300	13.537	5.506	20.343	36.482
Palmira	748	543		1.291	2.686
Tomado a los aprehensores	277	791	746	1.814	3.160
TOTALES	37.850	60.518	11.380	109.748	251.516

Fuente: *Exposición del Director General de la Renta del Tabaco, 1843,* Imprenta de J. A. Cualla, Bogotá, p. 38.

En el mismo informe se reportaba que entre 1835 y 1842, la producción nacional de los siete últimos años sumaba: 603.846 arrobas de tabaco para el consumo nacional; 118.655 arrobas para la exportación para un total producido de 722.501 arrobas de tabaco.

Tabla 6. Producción nacional de tabaco entre 1835 y 1842 para consumo interno y exportación.

Factoría	1ª. Clase Arrobas	2ª clase Arrobas	3ª Clase Arrobas	Total Arrobas	Total general Arrobas
Ambalema					
Consumo int.	112.034	202.096	91.810	405.940	513.595
Export. efectivo		22.510	28.175	50.685	
Export. vales		41.540	15.430	56.970	
Girón					
Consumo int.	5.025	84.850	51.018	140.890	142.890
Export. vales		2.000		2.000	
Palmira					64.457
Consumo int.	36.939	18.518		55.457	
Export. vales	1.500	7.500		9.000	
Casanare Consumo int.	1.220	302	31	1.553	1.553
TOTALES	**156.718**	**379.317**	**186.465**	**722.501**	**722.501**

Fuente: *Exposición del Director General de la Renta del Tabaco, 1843,* Imprenta de J. A. Cualla, Bogotá, p. 19.

Surgimiento político de Palmira y su papel en el siglo XIX

Con la proclamación y surgimiento de hecho de la **Villa de Palmira, el 25 de diciembre de 1813** durante el Cabildo Abierto convocado desde el día anterior por una serie de ciudadanos encabezados por Pedro Simón Cárdenas, se declaró la autonomía del poblado hacia los Cabildos de Cali y Buga que lo habían ejercido durante 250 años. Vino en 1816, la arremetida brutal de la Reconquista española que castigó a la rebelde Palmira y sus habitantes, muchos de los cuales fueron fusilados y los patriotas alzados en armas que sobrevivieron, se fueron a engrosar las filas del maltrecho ejército republicano o de las guerrillas campesinas vallecaucanas.

Además, Warleta impuso contribuciones onerosas a los propietarios de la región, dividiéndolos en zonas comprendidas por ejemplo entre los ríos Bolo y Amaime; entre este y el Sonso.

Terminadas las guerras de Liberación en 1819, sus haciendas estaban en la ruina por las exacciones y obligaciones impuestas tanto por los patriotas como por el Régimen del Terror de Juan Sámano, Francisco Warleta, Ruperto Delgado y Sebastián Calzada. Las guerras habían modificado las relaciones laborales entre hacendados y esclavos ya sea por fugas de estos ante la persecución de sus amos por las tropas españolas y el abandono de las haciendas, ya sea porque otros pelearon junto a sus amos en el bando patriota o las dádivas ofrecidas por los españoles si lo hacían en el sector realista. Por ello, los terratenientes y hacendados establecieron nuevas modalidades de contratación con los libres de las castas para diversificar sus cultivos y rehacer sus economías. Se relegó la ganadería un poco para impulsar el cultivo del tabaco que había empezado a descollar como actividad rentable y la Factoría de Palmira fue un centro de acopio de la producción regional que tuvo relevancia nacional. El tabaco no necesitaba grandes inversiones en capital que era uno de los graves problemas del momento.

Tabla 7. Exacciones de Warleta en el partido entre el río Bolo y el Amaime, agosto de 1816. Fuente: AHB

propietario	pesos	propietario	pesos
Sebastián de Soto Zorrilla	150	Santiago Somera	300
Pbro. José Joaquín Sánchez	600	Felipe cabal	750
Pedro Antonio Quintero	38	Domingo de Saa	150
Francisco Sánchez	600	Jacinto de Saa	75
Nicolás Ospina	750	Pedro Antonio Gómez	300
Lino Ospina	38	Josefa Penilla	75
Pedro Ospina	75	Pbro. Pedro Antonio de la Penilla	150
Pedro Antonio Hoyos	300	Manuel Belalcázar	38
Margarita Hoyos	150	Roque Figueroa	18
Joaquina Hoyos	150	Florencia Penilla	60
Joaquín Castro	300	.. y otros	
Fray Andrés Sarmiento	30	…	
Ezequiel Bedoya	10	TOTAL	9.874

Tabla 8. Exacciones de Warleta en el partido entre el río Amaime y el Sonso, agosto de 1816. Fuente: AHB

propietario	pesos	propietario	pesos
Margarita Barona	750	Narciso Cabal y hnas.	300
Miguel Barandica	300	Julián Arango	150
José Borrero	450	Miguel Domínguez	150
Cayetano Molina	750	Pbro. Antonio Peña	20
Bernardino Molina	600	Manuel J. Sanclemente	75
Pedro Vicente Martínez	450		

Las continuas guerras civiles del siglo XIX, tuvieron para Palmira la significancia de la gran participación de los *libres de todos los colores* en las luchas junto a José Hilario López y José María Obando en sus batallas contra la Dictadura de Bolívar (1828), la de Rafael Urdaneta (1831), la Guerra para defender la abolición de la esclavitud

(1851) y las del Partido Liberal en contra de Mariano Ospina Rodríguez (1861).

Otro problema fue el derivado del mayorazgo colonial en que las herencias quedaban en el hermano mayor y así cada uno de los otros hijos herederos vendía sus derechos herenciales a terceros, pero el globo total del terreno era indivisible (indiviso). De ese modo, las haciendas se fragmentaron en su tenencia real o de hecho, pero sin decisión judicial de dominio total. Con la llegada de la república se abolió este sistema y solo al final del siglo XIX, muchos extranjeros con solvencia económica compraron grandes extensiones de tierras adyacentes y pudieron recomponer estas haciendas fragmentadas desde finales del siglo XVIII y la primera mitad del siglo XIX. Es así como grandes extensiones de tierra de las haciendas originales de la Colonia como la hacienda de los jesuitas, llamada ahora hacienda Real, el indiviso de los Bolos, de Guanabanal, de una franja al oeste de Palmira y contigua a La Herradura, seguían siendo indivisos.

Coincidió con la instauración de los Estados Unidos de Colombia bajo los lineamientos del liberalismo radical, la llegada a la región de Santiago Eder y la compra de las haciendas La Rita y La Manuelita el 21 de abril de 1864, que marcaría un hito nacional en el desarrollo de la hacienda palmirana y vallecaucana[413].

Se hicieron presentes en la región diversos factores que modificaron las relaciones políticas y económicas de la sociedad y por ende, de la producción y distribución de la tierra.

Las guerras civiles de 1876, 1885 y la Guerra de los Mil Días en 1899 fueron un factor determinante para ello. También lo fueron las tendencias económicas mundiales con productos agrícolas como el café, la quina, el caucho y el añil; la llegada a la región de migraciones de ciudadanos extranjeros que con su pujanza impulsaron la economía y la mejora de la incipiente infraestructura vial, arquitectónica y comercial de la región.

Cuando Tomás Cipriano de Mosquera en asocio con los empresarios norteamericanos Totten y Aspinwall contrataron la construcción del Ferrocarril de Panamá, la obra finalizada en 1865, dio gran empuje al puerto de Buenaventura y la región vallecaucana.

---

[413] Escrit. N° 36 del 21 de abril de 1864, Not. Segunda de Palmira.

El mismo Mosquera y otros patricios de la comarca como los Borrero, los Caicedo, Wenceslao Carvajal, Ezequiel Hurtado, Clímaco Lloreda, Jorge Henrique Isaacs, Jaime Córdoba junto a Santiago Eder, habían sido los pioneros en la idea de la construcción del Camino a Buenaventura que estaría concluido en 1873. La gran mayoría de ellos estaban vinculados con el poder político y económico basado hasta ese momento en la producción agrícola. Se empezaría a modificar desde entonces el aspecto comercial y productivo con la importación de maquinaria, insumos y productos europeos y norteamericanos.

Palmira se convertiría en el centro comercial, diplomático y económico de todo el occidente colombiano. Muchos extranjeros establecieron sus casas comerciales tanto en Palmira como en Cali. El italiano Ernesto Cerruti, Rafael Adolfo Blum, Hermann Blum, Luis Fisher, Carl Hauer Simmonds, Ignacio Wolff, Santiago Eder, Adolph Price, entre otros. Todos los proyectos viales y de comunicación estaban enfocados a mejorar el comercio de los productos locales especialmente los productos agrícolas y ganaderos de las haciendas y fincas vallecaucanas.

La idea de construir una vía férrea entre Buenaventura y Cali se inició en 1872 con la aprobación en el Congreso nacional del contrato con la "Cauca Valley Mining and Constructing Co". Solo alcanzaron a hacer trazados y después de recibir subvenciones abandonaron la obra. Siguió una cadena de aparición de embaucadores y aventureros extranjeros y nacionales, quienes a excepción de Francisco Javier Cisneros, no aportaron significativos avances a la obra y solamente produjeron pérdidas al erario para una obra que solo sería concluida en 1915.

En 1878, Roberto Zawadsky extendió las líneas del telégrafo hasta la región vallecaucana[414].

A pesar de los tropiezos iniciales que tuvo Carlos H. Simmonds en 1875, en 1880 se constituyó la Compañía de Navegación a Vapor por el Río Cauca. Entre sus socios estaba el presidente Julián Trujillo, Carl Simmonds y Santiago Eder. Con las innumerables dificultades técnicas, sociales y políticas de esos años, y con el apoyo de otra

---

[414] Valencia Llano, Alonso. *La navegación a vapor por el río Cauca*, Conferencia, marzo de 2000, pág.5. Solo para el siglo XX, la navegación a vapor por el río Cauca alcanzaría auge.

sociedad adicional formada por empresarios bugueños, se trajo el vapor Caldas que naufragó en su viaje inaugural en 1884. Finalmente, en 1888 se hizo el viaje inaugural de otro vapor comprado en Escocia. La aventura duró 8 años hasta cuando en 1896, el vapor Cauca se hundió y la sociedad fue disuelta[415].

[415] Ídem pp. 11-17.

CAPÍTULO 7

LAS HACIENDAS DEL SIGLO XX

Después de ochenta años de vida republicana independiente, al comenzar el siglo XX, existían importantes haciendas en territorio palmirano. En esta época de transición de siglos, Santiago Eder alquiló y luego adquirió la hacienda Santa Gertrudis (La Gertrudis) en 1900. Esta tenía casa, trapiche de hierro, moldes para hacer panela, 30 fanegadas de caña de azúcar, un monte de 50 fanegadas para leña, más de 6.000 matas de cacao y al menos 3.000 matas de café[416].

Al año siguiente, dio el paso más importante para la consolidación de la industria agrícola del país. El 1° de enero de 1901 se inauguró el ingenio a vapor construido en Escocia. La maquinaria fue traída en barco hasta Buenaventura y de allí transportada por el temible río Dagua y por el camino de herradura a través de la Cordillera Occidental hasta llegar al río Cauca y de ahí, por el camino que pasaba por el Paso de la Torre y se prolongaba hasta la hacienda La Rita. En total el montaje tardó tres años. El complejo fabril de Manuelita podía producir cinco toneladas de azúcar blanca, granulada y centrifugada a partir de la molienda de 50 toneladas de caña en 12 horas[417]. Atrás quedaron los molinos de hierro fundido, tanques y alambiques para producción de azúcar, miel y aguardiente que Eder había instalado en la primera modernización del siglo XIX cuando reemplazó los antiguos cilindros de madera movidos por tracción animal y cocción del guarapo en pailas abiertas para producir panes de azúcar, que había comprado en 1864 como parte de las haciendas.

Igualmente fue importante la incursión del comerciante y terrateniente antioqueño José María (Pepe) Sierra que adquirió extensos terrenos al oriente de Palmira para instalar en la antigua hacienda San José, un trapiche panelero. En 1902, su compañía administrada por su socio y hermano Apolinar Sierra, hipotecó un predio con casa situada en el sitio llamado Calidonia del barrio

---

[416] Eder, op. cit., p. 453.

[417] Eder, op. cit., pp. 525- 526.

Loreto. Con ello garantizaba los pagos de los derechos de exportación que debía cancelar al Tesoro público[418].

En ese mismo año de 1902, se presentó la sucesión testada de la difunta Josefa Antonia Rizo propietaria de varios predios incluida la hacienda de San Pedro[419]. En 1905, Daniel Gómez vendió la hacienda de San Pablo a Francisco Vásquez. En la hacienda pasaba una acequia que movía el trapiche y es la misma de la vieja hacienda de Loreto y que va a cruzar por Callejón Mocho y de allí al oeste de la hacienda de San Pedro[420].

En 1903, Santiago M. Eder vendió todas sus propiedades a la Cauca Valley Agricultural Company representada en Colombia por Phanor James Eder. Una de ellas era la finca Amaime dentro del indiviso de la hacienda Real y adquirida por Eder en 1897. De igual manera, vendió la hacienda La Manuelita incluida la finca Santa Rita de un total de 1.235 plazas (790,4 hectáreas). Junto a estos bienes, vendió una veintena de derechos de tierras y guaduales comprados a sendos ciudadanos en los últimos 40 años en el indiviso de la hacienda Real; también vendió el indiviso Potrerillo situado al piedemonte de la Cordillera Central. Igualmente vendió la finca Balsora de 785 plazas situada en el distrito de Candelaria de la provincia de Palmira. También vendió la hacienda Güengüé situada en el distrito de Santa Ana de la provincia de Quilichao y con una cabida de unas 5.000 plazas, comprada en negocios sucesivos en los años de 1884, 1886 y 1888. Transfirió igualmente, la finca El Guabito dentro de la hacienda La Paila en Zarzal de 7.000 plazas de extensión. El precio total de venta de estas propiedades fue de 500.000 pesos[421].

En 1904 se realizó una importante transacción por la extensión del terreno. Marcelino Cabal vendió a Angelino Montoya, 165 plazas de tierra en El Bolo[422].

El 1907 se produjo la oficialización de propiedades de la hacienda Real. El administrador de la comunidad con derechos comprados, Konstantino Meyendorff, presentó ante notaría, diversos cuadernos

---

[418] Escrit. N° 222 del 11 de agosto de 1902, Not. Segunda de Palmira.

[419] Escrit. N° 194 del 10 de julio de 1902, Not. Segunda de Palmira.

[420] Escrit. N° 150 del 4 de mayo de 1912, Not. 1ª de Palmira.

[421] Escrit. N° 424 del 28 de octubre de 1903, Not. 1ª de Palmira.

[422] Escrit. No. 14 del 20 de enero de 1904, Not. 1ª de Palmira.

que contenían las peticiones, objeciones, opiniones de agrimensores, la demanda, el juicio y la sentencia de los jueces, así como la relación de títulos de propiedad de 154 personas o entidades como Santiago M. Eder, Braulio Arana, hacienda Santa Gertrudis, hacienda El Hato, entre otros. Con esto finalizaba un largo litigio de más de un siglo de la vasta hacienda de los Jesuitas, expropiada en 1767 por el rey Carlos III y que se había constituido en indiviso[423].

En 1909, se conformó una Junta de Acreedores a la muerte de Alonso Madriñán, en un caso de sucesión conocido como Concurso Madriñán que incluyó varias haciendas, entre ellas la de San Emidgio, de 778 plazas, cuyo valor se estimó en $ 1.003.342 papel moneda. La hacienda había pertenecido desde 1893 a Manuel y Leónidas Madriñán y desde 1897 solo a Leónidas Madriñán. Los linderos de San Emidgio eran: al norte con el río Nima; al oriente con una franja de terreno intermedia de la familia Somera y más al oriente, la finca La Nubia y la finca Pan de Azúcar; por el sur con el camino que va desde Palmira al caserío de La Zapata y por el oeste con la hacienda de Barrancas de Manuel de Jesús Molina. Los distintos acreedores recibieron derechos en esta propiedad, contribuyendo a su fragmentación[424].

Cuando se conformó el departamento del Valle del Cauca en 1910, Palmira era una ciudad tan poblada como Cali que tenía 26.356 habitantes. En solo ocho años, el repunte demográfico de la capital hizo que casi duplicara su población con respecto a Palmira. Para 1918, Cali contaba con 45.525 y Palmira con 27.032 habitantes[425].

---

[423] Escrit. N° 81 del 2 de agosto de 1907, Notaría Segunda de Palmira.

[424] Escrit. N° 151 del 6 de mayo de 1912, Not. 1ª de Palmira.

[425] Vásquez Benítez, Édgar, *Historia de Cali en el siglo 20,* Cali, 2001, p. 161.
Urrea Giraldo, Fernando, *Transformaciones sociodemográficas y grupos socio-raciales en Cali a lo largo del siglo XX,* www.urosario.edu.co/urosario_files, p. 4.

Tabla 9. Crecimiento demográfico de Palmira

Año	Población	Variación		Crecimiento por año
		Absoluta	%	%
1824	7.000			
1870	12.390	5.390	0,77	0,02
1905	27.406	15.016	1,21	0,04
1918	27.032	-374	-1,36	-0,11
1928	39.951	12.919	47.79	4,78
1938	44.788	4.837	12,10	1,21
1951	80.957	36.169	80,75	6,21
1964	140.889	59.932	74,02	5,69
1973	186.751	45.862	32,55	3,61
1993	251.008	64.257	34,40	1,72
2005	284.470	33.462	13,33	1,11

Fuentes: DANE, Monografía de Palmira por DANE, 1981; Anuario Estadístico de Palmira 2014 y Palmira Ántica, obra del autor.

Como se observa en la Tabla 9, la tasa de crecimiento poblacional hacia 1928 era importante (4,78 % anual) y una década después había decaído al 1,21 % cada año. Esto tuvo como consecuencia que la urbanización hacia las periferias fuera lenta. Con la Violencia Política de mitad del siglo XX, Palmira sería el refugio de grandes oleadas de inmigrantes y la tasa poblacional aumentó significativamente y se mantuvo hasta 1964, cuando la confrontación partidista menguó. Este fue un periodo de avance de la urbanización de la ciudad.

Para ese año de 1912, existía la competencia entre las familias Eder y Cabal por la producción de alcohol puro e impotable autorizados por el gobierno departamental que exigía una garantía de $200 por cada 100 litros de alcohol a producir. Los Eder hipotecaron casas en la ciudad por $ 4.000 para garantizar el contrato de producción de alcohol impotable hasta por 2.000 litros al mes[426] mientras Modesto Cabal hacía lo propio para producir hasta 3.000 litros mensuales destinados al comercio nacional y la exportación. Para ello hipotecaba por $ 60.000 su hacienda Santa Rosa para respaldar la renta de $6.000 destinadas al impuesto de dicha producción. La hacienda tenía como linderos al oeste, predios de la Cauca Valley Agricultural Co. y la hacienda El Oriente; al norte con el camino vecinal de Nima; al sur con la hacienda San Francisco de Lucio Cabal y al oriente con la hacienda La Cabaña y fincas de Agustín Campo y Daniel Jaramillo[427]. En 1912, se remató la hacienda San José del Hato, y se puso de nuevo en evidencia la rivalidad entre los Cabal y los Eder por obtener la propiedad.

La colonización de la Cordillera Central había comenzado sobre terrenos baldíos. Ya en 1912, en la región de Calucé había varios propietarios alrededor de otra propiedad comprada en 1909 a Isaías Martínez por Manuel López Murillo, que ocupaba unas 50 plazas. El predio era cruzado por la quebrada Los Naranjos[428].

También, en Cienagalarga, un terreno extenso consolidado como indiviso desde la Colonia, se vendió en 1912 un total de 70 plazas. Habían sido compradas en 1907 por Aristarco Wiesner a Vicente Aragón. Ahora fueron compradas por Clímaco Herrera en $ 100.000 papel moneda (1.000 pesos oro)[429].

La periferia del norte de la población empezaba a fragmentarse. Así, el terreno de la finca Berlín situado al margen izquierdo del camino que iba de Palmira a El Cerrito había sido rematado en 1903 por los herederos de Federico Tenorio a Ignacio Madriñán. Constaba de 2,7 plazas de terreno[430]. En septiembre de 1912, la Cauca Valley Agricultural Company protocolizó los resultados del juicio elevado por la compañía para obtener dos terrenos comprados por Santiago Eder a Pedro Antonio Gómez Campo y Fernando Durán en la antigua hacienda Real. Así mismo las tierras en el mismo indiviso que pasaron

---

[426] Escrit. N° 31 del 29 de enero de 1912, Not. 1ª de Palmira.

[427] Escrit. N° 155 del 7 de mayo de 1912, Not. 1ª de Palmira.

[428] Escrit. N° 164 del 14 de mayo de 1912, Not. 1ª de Palmira.

[429] Escrit. N° 240 del 30 de julio de 1912, Not. 1ª de Palmira.

[430] Escrit. N° 265 del 31 de agosto de 1912, Not. 1ª de Palmira.

de Fernando Ayala a Eder en 1899 como fruto de la liquidación de su sociedad en la hacienda El Rincón[431].

La Primera Guerra Mundial produjo el aumento de las exportaciones y el Valle del Cauca pudo integrar su corredor vial con el ferrocarril. El tren había llegado a Palmira en 1917 y ello dio impulso al comercio de los productos agrícolas. Pero fue necesario construir el puente levadizo para el ferrocarril en el sector de Juanchito para permitir la circulación de los vapores del río Cauca que se había reactivado desde 1905. Las haciendas vallecaucanas entonces empezaron a repuntar tanto en la industria agrícola como ganadera. Se tenían presentes las experiencias de La Manuelita con las exportaciones de café y añil, del negocio de pan de azúcar y aguardiente de finales del siglo pasado y ahora se proyectaba con el azúcar en forma industrializada, apoyada en otras haciendas, fincas, potreros, guaduales y fundos que los mismos Eder habían comprado desde 1863, destinados a diversificar cultivos, pastos y ganadería.

Para el año de 1918, existía la hacienda El Jagual. Estaba situada a 10 km del poblado de Palmira y constaba de 200 fanegadas de terreno para la ceba de 200 novillos[432]. En Guanabanal existía una hacienda de Manuel María y Eleazaro Rodríguez de 2.000 fanegadas, sobre un lote antiguo del indiviso de La Herradura. La mitad del lote estaba cubierto de bosques y el resto de pastizales para la cría de ganado[433].

En 1927 hubo un juicio de división de la hacienda El Recreo situada en los límites sureños del casco urbano del municipio. Al serle adjudicadas ocho (8) fanegadas, Mercedes Ofelia Martínez vendió seis (6) plazas de tierra a Hurtado Hermanos. En el año siguiente, vendió a los mismos compradores, una de las dos plazas que se había reservado en la venta inicial[434].

En 1928, María Luisa Ampudia vendió a Néstor Materón su finca California de 114 plazas. La propiedad tenía 20.000 plantas de cacao y 600 árboles frutales; 6 plazas cercadas de sembrados de plátano y banano y la casa principal de la finca. El precio de venta fue de 25.000

---

[431] Escrit. N° 290 del 23 de septiembre de 1912, Not. 1ª de Palmira.

[432] *Libro Azul de Colombia* (1918), The J. J. Little and Ivves Co, Nueva York, p. 653.

[433] Ídem, p. 658.

[434] Escrit. N° 37 del 23 de enero de 1928, Not. 1ª de Palmira.

pesos. El terreno limitaba por el sur con el río Bolo y el callejón que iba al Alisal; por el norte con propiedades de José María Materón y Sabas Pérez; por el oriente con varias propiedades y por el oeste con terrenos de la hacienda Malagana de José María Azcárate[435].

Figura 14. Casa de la Hacienda de los Rodríguez (Fuente: El Libro Azul de Colombia, 1918).

En un informe de 1929 del Concejo Municipal de Palmira, se daba cuenta de algunas haciendas y fincas palmiranas que se destacaban por sus producciones agropecuarias. Entre ellas se reseñaba a La Maravilla, una hacienda de 275 plazas sembrada de cacaotales y cafetales y propiedad de Ebraím Tello. La finca Asturias situada en El Bolo y propiedad de Francisco Martínez, tenía una extensión de 77 plazas, y tenía cultivos de cacao, caña, plátano, café y pastizales. Producía 10 toneladas de cacao por año. La Alsacia era propiedad de Julio García y producía entre otros, café con una cuota anual de 10 toneladas. En El Bolo también se situaba la hacienda El Palmar de 116 plazas. Pertenecía a Abel Tofiño y tenía un tercio de su extensión dedicado a la agricultura: plátano, café y cacao y el resto en pastizales, guaduales y ganado. En el nororiente de Palmira estaba la hacienda Santa Rosa de 700 plazas de propiedad de Modesto Cabal y Carlos Becerra Cabal. La mitad estaba sembrada en caña y el resto se

---

[435] Escrit. N° 66 del 7 de febrero de 1928, Not. 1ª de Palmira.

dedicaba al sembrado de pastizales. Lógicamente era menester mencionar a La Manuelita, que para esa época tenía 2.000 plazas de terreno para caña y pastizales que contribuían al ingenio azucarero montado en La Rita[436].

Para ese mismo año de 1929, se indicaba que Segundo R. Campo era dueño de El Socorro de 1.240 plazas donde criaba cerca de 1.500 reses. El hacendado bugueño José María Azcárate poseía varias haciendas en Palmira como Nápoles de 800 plazas; La Soledad de 500 plazas; La Florinda de 400 plazas; Yunde y La Chivera del mismo tamaño, con todas ellas dedicadas a la ganadería de cría y lechera. El hacendado Enrique Molina Molina era dueño de la hacienda Florencia de 500 plazas dedicada a la ganadería Holstein. La hacienda Santa Bárbara pertenecía a Francisco Rivera Escobar quien vendió la tercera parte al Departamento del Valle para construir la Granja Agrícola. Del mismo dueño existía otra hacienda llamada Yunde de 860 plazas cercana a la estación férrea de Guanabanal. Por su parte, Lisandro Figueroa poseía la hacienda Aguaclara en la vía a Pradera. Tenía una extensión de 160 plazas, sembradas de cañadulzales y trapiche para producir pan de azúcar[437].

El crecimiento de la población entorno a las pocas manzanas construidas, hizo que Palmira estuviera rodeada de innumerables haciendas fraccionadas de los inmensos latifundios de la Colonia. Lo que actualmente son populosos barrios, en 1929 eran zonas rurales entre veredas y corregimientos: La Emilia, San Pedro, Berlín y Las Delicias estaban a menos de un kilómetro del centro de la ciudad; Chapinero a 2 km; otros corregimientos que todavía hoy son zona rural eran La Manuelita a 3 km (sic); Coronado, Guayabal y Malagana a 4 km; Aguaclara y Anaime (sic) se encontraban a 5 km de distancia de Palmira; el Bolo San Isidro estaba a 7 km y Rozo, Barrancas, La Buitrera y La Herradura distaban 8 km del casco urbano. Potrerillo y La Zapata estaban ubicados a 10 km; La Quisquina a 15 km y el más lejano, Chinche a 30 km[438].

---

[436] Informe del Concejo Municipal de Palmira (1927-1929).

[437] López, Eduardo (1929), *Almanaque de los hechos colombianos*, pp. 313, 516-520 y 529.

[438] *Informe del Concejo Municipal de Palmira ,1927-1929*, p. 56. Nos parece que la distancia a Manuelita es mayor. El topónimo Anaime en vez de Amaime, aparece en el documento. Es palabra pijao similar a un corregimiento de

En 1931 existía un indiviso llamado La Carmelita en el sector noroeste del territorio del municipio que había sido de Pedro Vicente Martínez. En ese año Luis Alfonso y Alejandro Martínez Crespo vendieron una parte de 28 plazas a Pedro Antonio Aparicio por la suma de 2.000 pesos. Los linderos del indiviso donde se encontraba la finca negociada eran: por el oriente con tierras de Victoria Vásquez viuda de López; por el norte el río Amaime que lo dividía de la hacienda El Alisal de los herederos de Pedro Vicente Martínez; por el sur con El Casangal de propiedad del comprador, tierras de José María Azcárate y los señores Llanos y por el oeste colindaba con tierras de Carmen Crespo viuda de Martínez[439].

Para esta época de crisis mundial, se produjo la consolidación de algunos mayordomos de la actividad agropecuaria, en su mayoría de origen tolimense y de escasos recursos llegados en los años veinte como Wenceslao Herrera Viña, Belisario Guzmán, Remigio Montealegre y Misael Palma, mayordomo del terrateniente vallecaucano Segundo Campo que adquirieron tierras o estancias y con arduo trabajo y aprovechamiento de oportunidades, las transformaron en haciendas productivas que les permitieron adquirir otras haciendas y aumentar su patrimonio personal y familiar. De igual manera, estos sí de grandes recursos, algunos terratenientes bugueños como José María Azcárate, Felipe Campo Zapata y los Rivera Escobar extendieron sus propiedades agropecuarias en Palmira.

De igual importancia fue la vinculación en compra de tierras, desarrollo de técnicas agrícolas en mecanización, innovación de semillas y abonos de la colonia japonesa que migró de Corinto a la zona palmirana en los años treinta. Esto se consolidó con la creación de la Granja Experimental en 1928 y la llegada en 1929 desde Puerto Rico de la Misión Chardón al Valle del Cauca para estudiar los temas agropecuarios.

Cajamarca, Tolima. Malagana se refería a la hacienda del Bolo San Isidro que ocupaba extensos territorios cercanos al casco urbano.

[439] Escrit. N° 103 del 25 de abril de 1931, Not. 1ª de Palmira.

El auge azucarero de los años treinta

Hagamos un paréntesis para señalar unos hechos económicos importantes para la comarca que coincidieron con la crisis mundial del crack. Hacia 1930 solo existían tres ingenios azucareros en la región vallecaucana. El primero había sido el Ingenio Manuelita en 1901. En ello habían sido Santiago M. Eder y sus hijos, los pioneros y baluartes en la consolidación de un monumental esfuerzo agroindustrial. Siguiendo una tradición visionaria heredada de su padre Modesto Cabal Galindo, su hijo Modesto Cabal Madriñán constituyó el 12 de abril de 1926, la sociedad agrícola e industrial *Central Azucarero del Valle S.A*, con un capital de $ 500.000, duplicado al año siguiente por la Junta Directiva. En 1954, la razón social se cambiaría a Ingenio Providencia S.A. En 1958, el capital social declarado sería de $ 30.000.000 y se prorrogarían sus funciones hasta el 31 de diciembre del año 2050[440]. La fábrica estaba situada en el municipio de Cerrito. Le siguió el Ingenio Riopaila que surgió como trapiche panelero en 1918 y se convirtió en ingenio azucarero en 1928. Es decir, hasta ese momento, solo había un ingenio en la ciudad de Palmira. Entre 1930 y 1950 habría un crecimiento del número de trapiches e ingenios en el suelo plano del valle del río Cauca.

En 1930, Ignacio Posada montó el Ingenio María Luisa en jurisdicción de Florida. En 1937, en el municipio de Candelaria, Nicanor Hurtado fundó el Ingenio Mayagüez, que inició como trapiche panelero. En tierras de la hacienda Pichichí en comprensión de Guacarí, compradas por su padre, Modesto Cabal Madriñán fundó el Ingenio Pichichí, el 1 de abril de 1941. En 1945, a partir de un trapiche panelero, Carlos Sarmiento Lora y su esposa Cristina Palau, fundaron el Ingenio San Carlos en Tuluá. Por su parte, en los años 30, Moisés Sinjet se había asociado con los hermanos Pellmann en su finca de San Rafael, situada en Barrancas, en Palmira, destinada a la siembra de caña. En 1938 se separó de ellos y compró junto a Abraham Black, la hacienda Piedechinche para producir panela. En 1941 Piedechinche fue adquirido por la Central Azucarera del Valle y Seinjet se fue a Miranda a adquirir tierras. Con Jorge Michonick y Gregorio Fishman establecieron el Ingenio El Porvenir. En tierras de Caloto, en 1944

---

[440] Escrit. N° 1.813 de 1981, Not. Segunda de Palmira.

fundó la hacienda La Cabaña en 300 plazas que le correspondían en los negocios con sus socios en la hacienda Córcega y allí sembraba arroz. Luego sembró caña que vendía a los ingenios vecinos hasta que en 1953 montó su ingenio panelero. En 1954 vendió el Ingenio El Porvenir a Michonick y la mitad de las tierras. Al poco tiempo compró la maquinaria del Ingenio La Esperanza desmantelado en las periferias de Palmira. En 1959 producía en La Cabaña azúcar centrifugado[441].

Entre 1930 y 1939 además aparecieron los ingenios Bengala, Perodíaz y La Industria. Entre 1940 y 1942 surgieron Oriente, El Papayal, La Esperanza, El Arado, Central Castilla, La Carmelita, El Porvenir, Meléndez y San Fernando. De tal manera, la primera mitad del siglo XX en Palmira, se caracterizó por el empuje y tesón de los capitanes de la industria azucarera y panelera como los Eder, Modesto Cabal Galindo, los Cabal Madriñán, Hernando Caicedo, los Villegas, los Sierra y sus herederos, Jorge Garcés Borrero y sus hijos, todos vinculados al agro palmirano.

Entre 1950 y 1959 aparecieron Central Tumaco, Balsilla, Buchitolo y La Quinta[442]. En suma, junto a la pionera fábrica azucarera de Manuelita, solo El Papayal, Oriente, La Esperanza y Central Tumaco se establecieron en Palmira a la que se adicionaba Central Amaime, no registrada en la historia de las entidades cañicultoras y azucareras.

Las nuevas realidades de medio siglo

La violencia política bipartidista iniciada en 1947 modificó la estructura agraria del país y al mismo tiempo, invirtió aceleradamente la distribución poblacional entre el campo y la ciudad. Palmira sirvió de refugio a los miles de desplazados, especialmente liberales que emigraron desde la Cordillera Central y los municipios norte vallecaucanos. Ello incentivó la urbanización de la ciudad, dispuso de mayor mano de obra para los ingenios azucareros locales, las haciendas agrícolas y ganaderas. Proliferaron las casas de inquilinatos en barrios como La Colombina, Colombia, Bizerta y Las Delicias. Se unió esto a la llegada de contingentes de

---

[441] Asocaña, www.asocana.org, consultado en octubre de 2018.
[442] Cenicaña,www.cenicana.org, consultado en octubre de 2018.

inmigrantes nariñenses que en busca de oportunidades llegaron a ocuparse en los ingenios y haciendas.

Una importante familia de negociantes la constituyó la familia Ortega Campo. Sus miembros eran Claudio (no Glauco) Emilio, Segundo Urías, José Antonio, Sótero, Mercedes y Edison[443].

Figura 15. Toro Holstein importado como semental en la Estación de Palmira. (Fuente: Crist Raymond, The Cauca Valley, 1952)

---

[443] Escrit. N° 1.501 del 16 de septiembre de 1959, Not. Segunda de Palmira.

Figura 16. Estancia de Palmira a mediados del siglo XX (Fuente: Crist Raymond, The Cauca Valley, 1952)

Principales haciendas del siglo XX

Barrancas (hacienda). En 1912, su dueño Marco A. Sierra se unió a Manuel de Jesús Molina para suministrar mieles y melazas en la fábrica de licores que el Departamento iba montar en la hacienda. Se comprometían a suministrar las mieles producidas en las haciendas Barrancas y San Pablo. El contrato también contemplaba el suministro de pastaje para las caballerías, los mismos equinos hasta el número de treinta para el servicio de la fábrica; leña para los destiladores y madera para los cajones y cubas para la miel y los fermentos. Obligaba a los contratistas a suministrar los edificios y casa principal de la hacienda para la administración y alojamiento de peones y principales. Por los edificios no se pagaría arrendamiento y se haría por las mieles y melazas suministradas, por la madera y el pastaje de los caballos y su uso. El contrato sería de un año a partir del 2 de enero de 1913[444].

Dedicada a la industria del pan de azúcar y panela, la hacienda tenía 1.000 plazas de extensión, de las cuales tenía 500 sembradas en pastos naturales, 200 de ellas en pasto artificial y el resto en cañaverales y bosque. Hacia 1929 ocupaba ochenta obreros que producían entre 25 y 30 cargas diarias de panela. Adicionalmente criaba ganado vacuno y caballar criollo e importado[445].

El 30 de marzo de 1935, Marco A. Sierra vendió al municipio de Palmira, 6 plazas de terreno para la construcción de la planta de tratamiento de aguas del municipio. El predio daba por el sur con la carretera que va de Barrancas a La Zapata[446].

Belén (hacienda). En 1933 se produjo la sucesión de la propiedad por la muerte de Marco Antonio Botero y pasó a manos de su viuda que al año siguiente murió. La hacienda estaba gravada con una hipoteca a favor del Banco Agrícola Agropecuario por el valor de 15.692 pesos. La propiedad de 362 plazas de extensión estaba avaluada en 154.288 pesos y las hijuelas de los nueve herederos se repartieron en 1934, sobre la cuarta parte de esta cantidad[447].

En 1937, se había conformado una sociedad anónima con el nombre de la hacienda, pero al año siguiente, los socios Manuel y Alberto Botero Mejía y otros hermanos, decidieron liquidarla. La propiedad constaba de cultivos de caña de azúcar, ganado, potreros cultivados de pasto artificial y natural, la casa principal de dos pisos con dotación de energía eléctrica y agua; otra casa para campamento de los obreros y otras ramadas para el beneficio de los cañadulzales, carpintería, herrería y demás maquinaria agrícola. Los inventarios a 1937 sumaban $72.000 y las deudas, $ 6.113. La hacienda limitaba al norte con el callejón La Rita o Rodeadero que va hasta la carretera central que conduce a Buga y que lo divide de predios de La Manuelita; por el sur colindaba en parte con La Alpina de Daniel Uribe y El

---

[444] Escrit. N° 368 del 2 de diciembre de 1912, Not. 1ª de Palmira.

[445] López, Eduardo (1929), *Almanaque de los hechos colombianos*, p. 282.

[446] Oficina de Registro I. P. de Palmira, N° 53 del 11 de enero de 1961.

[447] Oficina de Registro I. P. de Palmira, N° 72 del 11 de octubre de 1934.

Carmen de Heliodoro Villegas; por el este con terrenos de la hacienda Oriente del mismo Villegas y por el occidente con los herederos de Modesto Cabal[448].

Cantarohondo - La Pereza – Pichindé (fincas). Era un globo integrado por las fincas Cantarohondo y La Pereza que ocupaban 534 plazas y el potrero Pichindé, que Santiago Eder remató de los bienes de Micaela Arosemena de Blum y luego vendió a Sierra Hermanos en 1894. En 1931, María Sierra de Gómez recibió todo el globo como herencia. El potrero contiguo llamado Pichindé, sembrado en pasto y en otra parte, montuosa, tenía 300 plazas de superficie. Para 1931, todo el conjunto de las tres propiedades se avaluaba en 90.006 pesos[449].

Chapinero (hacienda). En 1912, todavía existía el globo de Chapinero al suroeste del poblado con una extensión de 62,5 plazas[450]. En 1922, la parte mayoritaria pasó a manos de Modesto Cabal G. por sucesión de su esposa. Los linderos de la propiedad avaluada en 11.014 pesos eran: por el oriente con el camino que de Palmira va al Paso de La Linda sobre el Bolo; por el norte con fincas de los Campo y los Durán; por el sur con predios de Hernando Caicedo y los Quintana; por el oeste limitaba con el camino que conducía a La Italia y a predio de José María Sierra[451]. En 1933, la causa mortuoria de Cabal Galindo, la cedió al Banco de Colombia por una deuda de 11.000 pesos[452].

En 1945, en la sucesión de Carlos Becerra Cabal, el predio de 284 plazas fue avaluado en 93.720 pesos y adjudicado a su cónyuge Ana Lucía Castro. Para ese momento, la propiedad limitaba por el norte con la hacienda Colón; por el sur con El Rincón; por el oeste callejón

---

448 Escrit. N° 515 del 11 de abril de 1938, Not. Segunda de Cali.

449 Oficina de Registro I. P. de Palmira, N° 116 del 18 de febrero de 1931.

450 Escrit. No. 5 del 6 de enero de 1912, Not. 1ª de Palmira.

451 Oficina de Registro I. P. de Palmira, N°s. 153 y 154 del 23 de febrero de 1922.

452 Oficina de Registro I. P. de Palmira, Causas Mortuorias, N° 59 del 30 de junio de 1944.

al medio, con La Italia y El Amparo y lindaba por el oriente con el camino a La Linda al medio, con predios de la hacienda El Papayal[453].

Cienagalarga (hacienda). Era un inmenso globo desde la época colonial derivada de un territorio más grande llamado Yunde. Para el siglo XX tenía aún diversos latifundios distribuidos en varios dueños. En 1912, en la sucesión de su padre, José María Rivera Escobar recibió 28 plazas de las 178 que constituía la propiedad. Esta propiedad limitaba al oriente con Malaganita; por el oeste con el río Guachal; por el norte con los indivisos de La Herradura y Palmaseca y por el sur con Boloviejo, cauce antiguo del río Bolo[454].

En 1913, el hacendado bugueño José María Azcárate compró a Carlos Jaramillo y Juan N. Nieto, varios derechos de tierras en el indiviso que tenía como linderos por el oriente a la hacienda Malaganita; por el norte con los indivisos de Palmaseca y La Herradura; por el sur con el cauce antiguo del río Bolo (Boloviejo) y por el oeste limitaba con el río Guachal[455]. Para 1922, existía dentro del indiviso, la finca El Guanabanal que heredó de su esposa, Modesto Cabal Galindo. El predio limitaba al norte con el camino nacional que de Palmira iba al Paso del Comercio; por el oeste con el riachuelo Zanja Negra y río Guachal; por el sur con el zanjón Zainera y por el oriente con terrenos de Fidel Salinas y el camino a Malaganita. Se avaluaba en 21.000 pesos oro[456].

Colón (hacienda). Situada hacia el sur de la población en el camino a El Bolo, había pertenecido a Jacinto Martini hasta 1945, cuando la permutó con otro bien a Bernardino Molina. Pero al poco tiempo murió este y fue adjudicada a sus herederos. Se componía de 63 plazas, con dos casas de habitación, sembrada en pastos y caña de azúcar que avaluó en 40.000 pesos[457].

---

[453] Oficina de Registro I. P. de Palmira, N° 178 del 22 de diciembre de 1945.

[454] Oficina de Registro I. P. de Palmira, N° 218 del 23 de mayo de 1912.

[455] Oficina de Registro I. P. de Palmira, N°s. 368 y 380 del 18 y 21 de junio de 1913.

[456] Oficina de Registro I. P. de Palmira, N°s. 153 y 154 del 23 de febrero de 1922.

[457] Oficina de Registro I. P. de Palmira, N° 176 del 21 de diciembre de 1945.

Concepción de Amaime (hacienda). Para 1929, esta hacienda colonial tenía 1.000 fanegadas y tenía tierras tanto en Palmira como en El Cerrito y el río Amaime la cruzaba. Eran sus propietarios Jorge y Hernando Molina Molina[458].

Coronado (hacienda). Antiguo territorio que se fue segregando de la antigua hacienda Real y de Loreto. Limitaba al norte con la hacienda El Hato; por el sur con camino vecinal al medio lindaba con la finca La Carbonera de Sierra Hermanos; por el oriente limitaba con camino público y otros predios y por el oeste con predios ajenos. Se componía de una extensión de 50 plazas sembradas de 1.200 árboles de cacao, guaduales y pastos artificiales, todo avaluado en 1.500 pesos oro y propiedad de Carlos Rivera Camacho y a partir de 1908, de sus herederos[459].

El Beringo (finca). En octubre de 1899, Sierra Hermanos compró a Luis Blum, 120 plazas de terreno adjunto a otras propiedades de los Sierra. En 1919, Pepe Sierra compró a Francisco Barona un total de 118 plazas del potrero El Beringo. En 1931, en la sucesión de Pepe Sierra, el globo total lo recibió como hijuela María Sierra de Gómez. Tenía una extensión de 238 plazas con la mitad de ellas sembrada de pasto guinea y la otra con potreros de pasto natural, con casa de habitación y pesebreras[460].

El Bolo o Palmar (hacienda). En 1935 se repartió la hijuela a Mercedes Cabal de Dorronsoro de la causa mortuoria de Modesto Cabal Galindo. Tenía una extensión de 755 fanegadas. Se avaluó en 42.117 pesos. Limitaba al norte con el camino a Cali por la vía de El Comercio; al sur con el callejón del Alisal; al oriente con la hacienda Malagana y al oeste con el camino del Alisal[461].

---

[458] López, Eduardo (1929), *Almanaque de los hechos colombianos*, p. 236.

[459] Oficina de Registro I. P. de Palmira, N° 184 del 13 de abril de 1908.

[460] Oficina de Registro I. P. de Palmira, N° 116 del 18 de febrero de 1931.

[461] Oficina de Registro I. P. de Palmira, Causas Mortuorias, N° 59 del 25 de julio de 1938.

El Carmen (hacienda). En 1909, cuando falleció su propietario Alejandro Castro, el terreno, la casa de habitación, los muebles, el edificio del trapiche, molino, cañadulzales, pastizales, guaduales y cercos, estaban avaluados en 13.400 pesos oro. Limitaba por el oriente con el camino a La Bolsa; por el oeste con predios de la hacienda Belén y La Alpina; al norte con las haciendas Oriente y Belén; por el sur con la acequia de San Pablo y otros predios del caserío de Guayabal[462].

El Hato (hacienda). El 23 de abril de 1912, se remató la hacienda San José del Hato, ubicada al norte del territorio palmirano. Era propiedad de los menores, hijos de Primitivo Crespo y Delfina Guzmán. Este negocio puso en relieve la rivalidad de nuevo entre la casa de los Eder y los Cabal por obtener haciendas y mostraba la cultura comercial de la época. El día del remate se abrió la sesión a las 12 del mediodía. A las 2 de la tarde se presentó Carlos J. Eder y consignó $ 86.225 papel moneda lo que equivalía a 862,25 pesos oro de acuerdo con la Ley 19 de 1905 que autorizó la reconversión del papel moneda en pesos oro reduciéndola 100 veces. Este valor consignado era aproximadamente el 5% del valor de avalúo del bien como base del remate. De tal manera Eder ofreció 17.245 pesos oro por la hacienda. Poco antes de las 3 pm, señalado para finalizar el evento, se presentó Modesto Cabal y consignó la fianza al tiempo que ofreció $ 17.246. Ripostó Eder ofreciendo un peso más. Entró en el remate Alfonso Lourido y luego Enrique Holguín, que continuaron en la mecánica de ofrecer pocos pesos para mejorar la oferta de sus oponentes en forma alternada. Luego de unas ocho rondas de ofertas, las pujas llegaron hasta $ 17.272 de Modesto Cabal. El juez decidió suspender el remate para el 25 de abril. En la continuación se siguió en la tónica de aumentar en un peso, la oferta del rival. Modesto Cabal saltó esta dinámica y ofreció al rato $ 18.000. Solo estaban presentes tres licitantes, incluido Holguín. Más tarde se presentó un cuarto proponente, Manuel María Guzmán quien ofreció $ 18.360. Continuó la puja solo entre Cabal y Eder en unas diez rondas de ofertas hasta que Modesto Cabal propuso dar $ 18.600. El juez consideró que había postores y suspendió hasta el día siguiente el remate para una tercera

---

[462] Oficina de Registro I. P. de Palmira, No. 472 del 14 de octubre de 1909.

sesión. El 26 de abril se presentaron Modesto Cabal y Primitivo Tenorio como postores. No habiendo nuevas ofertas, el juez adjudicó a Modesto Cabal, la hacienda en remate. Los linderos del predio eran: al oriente la carretera nacional que conduce a Buga; al norte la hacienda de Santa Gertrudis y predios de Rodolfo González; al oeste el callejón de la antigua hacienda Real y al sur el zanjón Zamorano que la separaba de predios de las Concha y otros propietarios. La hacienda disponía de 445 plazas de extensión de las cuales su inmensa mayoría, 423 plazas estaban sembradas en pasto guinea, 16 plazas en montes y guaduales, 4 plazas en cacao, café y plátano. El resto era ocupado por las construcciones de la hacienda, una casa de habitación, trapiche tejado y ramadas con techo de paja[463].

Con la sucesión de Modesto Cabal Galindo, se pagaron al Banco de Colombia en 1933, con tierras de la hacienda, avaluada en 10.728 pesos[464].

El Limonar y Rodeogrande (haciendas). En 1916 se le adjudicaron por sentencia judicial a Josefa Avenía de Vivas 262 fanegadas en diferentes sitios[465].

El Oriente (hacienda). Por sucesión de 1910 a la muerte de Konstantino Meyendorff, la hacienda El Oriente pasó a sus herederos[466]. El 7 de abril de 1912, Ana, Carlos y Emma Meyendorff vendieron la finca Los Arroyos y la hacienda El Oriente a Francisco Villegas Melguizo por la suma de 24.500 pesos de oro inglés equivalentes a 4.900 libras esterlinas. El comprador pagó en el momento 1.500 libras esterlinas ($ 7.500 pesos oro) y se comprometió a pagar 1.000 libras en un año; otras 1.000 en dos años y 1.400 libras dentro de tres años. La hacienda se componía de casa de habitación con su mobiliario; una ramada para trapiche con su molino y accesorios de cocción del guarapo; dos trilladoras de café

---

[463] Escrit. N° 158 del 9 de mayo de 1912, Not. 1ª de Palmira.

[464] Oficina de Registro I. P. de Palmira, Causas Mortuorias, N° 59 del 30 de junio de 1944.

[465] Oficina de Registro I.P. de Palmira, N° 254 del 12 de mayo de 1916.

[466] Oficina de Registro I. P. de Palmira, N's. 382, 383 y 386 del 17 de septiembre de 1910.

accionadas hidráulicamente, varias ramadas para almacenar bagazo, herramientas y carretas; dos plazas sembradas de café; una casa llamada La Colorada; una dehesa sembrada de pasto común conocida como Los Llanitos y 80 suertes (lotes) de cañaduzales además de 15 equinos y 30 vacunos. Se adjuntaban las carretas, herramientas de labranza, fraguas y aparatos telefónicos. El valor individual de la hacienda El Oriente era de 3.900 libras esterlinas. En la escritura se recalcaba en los derechos y compromisos del comprador con respecto a las servidumbres y accesos al camino nacional y los derechos de aguas compartidos con la hacienda Belén que habían sido motivo de litigios anteriores. Los linderos de la hacienda El Oriente eran: por el norte con la hacienda La Manuelita; por el sur colindaba de nuevo con La Manuelita, las haciendas Belén y El Carmen; por el oriente limitaba callejón de por medio con las haciendas Santa Rosa y San Rafael mientras que por el oeste colindaba con La Manuelita y Belén[467].

El Papayal (hacienda). Desde finales del siglo XIX (1892), José María Rivera Escobar había comprado la hacienda a los Pinillos. En 1912 vendió la mayor parte de la hacienda a su hermano Francisco Rivera Escobar por 2.500.000 pesos papel moneda (25.000 pesos oro)[468]. Los límites de El Papayal eran por el norte el zanjón Salado y algunos lotes vendidos con anterioridad. Por el oriente lindaba en una parte con Cántaro Hondo hasta dar al río Aguaclara y en otra, con la finca El Beringo que también le servía de límite por el norte; por el sur servía de límite el río Aguaclara aguas abajo hasta un lote perteneciente a Cántaro Hondo. De allí había otro límite oriental de la línea entre el río Aguaclara y el zanjón Pichindé (antiguo cauce del Aguaclara). De nuevo con el Pichindé como límite sur hasta dar con la quebrada Vilela y de ésta aguas abajo a dar al Aguaclara. Por este río aguas abajo hasta la desembocadura del zanjón Fajardo. Luego de este zanjón aguas arriba hasta un punto donde tomando una línea recta en dirección sur-norte la separaba de la hacienda La Linda por el oeste y se prolongaba hacia el norte hasta el zanjón Sumbáculo. Luego por este zanjón aguas abajo como límite sur hasta encontrar el callejón Papayal y tomando dirección norte, era el límite occidental

---

[467] Escrit. N° 119 del 7 de abril de 1912, Not. 1ª de Palmira. Según el documento, en la época la libra esterlina se cotizaba a 5 pesos oro colombianos.

[468] Oficina de Registro I.P. de Palmira, N° 217 del 23 de mayo de 1912.

de la hacienda hasta encontrar el zanjón Salado. La negociación se hizo pagando 100 plazas aledañas a la población a la razón de 40 pesos oro por fanegada; 600 plazas más alejadas a 20 pesos oro por plaza; 600 plazas de rastrojos hacia el lado oeste a un precio de 10 pesos oro por fanegada. Se incluyó la casa de la hacienda y un ranchito para los peones, pero se excluyó la maquinaria y los calderos del trapiche. En total se pactó un precio de venta de 25.000 pesos oro[469].

En 1945, de la parte que les quedaba, los herederos de José María Rivera Escobar y su esposa Flora Corrales, vendieron al municipio un lote de 10 plazas en el sector occidental de la hacienda. Limitaba por el oeste con la carrera 24 de la ciudad y estaba destinada a construir el coliseo de ferias y el matadero municipal[470].

El 28 de mayo de 1946 falleció en Palmira Francisco Rivera Escobar. Estaba casado con Graciela Garcés. Poco después, Jorge Garcés Giraldo en asocio con Narciso Díaz montaron el Ingenio El Papayal.

El Papayalito (hacienda). Antes de 1933, las 520 plazas de extensión pertenecían a Clemencia Racines de Rivera. Con la sucesión le correspondió a su hijo Gilberto Rivera Racines 300 plazas de tierra. El otro lote de 220 fanegadas fue adjudicado a otro hijo, José María Rivera Racines. El predio total tenía dos casas de habitación para dueños y los peones. Poseía dos centenares de cabezas de ganado, montes y potreros[471]. Gilberto Rivera vendió en 1935, un total de 70 plazas a Susana Rita González Materón por $ 3.500. Su porción herencial limitaba al norte con la hacienda La Linda; al sur con tierras del otro heredero José María Rivera Racines y la quebrada Aguaclara; por el oriente con la misma quebrada y la hacienda Cantarohondo y por el oeste con zona del ferrocarril y la acequia Sumbáculo[472].

---

[469] Oficina de Registro I.P. de Palmira, N° 217 del 23 de mayo de 1912.

[470] Oficina de Registro I. P. de Palmira, N° 53 del 11 de enero de 1961.

[471] Oficina de Registro I.P. de Palmira, Causas Mortuorias, N° 37 del 16 de agosto de 1933.

[472] Escrit. N° 490 de 1935, Not. Segunda de Palmira.

144

El Pindo (hacienda). En diciembre de 1903, Guillermo Castro vendió la finca a Raimundo Arce. Este la vendió en 1905 a Rosendo Durán y constaba de 135 plazas de tierra cubiertas de pasto guinea, guadua y dehesa que estaba alimentada por aguas del río Amaime con el cual lindaba en el norte; por el sur limitaba con tierras del señor Parra; por el este con terrenos de Victoria Vásquez y Vicente López y por el poniente con predios de Ramón Tróchez. Del total del territorio, el vendedor manifestaba que había vendido el año anterior, una franja al margen izquierdo del Amaime de 500 metros de largo por una anchura variable entre 16 a 100 metros, a los señores Marcos y Rafael López, entre otros. El valor de la venta de las 135 fanegadas fue de 250.000 pesos[473].

El Porvenir (hacienda en Amaime). Cercano a la confluencia del río Nima al Amaime, se situaba la hacienda El Porvenir de Sergio López de una extensión de 380 fanegadas. Tras la muerte del dueño, su viuda denunció ante la prensa que los señores Pablo Rada y Luis Vadi a quienes les había dado en alquiler la hacienda durante 10 años para montar el Ingenio Amaime, pretendían prorrogar sin su autorización el negocio a 20 años[474].

El Porvenir (hacienda en El Bolo). En 1912, se vendió El Porvenir, otra gran extensión de terreno compuesta de 333 plazas de llano y 80 sembradas en pasto, situada hacia el sector de Malagana. Antonio Ampudia la heredó de su padre Juan Ampudia. Fue comprada por Jesús María Cuevas en la suma de $ 126.000 papel moneda correspondiente a 70 plazas del globo total de terreno. Los linderos del globo total de tierras de las cuales se vendía la porción eran: por el este con propiedad de José Cruz Ramírez; por el norte con predios de la hacienda Santa Bárbara y finca de Miguel Figueroa; por el oeste con finca del comprador y de Joaquín Barona y por el sur, camino público al medio con tierras de Vicente Aragón y herederos de

---

[473] Oficina de Registro I.P. de Palmira, N° 508 del 15 de noviembre de 1905.
[474] Diario *Relator*, 15 de junio de 1949.

Victoriano Ampudia[475]. En el mismo año, los Ampudia vendieron el resto a Primitivo Tenorio por $ 500.000 papel moneda (5.000 pesos oro)[476].

El Recreo (hacienda). En 1938, la sociedad comercial Botero Salazar y Cía. vendió por $ 100, a Cristóbal Becerra, los derechos comunitarios sobre el predio llamado El Recreo de tamaño de 8 fanegadas. Los linderos eran por el norte, la calle 5 (calle 23 de la actual nomenclatura); por el sur y el oriente con terrenos de herederos de Primitivo Martínez, así como al poniente con tierras de estos últimos y el resto con predios del Concurso de Hurtado Hermanos[477]. Igual cosa hizo el Banco de Bogotá, al vender a Becerra sus derechos sobre el predio, por $120[478].

Para 1950, una parte de la propiedad de 4,4 hectáreas, pertenecía a Cristóbal Becerra Lemus, Manuel S. Hoyos y Alfonso Cabal Madriñán. Lindaba al norte con la calle 23; en las otras direcciones limitaba con predios que se estaban urbanizando y que fueron en parte de Primitivo Martínez por lo que hasta ese momento, el terreno había permanecido como finca en zona urbana. Para 1953, los dueños presentaron un proyecto de urbanizarlo y fue aprobado por el municipio. En 1959, los dueños entregaron al municipio las obras exigidas como requisito y fue la apertura de las calles 21 y 22 entre carreras 25 y 28, así como los tramos de carrera entre estas dos calles. Además, el cuadro de manzana comprendido entre las calles 22 y 23 y las carreras 26 y 27[479].

Florencia (hacienda). De propiedad del terrateniente bugueño Luis Felipe Campo Zapata. Tenía en 1951, una extensión de 542 plazas y se ubicaba junto a la vía Palmira-Rozo. Limitaba al oriente con Malibú; por el oeste con otras propiedades menores y el zanjón

---

[475] Escrit. N° 127 del 11 de abril de 1912, Not. 1ª de Palmira. Este predio llamado El Porvenir es diferente a la hacienda homónima situada a orillas del río Amaime.

[476] Escrit. N° 210 del 24 de junio de 1912, Not 1ª de Palmira.

[477] Escrit. N° 514 del 11 de abril de 1938, Not. Segunda de Cali.

[478] Escrit. N° 1.142 del 27 de julio de 1938, Not. Segunda de Cali.

[479] Escrit. N° 1.509 del 16 de septiembre de 1959, Not. Segunda de Palmira.

de Rozo; por el norte con el carreteable a Rozo y por el sur con propiedad de Segundo Campo, con un camino al medio. Valía en ese momento 119.240 pesos. Contiguo estaba el Potrero Poma del mismo Campo, que tenía 90 plazas de extensión[480].

Karelia (finca). En 1949, Alfonso Cabal Madriñán vendió a la Central Azucarera del Valle el predio de 1.074 plazas de terreno situada en tierras de La Italia, por la suma de 1.644.444 pesos. Se destinaría a la siembra de caña de azúcar para el ingenio situado en El Cerrito[481].

La Burrera (hacienda). Este globo era en su mayoría propiedad de Mercedes Madriñán de Cabal hasta su muerte en 1922. Lo heredó su hijo Alfonso Cabal Madriñán. Los límites del predio eran: por el norte con tierras de José María Sierra con el zanjón Rozo al medio; por el sur con propiedades de Ignacio Madriñán y el zanjón de Yeguas con el camino a Platanares de separación; por el oriente con terrenos de La Quesera y Cabuyal y por el oeste con predios de Teodoro Lenis[482]. En el mismo globo hubo una adjudicación a Justo Nieva Vásquez de un terreno de 12 fanegadas[483]. En 1933, la sucesión de Modesto Cabal Galindo y su esposa, pagaron al Banco de Colombia con tierras por un valor de 14.870 pesos y en 1935, adicionaron para otro pago de deuda bancaria, 21 fanegadas de la causa mortuoria en espera de sentencia[484].

Otro sector del globo era propiedad de Joaquín Lasso quien testó y tras su muerte en 1939 dejó un importante lote de 50 plazas con un valor de 100 pesos por plaza a su esposa Teresa Calderón D. para consolidar junto a otros lotes de La Josepilla. También dejó cerca de

---

480 Oficina de Registro I. P. de Palmira, N° 124 del 29 de mayo de 1951.

481 Diario *Relator,* 28 de febrero de 1949.

482 Oficina de Registro I.P. de Palmira, N° 149 del 23 de febrero de 1922.

483 Oficina de Registro I.P. de Palmira, N° 2.107 del 25 de noviembre de 1922.

484 Oficina de Registro I. P. de Palmira, Causas Mortuorias, N° 59 del 30 de junio de 1944.

130 plazas de terreno como hijuelas a Raúl, Javier, Delia, Melba y Ligia Martínez, distribuidas por partes iguales[485].

La Carbonera (finca). En el año de 1900, Sierra Hermanos compró a Leticia Martínez una finca llamada París de 85 fanegadas y en 1901 adquirieron de Eugenio Retailland, la finca Aboney de 123 fanegadas, propiedades contiguas. El globo total limitaba por el oriente con la carretera central a Buga; por el sur con el zanjón Mirriñao y en parte con el camino a Rozo y La Torre y por los costados oeste y norte con diferentes fundos de otros dueños. El predio más occidental era el de París. Ambas fincas tenían casa de habitación y a partir de 1917, los dividía la línea férrea que iba al norte. Se conocía al globo como La Carbonera y en 1931, tras la sucesión de Pepe Sierra, se adjudicó a Clara Sierra de Reyes y se avaluó en 17.298 pesos[486].

Para mitad de siglo comenzaron a subdividirse los terrenos aledaños al casco urbano entre los zanjones Mirriñao y Coronado. A finales de 1950, Hernando Arango Hurtado vendió 5 plazas de tierra en Zamorano a Ramón Ocampo. El predio colindaba al norte con tierras del ingenio Manuelita; por el sur con el camino vecinal y propiedad de Demetrio Salcedo; por el oriente con tierras de Antonio Bernal y por el oeste con predio de Antonio Zúñiga[487].

En Zamorano, Hernando Arango vendió a Ramón Ocampo, 5 plazas de terreno con dos casas de habitación por la suma de $ 8.500. Por lo que se puede colegir, limitaba al norte con predios de la hacienda La Manuelita. Al sur callejón vecinal de por medio con propiedad de Demetrio Salcedo; al oriente con predio de Francisco Bernal y al oeste con Antonio Zúñiga[488].

La Emilia (hacienda). Era una antigua propiedad llamada La Legua, segregada de La Herradura que a comienzo de siglo era de Manuel J. Herrera. Para 1909 tenía como linderos por el norte, el

---

[485] Oficina de Registro I. P. de Palmira, Causas Mortuorias, N° 87 del 10 de septiembre de 1943.

[486] Oficina de Registro I.P. de Palmira, N° 117 del 18 de febrero de 1931.

[487] Escrit. N° 1.906 del 26 de diciembre de 1950, Notaría Segunda de Palmira.

[488] Escrit. N° 1.906 del 26 de diciembre de 1950, Not. Segunda de Palmira.

camino a La Herradura; por el oriente con el Paso de Las Brujas sobre el camino nacional que va al Paso de La Torre en el río Cauca; por el sur con la hacienda Santa Bárbara con el río Palmira de por medio y por el oeste limitaba con predios de la señora Aquilina Núñez viuda de Pinillos[489].

La Esperanza (hacienda). En Guayabal en terrenos de Manasés Victoria se construyó una gallera y cantina que colindaba en 1912, con la hacienda La Esperanza de Luis Felipe Campo[490].

El Ingenio La Esperanza producía azúcar por gravedad y pasó a ser centrifugado en los años 40. Era de los hermanos Salcedo y luego se convertiría en Central Tumaco.

La Herradura (hacienda). En 1902, los dueños mayoritarios del globo de terreno eran los franceses Augusto Fournal y su esposa Ana Barbot y la alquilaron a 400 pesos mensuales a Abel Tofiño[491]. Tras la muerte de Fournal en 1908, su hija, Augusta Fournal de Retailland recibió en 1911, tierras en La Herradura y Pacheco. Pero su prematura muerte en 1912, dejó a sus hijos María Victoria y Eugenio Augusto Retailland Fournal dichas tierras que vendieron en el mismo año a Gustavo López T. los derechos en La Herradura, Pacheco y El Limonar[492].

En 1916, Manuel Hernández vendió 60 plazas del terreno en el globo de 262 plazas de La Herradura y El Limonar, que había adquirido en remate en 1896[493].

En 1929 era propiedad de Luis Felipe Campo y constaba de 2.300 fanegadas. Tenía sembrados de pasto artificial como pará, janeiro y guinea. Disponía de pastos naturales, guaduales y lo cruzaba el río Palmira. Limitaba al sur con la vía férrea a Cali. De su globo total

---

[489] Oficina de Registro I.P. de Palmira, N° 14 del 11 de febrero de 1909.

[490] Escrit. No. 94 del 16 de marzo de 1912, Not. 1ª de Palmira.

[491] Escrit. N° 17 del 11 de febrero de 1902, Not. 1ª de Palmira.

[492] Escrit. N° 89 del 12 de marzo de 1912, Not. 1ª de Palmira.

[493] Oficina de Registro I.P. de Palmira, N° 257 del 14 de mayo de 1916.

formaba parte la hacienda llamada San José[494]. En una parte del antiguo globo deslindado también tenían tierras la familia Donneys Cerón, cuyos herederos recibieron la herencia de 25 plazas en 1937[495].

En 1951, se hizo liquidación de la sociedad conyugal entre Luis Felipe Campo Zapata y Cristina Rivera por muerte de ésta última. Se le adjudicó a su hijo Luis Carlos Delgado Rivera, la hacienda completa la cual fue avaluada en 484.000 pesos. Su padrastro Luis Felipe Campo Zapata la había adquirido y consolidado en varias compras entre 1922 y 1927[496].

La Italia (hacienda). En 1903, Sierra Hermanos compró en remate de los bienes de Ernesto Cerruti, la hacienda La Italia (antiguo Guauco) de 193 fanegadas. En ese mismo año, la sociedad de los Sierra, compró el lote Sumbáculo de 22 fanegadas a Purificación Victoria y en 1908 compró los derechos en La Italia a Vicente Guzmán. También compró un territorio hacia el río Bolo de 46 fanegadas y de El Rincón de 27 fanegadas. De tal manera, los Sierra lograron consolidar un globo de 289 fanegadas de extensión que fue avaluado en 1931, cuando la sucesión de Pepe Sierra adjudicó la propiedad a Clara Sierra de Reyes, en la suma de 24.166 pesos[497].

En 1945, en la sucesión de Carlos Becerra Cabal fue adjudicada a su hijo Carlos Alfonso Becerra Navia la propiedad de 308 plazas ampliada por compras sucesivas que había hecho su padre a Clara Sierra en 1942 y a los Durán en 1944. Fue avaluada en 101.640 pesos y tenía su casa principal en tierras de la hacienda contigua, Chapinero o La Violeta[498].

La Josepilla (hacienda). En 1917, Jorge Vivas Lasso la vendió a Joaquín Lasso T. Este a su vez, en 1918 vendió a Teodomiro Calderón

---

[494] López, Eduardo (1929), *Almanaque de los hechos colombianos*, p. 68. Esta hacienda San José es diferente a la ubicada al oriente de Palmira que fue de los hermanos Sierra.

[495] Oficina de Registro I. P. de Palmira, No. 88 del 16 de noviembre de 1937.

[496] Oficina de Registro I. P. de Palmira, No. 122 del 25 de mayo de 1951.

[497] Oficina de Registro I. P. de Palmira, N° 117 del 18 de febrero de 1931.

[498] Oficina de Registro I. P. de Palmira, N° 178 del 22 de diciembre de 1945.

la mitad de la hacienda[499]. En 1939, tras la muerte de Joaquín Lasso, su cuñado Teodomiro Calderón en su testamento dejó como heredera de esta propiedad a su hermana Teresa Calderón[500]. De igual manera, Joaquín Lasso en su testamento y partición dejó a su esposa Teresa Calderón lotes deslindados de La Burrera que hacían ya parte de La Josepilla. En 1951, Teresa Calderón viuda de Lasso, vendió los derechos heredados de su hermano Teodomiro sobre terrenos de la hacienda que tenía 510 plazas de cabida. Disponía de trapiche para elaborar miles y panela, sembrados de caña de azúcar, pastizales, casa de habitación y ganadería. El comprador Alberto Carvajal pagó 251.429 pesos por la transacción. Limitaba por el norte con el camino público que iba al Paso de Platanares sobre el río Cauca[501].

La Linda (finca). Situada al sur de la población de Palmira, era al comenzar el siglo propiedad de los Rivera González. En 1912, José María Rivera Escobar recibió de la sucesión de su padre, 30 plazas sembradas de guinea a un valor tasado en 50 pesos por cada una de ellas. La franja recibida dentro de la finca de mayor extensión limitaba al sur con los ríos Bolo y Aguaclara; por el norte con el zanjón Sumbáculo de por medio con la hacienda El Papayal; por el oriente con el zanjón Fajardo y luego una línea recta hacia el norte. Finalmente lindaba por el poniente con la hacienda El Rincón con un camino público al medio[502].

La Manuelita (hacienda). El primer día de 1901, comenzó a operar la nueva fábrica de azúcar de La Manuelita. La maquinaria fabricada en Escocia fue traída por el puerto de Buenaventura; luego por el río Dagua y el tortuoso camino de herradura que partía de Juntas hasta llegar al mismo valle. El montaje del ingenio demoró tres años y se produjo por primera vez en el país un azúcar blanco y brillante que dejaba atrás siglos de producción de panes de azúcar. La capacidad de molienda era de 50 toneladas de caña en 12 horas que producían

---

[499] Escrit. N° 106 del 8 de febrero de 1918, Not. Primera de Cali.

[500] Escrit. N° 352 del 3 de marzo de 1939, Not. Segunda de Cali.

[501] Oficina de Registro I. P. de Palmira, N° 127 del 30 de mayo de 1951.

[502] Oficina de Registro I. P. de Palmira, N° 218 del 23 de mayo de 1912.

5 toneladas de azúcar[503]. En 1903 cuando Santiago M. Eder vendió La Manuelita a la Cauca Valley Agricultural Company, constituida por su propia familia, la propiedad limitaba al norte con el callejón del Pindo y el Nima; por el oeste con el camino nacional a Buga; por el oriente colindaba con el callejón de La Bolsa, terrenos de Constantino Meyendorff y Carlos Belden y por el sur con el callejón del Rodeadero y el zanjón Coronado.

En el juicio de partición resuelto en 1907 de más de un centenar de propietarios de derechos en el indiviso de la hacienda Real donde Santiago M. Eder tenía varias propiedades, se determinó que sus propiedades de La Manuelita y La Rita sumaban $ 46.155 con un total de 1.235 fanegadas[504].

Las dificultades de comercializar el azúcar una vez terminada la Guerra de los Mil Días, fueron sorteadas poco a poco, al igual que las crisis provocadas por la langosta en la primera década del siglo XX que obligaron hacia 1910 a consumir azúcar del ingenio Sincerín del departamento de Bolívar. En 1911 se vendía el azúcar de primera clase a 6 centavos de peso por libra y el de segunda a 5 centavos[505]. Aún no existía el Canal de Panamá y los vapores sobre el río Magdalena intercomunicaban el centro del país con la costa caribe.

En 1917 se exportaron de La Manuelita 1.777 toneladas métricas de azúcar que se avaluaron en 161.336 pesos con un destino en su mayoría a la zona del Canal de Panamá recién inaugurado. Superada la I Guerra Mundial, en 1920 el precio del azúcar en Cali era 15 y 16 centavos por libra. Para exportación en el puerto de Buenaventura se cotizaba a 12 centavos por libra, precio FOB (libre a bordo)[506].

En 1927 se hizo un ensanche a una planta que molía 500 toneladas de caña en 24 horas. Se produjo un replanteamiento administrativo y la Compañía Agrícola Caucana se dividió en dos: la empresa matriz se encargó de la actividad ganadera y la cañicultora pasó a llamarse Ingenio Manuelita S.A (IMSA). Para ello, IMSA adquirió de la empresa matriz las haciendas La Manuelita, La Rita, La Primitiva,

---

[503] Eder, Phanor, *El Fundador*, pp. 525-526.
[504] Eder, op. cit., p. 408.
[505] Ídem, pp. 535-536.
[506] Ídem, pp. 537-538.

El Rosario y Santa Gertrudis[507]. Después, a comienzo de los años treinta, compraron San Rafael, La Carbonera, Albión, La Cabaña, Hacienda Real y El Hato.

Para 1944, la compañía poseía 5.201 plazas de tierra de las cuales 3.486 plazas estaban sembradas en caña. El 9 de febrero de 1953 se inauguró la planta de Manuelita en El Rosario, que podía moler 1.400 toneladas de caña por día[508].

La Quesera (hacienda). Este globo colonial fue paulatinamente subdividido y en 1916, se adjudicaron a Lesmes Avenía, 59 hectáreas en el lote demarcado con el número 15. Limitaba al norte con el zanjón Rozo; por el sur con el camino a Platanares de por medio, con otros terrenos de otros dueños; por el oriente con otras propiedades y por el oeste con predios del indiviso de La Burrera[509].

En la sucesión de Joaquín Lasso sentenciada en 1943, se adjudicaron lotes en el territorio comunero así: 12 plazas a Rosana Crespo; a David, Rosario, Rosaura e Hilda Crespo, 13 plazas a cada uno. Se avaluó cada plaza de terreno en 40 pesos[510].

La Rita (hacienda). Era sabido que los Eder habían recuperado La Rita a finales de 1887 ante la insolvencia de pagos de Adolfo Rafael Blum. Pero en 1916, los herederos de Blum asesorados por un abogado reclamaron que el juicio de embargo contra Blum había estado en suspenso y sin definición desde el 3 de diciembre de 1887. Es muy probable que el abogado Roberto Alaix conociera que no existía o se desapareció el documento probatorio en el archivo del juzgado. Lo cierto es que no apareció y un juez de Palmira dio por cerrada por caducidad, la demanda de embargo de La Rita entablado por David Eder contra Rafael Blum, 28 años atrás. A los pocos días se presentaron a la oficina de Registro Público los herederos de Blum a solicitar que les devolvieran La Rita y otros bienes. Sin embargo, el

---

[507] Ídem, pp. 635-636.

[508] Eder, op. cit. pp. 643 y 647.

[509] Oficina de Registro I. P. de Palmira, N° 542 del 18 de agosto de 1916.

[510] Oficina de Registro I. P. de Palmira, Causas Mortuorias, N° 87 del 10 de septiembre de 1943.

Juzgado consideró que era extraño que una propiedad de tal valor hubiese pasado casi tres décadas sin reclamo alguno, en el caso que tuvieran derechos los Blum, como ahora lo pretendían. ¿cómo era posible esto? Algo debía estar mal. La totalidad de los testigos de la transacción estaban muertos y en junio de 1917, el Juzgado determinó lo que a voz pública se conocía que la Cauca Valley Agricultural Company era la dueña de La Rita. No obstante el veredicto, los Blum apelaron y fue necesario a los Eder mostrar la documentación propia archivada desde 1887 y donde se comprobaba el remate público de La Rita en 1888[511].

Figura 17. Campos de la hacienda La Rita en 1920 (autor Jorge Terreros; APFFVC, fichero 0102965)

Sin embargo, en 1932, el Juzgado Segundo de Palmira dio un veredicto por otra demanda de los herederos de Rafael Blum y determinó en el juicio de partición de 1934 de la causa mortuoria de Blum que asignaba una hijuela para pagar la deuda a David Martín

---

[511] Eder, op. cit., pp. 401-405.

Eder por 31.520 pesos y así mismo una contrapartida a favor de la sucesión de Blum que cargaba a Santiago M. Eder y la Cauca Valley Agricultural Co. por el mismo valor, correspondiente a los productos de La Rita durante el tiempo que Santiago Eder había estado a cargo de dicha hacienda que sumaban 168.017 pesos. El restante de esta deuda de los Eder a la sucesión se repartió en hijuelas a la viuda de Blum y sus hijos[512].

Interesados en proporcionar viviendas a sus trabajadores, los dueños de la hacienda, a la vez propietarios del ingenio Manuelita a través de la sociedad anónima Hacienda La Rita S.A. creada en 1952, constituyeron en 1959, la entidad Urbanizaciones y Parcelaciones Manuelita Ltda. La sociedad había comprado 20 plazas de una finca llamada Buenos Aires en 1957 y en 1958, adquirió Villa Praga de unas 25 plazas de cabida. Del total de esas 45 plazas, Hacienda La Rita S.A. vendió en diciembre de 1960, a la entidad urbanizadora un total de 20 plazas tomadas 15 de Buenos Aires y 5 plazas de Villa Praga. La parte de Buenos Aires vendida lindaba al norte con el zanjón Zamorano de por medio, con tierras de Hacienda El Rosario S.A.; por el sur con Villa Praga; por el oriente con tierras de Demetrio Salcedo, Adolfo Torres, Alfredo Álvarez, Pablo Ayala y Rosa Luna y por el oeste con el lote Buenos Aires propiedad de Hacienda La Rita S.A. La parte vendida correspondiente a la segregación de Villa Praga colindaba al norte con predios de Buenos Aires de la misma urbanizadora; al sur limitaba con el callejón Zamorano al medio con predios restantes de Villa Praga y de Irene viuda de Benalcázar; al oriente con callejón que conducía de Zamorano a Coronado y al oeste con el Potrero López, antes de Hacienda La Rita S.A. y ahora traspasado a la urbanizadora. La venta total fue de 721.015 pesos y además de los dos lotes transferidos de Hacienda La Rita S.A a la urbanizadora, agregaron el otro lote restante de 20 plazas que la sociedad había adquirido por aporte de Manuelita S.A en 1952 al constituir Hacienda La Rita S.A. Una aclaración de estas transacciones se realizó en notaría en 1963 y se registró como tal[513].

---

[512] Oficina de Registro I. P. de Palmira, Causas Mortuorias, N° 44 y 45 del 28 de julio de 1934.

[513] Oficina de Registro I. P. de Palmira N° 2.340 del 10 de agosto de 1963.

La Soledad (finca). En cercanías a Potrerillo y Nima, se situaba este predio de propiedad de Daniel Mejía y Edilberto Ossa. A finales de 1952, la vendieron a Jorge Garcés Giraldo por la suma de 300.000 pesos. Limitaba por el norte con la carretera que conduce de Palmira a Chinche y en parte con finca de Rafael Uribe; por el oriente con propiedades de Marco Llano, Leónidas Ángel e Ignacio González; por el sur y el oeste en un sector con el río Nima, parte de la carretera a Chinche y otros predios de los vecinos ya mencionados[514].

La Torre (hacienda). En 1903, Martín Restrepo vendió 60 plazas a Sierra Hermanos. En ese mismo año de 1903, adquirieron mediante remate de los bienes de Ernesto Cerruti, derechos de tierras en el indiviso. Asimismo, compraron derechos a María Josefa Vásquez Cobo. En abril de 1904, los Sierra compraron 273 plazas a Agustino Aparicio. Con la disolución de la sociedad de los Sierra, los bienes pasaron a manos de Pepe Sierra. Tras la sucesión de Pepe Sierra en 1931, toda la hacienda fue adjudicada a Rosaura Sierra de González. Constaba de dos lotes, uno llamado La Argelia, de 329 fanegadas de extensión. Colindaba por el sur con el camino que llevaba al Paso de la Torre sobre el río Cauca; por los demás costados, con terrenos de diversos propietarios. La propiedad estaba llena de terrenos cedidos a una gran multitud de arrendatarios. El segundo lote llamado Pasoancho o La Torre con una cabida entre 800 y 900 plazas contenía varios potreros conocidos como Palestina, Pasoancho, Potrero del Medio y La María. Limitaba por el norte con el camino al Paso de la Torre; por el sur con el zanjón Rozo al medio con predios ajenos y la plazuela de La Burrera; por el oriente y oeste limitaba con terrenos de varios propietarios. Estaba ocupado por cultivos de pasto, guaduales, bosques y en una parte por arrendatarios. También disponía de una casa de habitación con nueve cuartos. Los dos lotes se avaluaron en 81.593 pesos[515].

Raimundo Arce, un importante terrateniente, también tenía propiedades en el indiviso. En 1910 le compró a Mercedes Cuero de

---

[514] Oficina de Registro I. P. de Palmira N° 1.354 del 11 de diciembre de 1952.
[515] Oficina de Registro I. P. de Palmira, N° 115 del 18 de febrero de 1931.

Brion, un terreno de 125 plazas, sembradas en su mayoría de pasto pará y encerrada en cercas de alambre y guadua[516].

Malaganita (hacienda). En la sucesión de su padre en 1912, José María Rivera Escobar recibió 30 de las 201 fanegadas que constituía una porción derivada de Yunde, llamada Malaganita. En la liquidación se le asignó un valor de 30 pesos por plaza de tierra[517].

Malibú (hacienda). En 1899, se le adjudicó una parte a Cristina Rivera Escobar por herencia de su madre Cristina Escobar Cárdenas. Luego la consolidó con herencia de su esposo Braulio Delgado en 1907. En 1951 se realizó la liquidación de la sociedad conyugal de Cristina Rivera Escobar y Luis Felipe Campo Zapata. La hacienda Malibú de 500 plazas de extensión se avaluó en 100.000 pesos y se le adjudicó a Luis Carlos Delgado Rivera hijo de Cristina Rivera Escobar. Estaba dividida en dos lotes atravesados por la carretera que iba de Coronado al sitio de Rozo y estaba sembrado de pastos, guaduales y disponía de potreros para la cría de reses y establos para el ordeño. El primer lote estaba limitado al oriente por predios de La Manuelita; por el sur y oeste con el camino a Rozo y al norte con la hacienda La Martinica teniendo al zanjón Malibú al medio. El otro lote limitaba por el oriente en parte con la vía de Palmira-Rozo y la Chivera; por el sur con el zanjón Coronado y La Chivera; por el occidente limitaba con el zanjón Malibú hasta su desembocadura al zanjón Coronado (Pasoancho) y por el norte con el lote anteriormente descrito con la carretera a Rozo de por medio[518].

A finales de 1925, se efectuó la repartición de dos lotes dentro del territorio conocido como Malibú o Abrojal. Un lote de cabida de 82 fanegadas le correspondió a Lisímaco Lemos y otro de 188 fanegadas a Carolina Pugliese viuda de Menotti[519].

---

[516] Oficina de Registro I. P. de Palmira, N° 494 del 5 de noviembre de 1910.

[517] Oficina de Registro I. P. de Palmira, N° 218 del 23 de mayo de 1912.

[518] Oficina de Registro I. P. de Palmira, No. 122 del 25 de mayo de 1951. Eduardo López en su obra de *Almanaque de los hechos colombianos*, erróneamente adjudica esta hacienda a Luis Carlos Delgado desde 1929 (p. 73).

[519] Escrit. N° 130 del 9 de marzo de 1926, Not. Segunda de Palmira.

Palmaseca (hacienda). Era otro indiviso importante de la comarca palmirana. En 1935, se vendieron 10 plazas de terreno adquiridas desde 1914[520].

Pichindé (finca). Desde finales del siglo XIX había sido propiedad de Sierra Hermanos por compra a los Eder. Tenía en 1934 una extensión de 479 plazas y se avaluó en 19.180 pesos. Estaba en manos de terceras personas, pero en la sentencia judicial de 1932, registrada en 1934, se asignó como ganancial a Micaela Arosemena viuda de Blum con hijuelas a sus hijas Emilia, Leonor y Micaela Blum Arosemena[521].

Potrerillo (indiviso). En 1950, Jesús Arango permutó una casa en la ciudad con la finca de Jaime y Marco Sierra en el indiviso de Potrerillo. El terreno tenía 280 plazas de extensión y se conocía como El Guásimo. Limitaba al oriente con propiedades de Tomás Vidal y Francisco Cadavid; por el sur con terrenos de este último; por el oeste con la carretera que conduce a Tablones y por el norte con la quebrada La Honda, en otra parte con la quebrada La Chanquena al medio de la hacienda El Líbano de los señores Chaparro[522].

San José (hacienda). Durante la Colonia, a comienzos del siglo XVIII, Francisco Rengifo de Lara Salazar era el propietario de terrenos heredados y comprados a sus familiares en la zona de Aguaclara y la quebrada La Honda. Poseía así mismo otro predio surcado por el zanjón Biringo[523].

Esta antigua hacienda perteneció desde finales de la Colonia y durante un siglo a los herederos de los Fernández de Soto. La hacienda fue adquirida por José María *Pepe* Sierra en las postrimerías del siglo XIX. En realidad, este último globo llamado San José era la consolidación de terreno de tres predios: La Estrella, San José y La

---

[520] Escrit. N° 495 del 31 de octubre de 1935, Not. Segunda de Palmira.

[521] Oficina de Registro I. P. de Palmira, N° 45 del 28 de julio de 1934,

[522] Escrit. N° 1.928 del 30 de diciembre de 1950, Notaría Segunda de Palmira.

[523] Arboleda, Gustavo. *"Historia de Cali"*. Obra citada. Tomo I, p.306.

Esmeralda, que fueron compradas por la compañía formada por José María y Apolinar Sierra, conocida como Sierra Hermanos.

La Esmeralda fue adquirida en $ 4.500 por los Sierra en 1893 a Romelia Varela de Dorronsoro y estaba situada en terrenos que ocupa actualmente el Batallón Codazzi. La vendedora la había adquirido al Banco de Buga en 1881. El banco la había rematado al anterior propietario el general Miguel Bohorquez[524]. Otro potrero aledaño a La Esmeralda también había sido adquirido por los Sierra a Agustín Mercado en 1894. Estaba situado al norte de La Esmeralda y al oeste de La Estrella. Los Sierra terminaron de consolidar en 1899, un globo de terreno comprando a Bernardo Lhur la hacienda de La Estrella[525].

San José pertenecía en 1895 a Luciano Estrada, año en que la vendió a Sierra Hermanos[526]. Con una hacienda unificada, Apolinar Sierra montó una destilería de aguardiente, con maquinaria francesa marca Egrot, de producción continua, de alta calidad de licores que abastecieron durante mucho tiempo el suroccidente colombiano[527].

En 1908 con la muerte de Apolinar, se liquidó la sociedad cuyo proceso de liquidación tardó hasta 1919. Constaba de 800 plazas y sus linderos eran: por el sur el camino a Aguaclara hasta el río La Honda donde el límite oriental corría aguas arriba demarcado con los mojones de las propiedades de los Cifuentes; por el norte el camino que conducía a La Zapata y por el oeste con terrenos de Serafín Arboleda. La hacienda estaba avaluada en 24.000 pesos oro[528].

San Marino (hacienda). En 1955 se efectuó la adjudicación de hijuelas por la sucesión de Antonio José Castro Borrero. Tenía 530 plazas de extensión, sembrada de pastos artificiales y naturales, cercados y bosques. Colindaba al norte con potreros de la hacienda

---

[524] Escrit. N° 621 del 22 de diciembre de 1893, Not. Segunda de Palmira.

[525] Ídem y Escrit. N° 287 del 22 de junio de 1894 y N° 342 del 27 de septiembre de 1899, Not. Segunda de Palmira.

[526] Oficina de Registro I. P. de Palmira, N° 14 del 17 de marzo de 1939. Se consigna allí que Estrada vendió San José mediante la Escrit. N° 610 del 15 de diciembre de 1895, Not. Segunda de Palmira.

[527] Jaramillo Sierra, Bernardo (1947), *Pepe Sierra: el método de un campesino millonario,* Editorial Bedout, Medellín, p. 111.

[528] Oficina de Registro I. P. de Palmira, N° 55 del 23 de enero de 1919.

El Tajo; por el sur con el camino público que conducía de Palmira a Cali por la Vía del Comercio; por el oriente con el río Guachal y por el oeste con El Tajo y en parte con el río Cauca. La carretera reciente de Cali a Palmira dividía para 1955 la hacienda, dejando a un lado un lote de 30 plazas. La propiedad fue avaluada en 600.000 pesos y le fue adjudicada a la viuda de Castro[529].

San Pablo (hacienda). En septiembre de 1905, se registró la venta de la propiedad de Daniel Gómez a Francisco Vásquez. La hacienda tenía casa de paredes de adobe y embutido, cubierta de tejas, una enramada de trapiche con rueda hidráulica de madera con cauce de cal y canto para los desagües, 170 hormas de barro cocido para el azúcar, recipientes para la miel, dos barriles para recibir cachaza y baldes de madera. La hacienda estaba fundada en un terreno de 101 fanegadas, de las cuales 40 están sembradas en caña dulce; 500 árboles de cacao; un potrero de guinea de 8 plazas y cercados de piñuela y guadua amarrada; un portal en adobe con teja y puerta de golpe. Los límites de la hacienda eran por el oeste el camino antiguo que iba de Palmira a Buga que estaba dentro de la propiedad de María Josefa Cabal Hoyos y de Modesto Cabal por lo cual estaba encerrado hasta dar con el zanjón Mirriñao; por el oriente lindaba con tierras del finado Roberto Espinosa; por el norte con tierras de Crisanto Castro; por el sur, con callejón que conducía de Palmira a Nima (Tiendanueva actual)[530]. Por la hacienda pasaba la acequia de San Pablo cuyo derecho de aguas y servidumbre se habían escriturado a Marcos Becerra por parte de Crisanto Cabal. El desagüe de la acequia se había facilitado por parte de Daniel Gómez al hospital de caridad de la ciudad que podía usarla dentro de sus límites. El agua de la acequia de San Pablo que movía la maquinaria del molino, era la misma que usó la antigua hacienda de Loreto, y que iba a cruzar por Callejón Mocho. Los derechos fueron otorgados mediante sentencia del gobernador[531].

---

[529] Oficina de Registro I. P. de Palmira, N° 2.787 del 29 de diciembre de 1955.

[530] Oficina de Registro I. P. de Palmira, N° 377 del 14 de septiembre de 1905.

[531] Escrit. N° 150 del 4 de mayo de 1912, Not. 1ª de Palmira.

San Pedro (hacienda). Esta inmensa propiedad derivada a comienzos del siglo XIX del latifundio de Loreto propiedad de los Sánchez de Hoyos y luego de los Prado Hoyos, fue adquirida por los hermanos Pedro y Josefa Antonia Rizo en 1859. Posteriormente, Josefa, mujer soltera, compró los derechos a Pedro Rizo quedando como dueña única. La hacendada murió en junio de 1897[532] y reseñamos que solo en 1902, se hizo la repartición de la sucesión de Josefa Antonia Rizo[533]. La extensión de la hacienda de 218 fanegadas se repartió entre sus dos herederos Miguel Rizo y Julio César Arce, a quién le correspondieron 105 fanegadas en la parte plana, al oeste de la hacienda[534]. De su parte correspondiente de 109 fanegadas, Miguel Rizo vendió en 1915, un total de 3,25 fanegadas a Carlos Meyendorff en la parte sur de la propiedad por un valor de 39.500 pesos papel moneda (395 pesos oro)[535].

De los territorios más próximos al casco municipal de Palmira, Miguel Rizo y Julio César Arce vendieron extensos terrenos que originaron las haciendas de Los Alpes en 1924 y Buenos Aires en 1931. Otro remanente de tierras al margen derecho del río Palmira fue urbanizado para formar el barrio San Pedro.

Santa Rosa (hacienda). Fue propiedad de Carlos Becerra Cabal hasta su muerte en 1945. Tenía en esta época 668 plazas de extensión con casa, sembrada de caña de azúcar y pastos, y fue avaluada en 312.190 pesos. Fue adjudicada a Blanca María y Hernando Becerra Navia. Estaba alinderada por el norte por el camino de Las Piedras; por el sur limitaba con el ingenio La Cabaña; por el oriente con el camino a Las Piedras, La Cabaña y otros predios menores y por el oeste limitaba con el camino a La Bolsa[536].

---

[532] Family Search, Parroquia N. S. del Rosario de Palmira, f. 285 del 29 de junio de 1897.

[533] Escrit. N° 194 del 10 de julio de 1902, Not. Segunda de Palmira.

[534] Oficina de Registro I. P. de Palmira, No. 85 del 10 de febrero de 1913.

[535] Oficina de Registro I. P. de Palmira, N° 806 del 2 de diciembre de 1915.

[536] Oficina de Registro I. P. de Palmira, N° 178 del 22 de diciembre de 1945.

Santa Bárbara (hacienda). En 1902 Alonso Madriñán mediante permuta se hizo dueño de la finca Santa Bárbara que colindaba con terrenos de la hacienda homónima, al oriente con finca de Aquilina Núñez; al oeste con el Potrero de Valdivieso de Francisco Rivera Escobar; al sur con el río Palmira al medio con la hacienda Santa Bárbara del mismo Rivera y al norte, mediada por un callejón, con la hacienda El Tránsito. Su precio se estimaba en 15.000 pesos[537].

En los campos de la hacienda aterrizó el primer avión en 1921. En 1933, Francisco Rivera Escobar recibió como parte de los gananciales la suma de 77.798 pesos tras la sucesión de su esposa Clemencia Racines G. Tenía una cabida de 1.080 plazas con casa, potreros cercados y sembrados con pasto común y guinea, surcado por aguas con cauces artificiales. Se avaluó en 26.850 pesos. Limitaba la hacienda por el oriente con predios de Rogerio Fernández y la vía férrea; por el occidente con La Herradura; por el norte con la urbanización de La Emilia y por el sur con predios de José M. Mora y la vía férrea a Cali[538].

Tras la muerte de Francisco Rivera Escobar el 28 de mayo de 1946, sus herederos la vendieron a Miguel López López, un antiguo mayordomo de la hacienda.

En 1954, Miguel López López vendió dos lotes al Instituto de Crédito Territorial (ICT), destinados a urbanizarlos. El primer lote correspondía a una extensión de 80 fanegadas y el segundo a 19 fanegadas. Además, hizo al municipio, donación de terrenos adyacentes para construir las vías de acceso para la Urbanización Santa Bárbara. El precio de la venta se fijó en 1.000.000 de pesos[539].

Santa Gertrudis (hacienda). En 1900, Santiago Eder recibió en alquiler la propiedad de Eduardo Holguín por un valor de $ 3.000 anuales durante dos años. Incluía la casa de habitación, el trapiche, 30 plazas de caña, 50 plazas de monte para hacer leña para el trapiche y el galpón de ladrillos, unas 6.000 matas de cacao y otras 3.000 de

---

[537] Escrit. N° 8 del 14 de enero de 1902, Not. 1ª de Palmira.

[538] Oficina de Registro I. P. de Palmira, Causas Mortuorias, N° 37 del 16 de agosto de 1933.

[539] Oficina de Registro I. P. de Palmira, N° 1.887 del 23 de agosto de 1954.

café, lo mismo que pastizales para el ganado. En la escritura de renta se incluyó el de la venta de gran cantidad de ganado que sumaba la cantidad de $ 26.200[540].

Versalles (hacienda). Era un lote de tierras proveniente de segregaciones de la antigua hacienda de Loreto. Esta parte en 1918 pertenecía a Mercedes Madriñán de Cabal y de la cual en la sucesión sentenciada en 1921, heredó Mercedes Cabal Madriñán de Dorronsoro. Sus linderos eran: por el oriente con predios de Belén de Carlos Belden, La Alpina de Daniel Uribe y San Pablo de Ricardo Echeverry; por el sur lindaba con el camino central que conducía a Guayabal (hoy calle 42); por el oeste limitaba con la carretera central a Buga (hoy carrera 28) y por el norte con propiedades de la Cauca Valley Agricultural Co. La hacienda estaba avaluada en 17.520 pesos oro[541].

En 1950 la hacienda tenía su casa principal en la actual calle 42 con carrera 20. Limitaba por el oeste con la carretera central a Buga (carrera 28) y se prolongaba al norte hasta la carretera que iba a la hacienda Belén que le servía de límite norte.

En 1965, Mercedes Cabal vendió a José Storino un total de 14 plazas de terreno y al año siguiente, conformaron la sociedad Urbanizaciones y Parcelaciones Las Mercedes Ltda. En las que ella también aportó 14 plazas, con el fin de urbanizarlas. El total del capital de la urbanizadora se fijó en 800.000 pesos por las 28 plazas[542].

Poco después, Mercedes Cabal M. vendió varios lotes adjuntos que sumaban 6.618 metros cuadrados de su hacienda Versalles. Los predios estaban comprendidos entre las proyecciones de las carreras 27 y 28 y calles 48 y 49 al sur del zanjón Mirriñao[543].

---

[540] Eder, Op. cit. p. 453.

[541] Oficina de Registro I. P. de Palmira, N° 152 del 23 de febrero de 1922.

[542] Oficina de Registro I. P. de Palmira N° 1.057 del 21 de abril de 1966.

[543] Oficina de Registro I. P. de Palmira N° 1.367 del 20 de mayo de 1966.

Yunde (hacienda). En la sucesión de José María Rivera González liquidada en 1912, le correspondieron derechos a José María Rivera Escobar por el valor de 19.322 pesos oro que le fueron adjudicados parcialmente con 4.220 pesos en 211 de las 1.400 plazas del indiviso. Se fijó el valor de 20 pesos por plaza[544]. A su hermana Cristina Rivera Escobar le correspondieron 180 plazas en pastos. A Julio Campo Rivera hijo de Matilde Rivera, le asignaron 68 plazas de tierra; a Francisco Campo Rivera, hijo de Mercedes Rivera con 70 plazas; a José María Campo Rivera, hijo de Matilde Rivera, le fijaron 29 plazas de terreno y a Luis Ignacio Campo R. hijo de Matilde, le dieron 68 fanegadas de tierra[545].

En 1933 le adjudicaron 900 plazas del indiviso, a Francisco Rivera Escobar por haber asumido los gastos de la sucesión de Clemencia Racines viuda de Rivera que ascendieron a la suma de 103.521 pesos. Tenía 600 plazas sembradas en pastos. Lindaba por el norte con el camino público que iba de El Alisal en el Bolo hasta Cali; por el sur con predios de la familia Cuero; por el oeste con propiedad de José María Azcárate y al oriente con predios de los herederos de Evaristo García. Hacía parte de la hacienda Yundé, el indiviso de Cienagalarga[546].

Yundecito (hacienda). Adjudicada a Guillermo Becerra Navia en 1945 por la sucesión de su padre Carlos Becerra Cabal. Tenía una extensión de 340 plazas repartidas en tres lotes en los indivisos de Palmaseca y Cienagalarga[547].

---

[544] Oficina de Registro I.P. de Palmira, Causas Mortuorias N° 218 del 23 de mayo de 1912.

[545] Oficina de Registro I. P. de Palmira, N° 229 a 233 del 24 y 25 de mayo de 1912.

[546] Oficina de Registro I.P. de Palmira, Causas Mortuorias, N° 37 del 16 de agosto de 1933.

[547] Oficina de Registro I. P. de Palmira, N° 178 del 22 de diciembre de 1945.

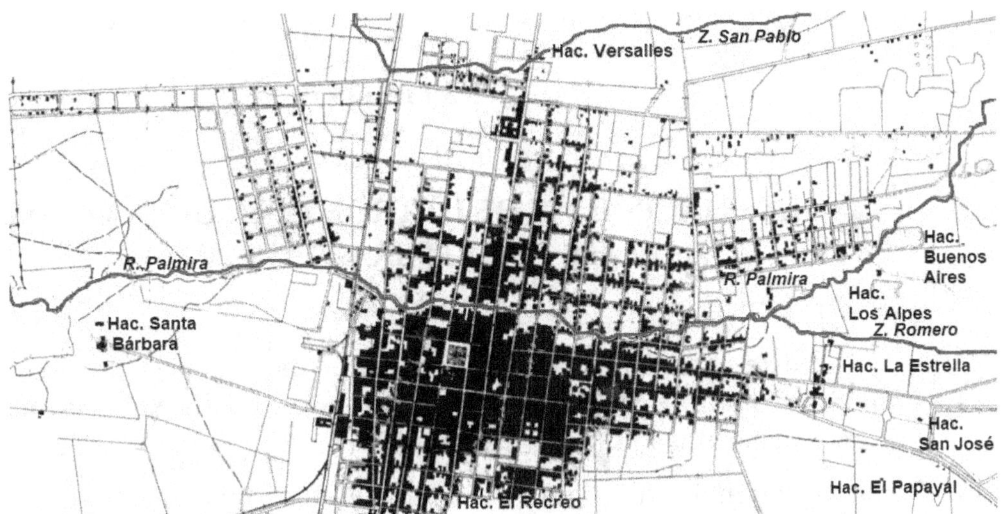

Figura 18. Haciendas de la periferia de Palmira en 1955

CAPÍTULO 8

LAS HACIENDAS DE LA FRONTERA URBANA DEL ORIENTE DE PALMIRA (1950-2016)

En este capítulo se tratará de aquellas haciendas situadas en la periferia oriental de la zona urbana, que en medio siglo o menos, fueron absorbidas por la urbanización.

Desde finales del siglo XIX, el terrateniente José María *Pepe* Sierra había adquirido terrenos en el oriente del casco urbano de la población, al sur del zanjón Romero. Entre este afluente y el río Palmira había una extensa región que tenía el nombre genérico de San Pedro, tanto el barrio situado al margen derecho del río Palmira, como los potreros y sembrados situados al flanco izquierdo derivados de inmensos latifundios de una hacienda llamada San Pedro en el siglo XIX.

Para referirnos a medidas de superficie de un terreno, a lo largo de la obra nos hemos referido a una plaza o fanegada que es un área de 100 varas por 100 varas. Cada vara es de 0,80 m. Por tanto, una plaza es un cuadrado de 80 metros (100 varas) por cada lado. De tal manera una plaza o fanegada es igual a 6.400 metros cuadrados (m²). Una hectárea son 10.000 m².

Hacienda San José

Ya vimos la disolución de la sociedad de los hermanos Sierra tras el suicidio de Apolinar en 1908, las hijuelas otorgadas por este hecho a Pepe Sierra en 1919 y la muerte de este último para quedar en manos de sus herederos. En 1931 se hizo la adjudicación de hijuelas de la sucesión de José María *Pepe* Sierra. La hacienda pasó a manos de José Jesús Sierra Cadavid y tenía 809 plazas de extensión con la hacienda La Esmeralda anexa a la propiedad de extensión de 25 plazas. La hacienda tenía 120 plazas sembradas en caña de azúcar; sembrada de pastos pará y guinea con 150 plazas; unas 100 plazas de bosques y guaduales y el resto de potreros y sabanas con pasto natural. El ingenio disponía de trapiche hidráulico para producir panela y azúcar, al igual que alambiques para producir alcoholes, aguardiente y ron. La casa principal de la hacienda estaba cerca al trapiche y constaba de doce cuartos, baños y tenía anexos las bodegas de herramientas, talleres y campamentos para los obreros, habitaciones para empleados y dormitorios de trabajadores. También disponía de pesebreras cercanas y a medio kilómetro junto a la carretera a Pradera había tres casas, entre ellas una en la salida de Palmira hacia Pradera. Los linderos eran por el sur con la carretera a Pradera al medio, que la separaba de las fincas y haciendas de Cantarohondo, La Pereza, Pichindé y El Beringo de la misma sucesión de Pepe Sierra; por el oeste hasta la última vía de la ciudad (Carrera 1ª actual); por el oriente, el curso del río La Honda aguas arriba hasta un mojón que limita con predios de los Cifuentes y por el norte, el camino a Barrancas[548].

A finales de 1938 se dictó sentencia en el juicio de la sucesión de Jesús Sierra Cadavid y se adjudicó la hacienda de 809 fanegadas entre María Sierra de Gómez y Rosaura Sierra de González. La hacienda se avaluó en 183.090 pesos[549].

Tras los vínculos matrimoniales, surgió la familia Gómez Sierra, que se asoció en 1938 con los Eder del Ingenio Manuelita, para instalar un trapiche panelero en la hacienda San José. El gremio de paneleros protestó por las ventajas que tendría este trapiche al tener el respaldo tecnológico de un ingenio azucarero en contra de los intereses del sector panelero. El empresario palmirano Hernando Caicedo Caicedo que inicialmente militó en el gremio panelero y había fundado en 1918 el trapiche panelero Riopaila y en 1928 instaló el ingenio azucarero Riopaila[550], sirvió de mediador en este conflicto.

En 1940 vendieron la parte correspondiente a la hacienda La Estrella y desde ese momento la hacienda San José prácticamente ocupa un extenso territorio de cañadulzales que se extienden al

---

[548] Oficina de Registro I. P. de Palmira, N° 114 del 18 de febrero de 1931.

[549] Oficina de Registro I. P. de Palmira, N° 20 y N° 21 del 28 de marzo de 1939.

[550] Ordóñez Burbano, Luis (2002), *Empresarios industriales pioneros: Cali, primeras décadas del siglo XX*, en "Empresas y empresarios en la historia de Colombia, siglos XIX y XX" compilador Carlos Dávila, edit. Norma, pp. 192-193.

suroriente hasta el río La Honda y Barrancas. Por el norte limitan con la carretera a Barrancas; por el oeste, con el Batallón Codazzi y por el suroeste con la vía a Pradera.

De igual manera, a comienzos de 1949, Alfonso Cabal Madriñán, le vendió a la Central Azucarera del Valle (luego Ingenio Providencia), la finca Carelia que ocupaba 1.074 plazas de terreno, por la suma de $ 1.644.444. Esta hacienda ocupaba un amplio territorio entre el Bolo La Italia y los ríos La Honda y la acequia El Beringo[551]. Más tarde, esta hacienda surtiría de caña al trapiche de la hacienda San José y luego al Ingenio Manuelita.

A finales de julio de 1958, se anunció el cierre del trapiche panelero y en agosto se citó a la asamblea de accionistas de San José para estudiar la propuesta de liquidación de la empresa que dejaría sin empleo a cerca de 500 personas entre obreros y empleados administrativos. Mientras tanto el sindicato solicitó al Ministerio la intervención para evitar un conflicto social en caso de cierre[552].

Para octubre y luego de la visita del Ministerio del Trabajo, el gobierno propuso que el señor Harold Eder, recibiera en el Ingenio Manuelita y otras empresas suyas, a los trabajadores que quedarían cesantes por la liquidación de San José[553].

En 1963, la hacienda destinó un lote de seis plazas de cañaverales para lotearlo entre sus trabajadores. Así nació el Barrio San José.

Sin embargo, en 1964 se declaró una huelga por más de 220 trabajadores del Sindicato de San José al no atenderse el pliego de peticiones[554].

<u>Heriberto Rendón</u>. Yo llegué a la hacienda San José el 9 de febrero de 1960 a vivir en el campamento. Junto a la carretera

---

[551] Diario *Relator*, 28 de febrero de 1949. Esta acequia o zanjón ha sido llamado indistintamente desde la Colonia como Biringo, Beringo o Veringo. En uno de los anexos al final del libro, se explica acerca de los zanjones de Palmira que reciben diferentes nombres y es necesario remontarse a las denominaciones más antiguas.

[552] Diario *El Tiempo*, 31 de julio de 1958 y 19 de agosto de 1958.

[553] Diario *El Tiempo*, 13 de octubre de 1958.

[554] Diario *El Tiempo*, 26 de mayo de 1964.

que conducía a Barrancas ya habitaban Víctor Silva, Vicente Manzano, Amalia Arango, la familia de Francisco Mera y los García. Ellos trabajaban en diferentes haciendas e ingenios de la región. Para 1963, la hacienda repartió lotes en una suerte de caña. Para 1964 se dio una huelga que duró 4 meses y diez días. Al barrio Municipal le llamaban en esa época Pueblo de Lata y al caserío donde se pobló el barrio San José, le decían Chuzo Bravo. En lo que ahora es El Retiro vivían los Corrales, Gonzalo Cocha y su mujer Elena. Más arriba del antiguo basurero, vivían los Moreno, Luis Carlos Moreno y su esposa Ana. En la primera parte del barrio estaba la finca Campoalegre de don Cristóbal Saavedra y su esposa Mercedes[555].

Alfonso Chitán. Llegué a la hacienda a vivir y trabajar en 1960. El barrio se fundó el 12 de octubre de 1963 en tierras que eran la suerte de caña No. 37. La huelga fue en el año de 1964 y en ese momento había 200 trabajadores entre ellos 60 corteros de caña, 50 alzadores más la gente de la sección de administración[556].

Entre la hacienda Buenos Aires de los Herrera y el Barrio San José, y desde antes cuando este terreno era un cultivo de caña, al margen derecho del zanjón Romero, existió una finca de unas dos plazas de tierra y una franja larga al margen izquierdo del mismo zanjón de un kilómetro de largo que perteneció a Cristóbal Saavedra a cuya casa principal le llamó Campoalegre.

Elisa Saavedra Urbano Ramírez Sarasti.   La hacienda de Julio César Arce se las vendió a los Herrera. Wenceslao Herrera tenía unos hijos que se llamaban Wenceslao llamado Petelao; Alfredo, Humberto, Elisa y otra que no recuerdo.

Yo nací aquí en la casa de mis padres en 1931 y mi padre Cristóbal Saavedra había vivido aquí desde mucho antes. Él decía que sus antepasados eran dueños de tierras desde aquí hasta la

---

[555] Entrevista realizada en el año 2011.

[556] Entrevista realizada en el año 2011.

hacienda La Laguna, cerca de Barrancas. Sus hermanos se habían ido para el Cauca. Él le puso Campoalegre porque de aquí mirando hacia la cordillera era muy bonito y le puso así. En frente eran tierras de Pepe Sierra y luego fue una suerte de caña donde luego fundarían el barrio San José.

Más arriba vivían unos viejos solterones llamados Los Corrales. En ciertas épocas del año íbamos a rezar allá y a uno de ellos, el que cocinaba, no le gustaba rezar. Luego se murieron. Gustavo López mi marido llegó aquí desde el Cauca en 1948. En tierras de lo que ahora es el batallón Codazzi, en esos potreros se hacían las ferias[557].

Hacienda La Estrella

Situada en el oriente de la ciudad, tenía su casa principal al margen izquierdo del zanjón Romero. Ya se mencionó que Sierra Hermanos compró a finales de siglo XIX tres fincas-haciendas contiguas para consolidarlas como una sola. Una de aquellas fincas era La Estrella, adquirida en 1899, que nuevamente con las muertes de Apolinar y Pepe Sierra, se segregaron entre sus sucesores.

En 1939 se ejecutó la sucesión de Jesús Sierra Cadavid, hijo de Pepe Sierra y la finca La Estrella avaluada en 8.905 pesos se adjudicó a los hermanos Jaramillo Sierra[558].

En 1940, los herederos de Pepe Sierra empoderaron a Horacio Jaramillo Sierra, para vender su finca La Estrella de 38 plazas, a Hernando Bueno Figueroa por la suma de $ 9.500[559]. Para la época, las Empresas Municipales de Palmira tenían derechos sobre una franja de terreno de 12 metros de ancho por 976 metros de largo, debajo del cual pasaba el acueducto municipal. Esta franja atravesaba la finca La Estrella por una expropiación realizada por la Compañía de Acueducto desde 1935 en terrenos de Jesús Sierra Cadavid. En las

---

[557] Entrevista realizada en el año 2011.

[558] Oficina de Registro I. P. de Palmira, No. 14 del 17 de marzo de 1939.

[559] Escrit. N°117 del 13 de marzo de 1940, Not. Segunda de Palmira.

transacciones sucesivas se hacía constar expresamente este derecho[560].

En 1942, Hernando Bueno Figueroa vendió La Estrella de 38 fanegadas (24,3 ha), con casa de habitación dotada de agua y luz y sembradíos en pasto de guinea y frutales, a Sergio Núñez. El precio de la transacción fue de $ 15.000[561]. Por su parte, en 1941 Sergio Núñez M. y su esposa Sara Hoyos, habían comprado a Jacinto Martini una finca colindante a La Estrella en el sitio Cantadelicias. Constaba de 3 plazas (1,92 hectáreas) con casa de habitación dotada de agua y luz y los terrenos sembrados de caña de azúcar, badeas y naranjales. El precio de venta fue de $ 3.500[562].

En 1944, la hacienda La Estrella, englobada ahora en 42 plazas fue comprada por Pedro Reyes Tenorio, en la suma de $ 20.000[563].

La hacienda comenzaba desde la curva que hacía el zanjón Romero en el cruce con la carretera que iba a Barrancas (3°31´39 de LN con 76°16´20,86 Long O). El zanjón era el límite norte de la hacienda hasta cercanías de los lagos del Bosque Municipal. El lindero oriental y sur, comenzaba desde este cruce de zanjón y era la misma carretera a Barrancas que al llegar al casco urbano se convertía en la calle 13 (hoy 31), en el sector del Bosque Municipal. La carretera a Barrancas dividía los predios de la hacienda La Estrella con los terrenos de la antigua finca La Esmeralda, dedicados a las Ferias y Exposiciones y donde poco después, se construyó el Batallón Codazzi. El lindero oeste de la finca estaba situada en 76°17´8,83 Long O). En total la franja de tierra tenía una extensión de oeste a oriente de 1.300 m y de norte a sur una longitud media de 210 m para un total aproximado de 273.000 m² o de 27,3 hectáreas.

En 1959, el municipio le compró a su propietario Pedro Reyes Tenorio, un predio de 10 plazas o 64.000 m². Este terreno fue loteado en 11 manzanas con un total de 266 lotes y destinado a ser vendido

---

[560] Sobre la franja de terreno en que tenía derechos las Empresas Municipales, se construyó la calle 32 que atraviesa el barrio Municipal y lo limita del barrio Popular Modelo. Ver Escritura N°. 39 del 30 de enero de 1935 en la Notaría 1ª de Palmira.

[561] Escrit. N° 308 del 15 de abril de 1942, Not. Segunda de Palmira.

[562] Escrit. N° 392 del 11 de junio de 1941, Not. Segunda de Palmira.

[563] Escrit. N° 90 del 31 de enero de 1944, Not. Segunda de Palmira.

a los trabajadores del municipio de Palmira y sus Empresas Municipales[564]. Este globo de tierra daría origen al Barrio Municipal. Un lote de estos de 132 m^2 costaba para 1962, un total de $ 523. Para referencia es de conocer que el alcalde Elbar Escobar López, posesionado en 1963, devengaba un salario mensual de $ 605.

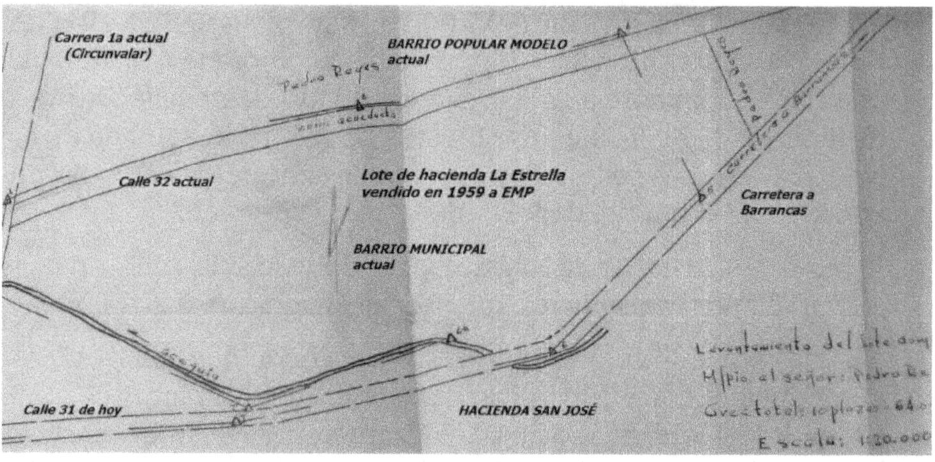

Figura 19. Plano para urbanizar el Barrio Municipal en 1959. Adjunto a la escritura No. 1.488 de 1959, donde el autor insertó notas actuales (en negrita).

Posteriormente, el 8 de abril de 1965, Pedro Reyes vendió a la Cooperativa Provivienda Popular de Palmira Ltda. Un total de tres (3) plazas de tierra al margen izquierdo del zanjón Romero que iban por el oeste hasta la carrera Primera o Circunvalar y en el sur limitaban con la calle 32 y el barrio Municipal[565]. Este territorio dio origen al Barrio Popular Modelo.

---

[564] Escrit. N° 1.488 del 12 de septiembre de 1959, Not. Segunda de Palmira.
[565] Oficina de Registro I. P. de Palmira N° 1.183 del 29 de abril de 1965.

172

Figura 20. Potreros de La Estrella donde se fundó el Barrio Municipal.
(Foto Relator del 4 de septiembre de 1959)

Más recientemente en los restantes terrenos de la antigua hacienda, se construyeron en los años setenta, la Casa del Menor, luego el almacén Supermarden y se urbanizaron las tierras aledañas a la casa principal de la hacienda.

Mariela Madroñero. El 22 de noviembre de 1961 llegamos a la casa que luego sería demarcada como 5E-16 de la calle 32. Con el tiempo fue cambiada a 4E-16. Ya estaban otras siete familias instaladas en el barrio Municipal como Nemesio Orejuela y su familia; Arturo Muñoz y su esposa Dolores; Primitivo Solís y señora; Tomás Serna, su esposa Aida Saavedra y la familia; Fabio Arango y su mujer, Aida Tabares; Arnulfo Estrada y Dora Álvarez, su mujer; la familia de Evelio Valencia y su mujer María. Luego llegaron los Pineda, los Tabares, los Martínez y doña Angélica de Artunduaga.

En el potrero que ahora es el barrio Popular Modelo estaba el rancho de guadua del japonés Teófilo Sakamoto y su mujer Luz Pizarro. Al otro lado del zanjón Romero en tierras de la familia Herrera, había un caney y una inmensa tomatera que era administrada por el mayordomo Pacífico.

Un vendaval se había llevado el techo de los Serna y cuando ya nos íbamos a pasar, ellos estaban refugiados en nuestra casa. Jorge, mi esposo, les compró las tejas de cartón para que dejaran libre la casa.

Al llegar, el 24 de diciembre de 1961 nos instalaron teléfono y era uno de los tres aparatos que operaban en el barrio, en ese entonces con el de Fabio Arango y los Valencia. En 1962, montamos una tienda que duró hasta el año 1977.

En esos finales de 1961 no había energía eléctrica ni alcantarillado. Cada lote o casa debía construir su propia letrina y solo era permitido recoger el agua de lavaderos que se canalizaban por pequeñas zanjas que iban a dar a las acequias cercanas.

Aunque el acueducto municipal pasaba por debajo del barrio solamente había una llave en la calle 31 A cercana a la carrera 2ª y el parque actual. Allí iban los pobladores a recoger el agua.

Desde 1965, se instaló la energía eléctrica hasta la carrera 4ª. Y a partir de 1968 desde allí hacia arriba. El alcantarillado se instaló más o menos en 1965 y un nuevo acueducto en 1975.

Hacienda Buenos Aires

Ya vimos que en 1859, los hermanos Pedro y Josefa Antonia Rizo compraron a los Prado Hoyos el territorio de San Pedro. En 1864, al morir Margarita (Sánchez) Hoyos entre su hijo Rafael Prado Hoyos y sus nietos: Inés, Dolores y Tulio, hijos del fallecido Gabriel Corcino Prado Hoyos quedaron gran cantidad de tierras situadas al oriente de las tierras de los Rizo. Todo esto significa que los Rizo eran en 1864, dueños de las tierras donde se asienta hoy el barrio San Pedro, al costado derecho del río o acequia actual de Palmira y de otro terreno a su margen izquierdo en el gran globo de San Pedro, como se puede colegir de las escrituras.

Ya entrando el siglo XX, se ejecuta la sucesión de Josefa Antonia Rizo y heredan Miguel Rizo y Julio César Arce.

En 1926 Miguel Rizo vendió a Félix Antonio Molina 11,8 plazas en el llano de San Pedro. En 1927, el mismo Molina compró a Gregorio

Barona otras 9 plazas contiguo al anterior predio. Y en enero de 1928 compró además a Julio César Arce, otras 12 plazas en terrenos aledaños a los anteriores[566]. El 17 de febrero de 1931, Molina le vendió a Wenceslao Herrera el total del territorio de una extensión de 32 plazas. El predio consolidado limitaba al oriente con tierras de Cristóbal Saavedra; por el oeste con el río Palmira al medio con predios del municipio; por el sur con propiedad de Sergio y Gregorio Barona y la finca La Estrella; por el norte con propiedades de Julio César Arce y Mercedes vda. de Arce y Silvestre Albornoz. El precio de la venta fue de 1.000 pesos[567].

Este vasto territorio dio origen a varios barrios actuales como Prados de Oriente, Buenos Aires, Las Palmeras, Sauces, entre otros.

<u>Jaime Herrera</u>. Mi abuelo Wenceslao Herrera era de Venadillo en el Tolima, pero la familia se fue a vivir a Ibagué porque tenían dinero.

Mi abuelo tuvo problemas con mi bisabuelo por el maltrato a mi bisabuela. Entonces siendo un muchacho de 14 años se marchó de la casa y se fue a trabajar de arriero a El Boquerón, de Ibagué hacia arriba de la Cordillera Central. Trasladaba recuas de mulas hasta La Línea. Una vez se enfermó otro arriero y le dieron la oportunidad de traer recuas a Armenia y con el tiempo se vino al Quindío. A pesar que luego los hermanos lo encontraron, él no quiso volverse y por el contrario los invitó a venirse a acompañarlo. Pero no paso así. Mi abuelo fue contratado con un doctor del Quindío y trabajó un tiempo con él hasta que alguien le mencionó a Palmira.

Cuando llegó a Palmira trabajó con don Segundo Campo. Otros tolimenses que llegaron en esos tiempos fueron Misael Palma, Belisario Guzmán y Miguel López. Con el tiempo mi abuelo empezó a hacer panela. Allí en La Cruz, transformaba pan de azúcar en panela y salía a venderla a las tiendas y en la galería. La Cruz era una casa de lenocinio, la de La Chirivica, en la carrera 25 con calle 40. Eso existió hasta el 70 y pico. Mi abuelo compró un lote y luego hizo casa en la carrera 25 con calle 33[568].

---

[566] Escrit. N° 12 del 11 de enero de 1928, Not. 1ª de Palmira.

[567] Escrit. N° 40 del 17 de febrero de 1931, Not. 1ª de Palmira.

[568] Guillermo Barney Materón afirmaba que Belisario Guzmán (1903-1962) era de Ibagué; Misael Palma Rengifo (1907-1992) procedía de Alvarado, Tolima y

Al tiempo mi abuelo, por allá en 1927, le compró tierra a un señor Julio César Arce. Le compraba en varas cuadradas. Como Arce era bohemio y le gustaba el licor, cada rato le ofrecía más y más tierra. Así fue comprando por partes[569].

Esa franja de tierra al lado del zanjón Romero más allá de San José fue donado por mi abuelo Wenceslao a los esclavos libertos. Henry Eder, el viejo, se los dio a mi abuelo pero a él no le gustaba que le dijeran amo y les dio tierra.

En esa época los terratenientes ejercían el derecho de pernada pero a mi abuelo no le gustaba esa práctica. Él les daba casita o ranchos a los negros y mulatos. El indio Juan Mamián llegó con sus arcos y flechas y su esposa. Mi abuelo le dio un pedazo de tierra para que hiciera un ranchito. Mis tíos paternos son Humberto, Alfredo, Olga, Elisa y Sofía. Mi papá Wenceslao, el mayor de todos ellos, murió en 2010.

Mi abuelo en un tiempo enviaba ganado a engordar a La Novillera pero al tiempo se le robaban el ganado. Nosotros íbamos entonces donde Gaviria, el odontólogo, y le dejábamos el dinero de la vacuna para la gente del Capitán Cenizas y no volvieron a llevársele el ganado.

En los años sesenta en estas tierras había monos, ardillas, pavas de monte, iguanas y frutales. Antes en la Violencia, mi abuelo y los negros hicieron un túnel que tenía entrada detrás de un armario e iba a salir a la mata de guadua a unos doscientos metros. Yo luego hice tapar ese túnel.

Acá en la curva es la entrada a Tumaquito, propiedad de Central Tumaco y pertenece a la antigua hacienda El Reflejo. La quebradita se llamaba Los Negros.

Cuando iban a hacer la carretera Palmira-Pradera, mi abuelo les compró volquetas a mi papá y a mis tíos para que trabajaran con ella en las vías. Sergio Barona no quería que pasaran la carretera, la carrera Primera, por enfrente de su finca. Mi abuelo en cambio dijo que no había problema con tal que no le derribaran la casa.

Justino Lara Trujillo (1898- 1977) vino de Campoalegre, Huila. Artículo de la revista *Sueños de los Palmiranos* N° 9. *"Los años 30 del siglo XX"*.

[569] Ya vimos que le compró en realidad a Félix A. Molina en 1931. Es la diferencia entre memoria histórica e historia.

La casa de los Barona era nueva en comparación con la de mi abuelo.

El territorio total de la hacienda eran unas 20 hectáreas: Le llamaron Buenos Aires porque venteaba mucho. Wenceslao, mi abuelo, murió en 1964. Hasta que mi abuelo vivió, la hacienda se dedicaba en su mayoría a la ganadería de engorde y leche. Había caballos, mulas, bueyes y ganado. Mi papá en cabeza de todos sus hermanos se dedicó a la agricultura. Producía tomates, fríjol, maíz, algodón, soya y sorgo (millo). También había una parte de ganadería y por eso había dos mayordomos: don Pacífico para la agricultura y otro de ganadería, llamado Campillo. Cerca de la casa teníamos una huerta para sembrar frutales, yuca, plátano y café. El algodón lo compraba una desmotadora que había por la Versalles y la soya, la compraba Lloreda Grasas.

Primero se vendió la parte de Las Palmeras que se le vendió al ICT como en el año 75. La parte del oeste de la circunvalar, la heredaron Humberto, Elisa, Sofía y Olga. La parte oriental le tocó a mi abuela el 50% y el resto a Alfredo y mi papá. Mi padre vendió todo a una tercera persona y luego mi mamá le compró. Luego empezaron a vender tierra para las urbanizaciones.

Nosotros sufrimos el flagelo del secuestro. Mi hermano menor Manolo Herrera fue secuestrado en el año 90 por allá cerca al cementerio del sur. Luego del pago del rescate mataron a mi otro hermano. A Manolo nunca lo entregaron[570].

Señora: Wenceslao Herrera, el viejo, murió el 17 de septiembre de 1964 en la casa que le hizo a la hija Elisa, mi cuñada. A Clímaco Mamián, el hijo de Juan, lo secuestraron porque creyeron que era de la familia. Misael Palma llegó una vez a la hacienda.

En los años setenta, el ICT dijo que quería que les vendiera tierras al lado oeste de la Circunvalar. Cuando se hizo la venta, Elisa se fue de la casa y esta quedó sola. Con el tiempo empezó a derruirse y el cura, propuso tomarla en comodato ante el ICT, para hacer una capilla. Hablaron con el obispo y se hizo. Hicimos una Junta Directiva y organizamos para recoger viejitos.

---

[570] Entrevista realizada en el año 2016.

Gestioné con una familiar una ayuda de la Presidencia. Vino la señora de Samper y nos entrevistamos con ella. Al poco tiempo giró 40 millones pero cometieron el error de no girarla a la Fundación sino a la Tesorería del municipio. Yo les dije a los políticos que me debían entregar el dinero sino los apretaba. Me entregaron una parte y conseguimos el ingeniero y construimos lo que sería la sede de El Albergue. Se sostiene de la caridad de personas y algunas instituciones privadas. Muchas veces pagábamos de nuestro bolsillo los servicios y servíamos de fiadores ante ferreterías para adelantar poco a poco las obras.

Hacienda Los Alpes de Los Barona

Ya anotamos que los hermanos Pedro y Josefa Antonia Rizo en 1859 eran dueños de parte de las tierras del globo de San Pedro, en ambas riberas del río Palmira. A la muerte de Josefa Antonia en 1902, recibió la porción herencial, su hijo Miguel Rizo[571].

En 1924, el señor Miguel Rizo le vendió a Manuel Dolores Barona y a sus hijos Sergio y Gregorio Barona Abadía, un globo de tierra de 30 plazas con casa de habitación, cuyo límite del sur era el zanjón Romero que lo separaba de la finca La Estrella de la familia Sierra; se extendía por el oeste hasta las proximidades del lago del Bosque Municipal en tierras del mismo vendedor al igual que hacia el norte donde colindaba con parte del río Palmira. Al oriente limitaba con tierras de Julio César Arce. El precio de la venta fue de $ 3.500. El vendedor tenía hipotecada su propiedad por $ 1.000 a los hermanos Barona desde un año atrás[572].

Al fallecer el padre, Sergio y Gregorio Barona compraron las tierras que les correspondía por sucesión a sus restantes siete hermanos. Así Sergio Barona compró las tierras en 1931 a sus hermanos Samuel y Manuel; en 1935 a Arnul y en 1940 a Eloísa. Su hermano Gregorio Barona compró en 1929 a Régulo y a sus hermanas

---

[571] Escrit. N° 194 del 10 de julio de 1902, Not. Segunda de Palmira.

[572] Escrit. N° 171 del 27 de abril de 1924, Not. Segunda de Palmira.

Esther y Natalia en 1931. De tal manera la propiedad con el tiempo se concentró entre Sergio y Gregorio Barona Abadía[573].

Como las compras sucesivas hicieron que los cuerpos de terrenos propiedad de los dos hermanos, quedaran desperdigados. Con la construcción de la carretera a Pradera, y su conexión desde la calle 42 hacia el sector del Batallón Codazzi, en 1959 los dos hermanos acordaron dividirse las 31 plazas adquiridas en bloques contiguos para su manejo individual y futuras negociaciones. Se identificaron como lote A de 16 plazas para Sergio Barona y lote B de 15 plazas, para Gregorio. En la escritura los dos hermanos señalaban que este acuerdo lo realizaban de hecho desde hacía 15 años pero que solo ahora lo protocolizaban[574].

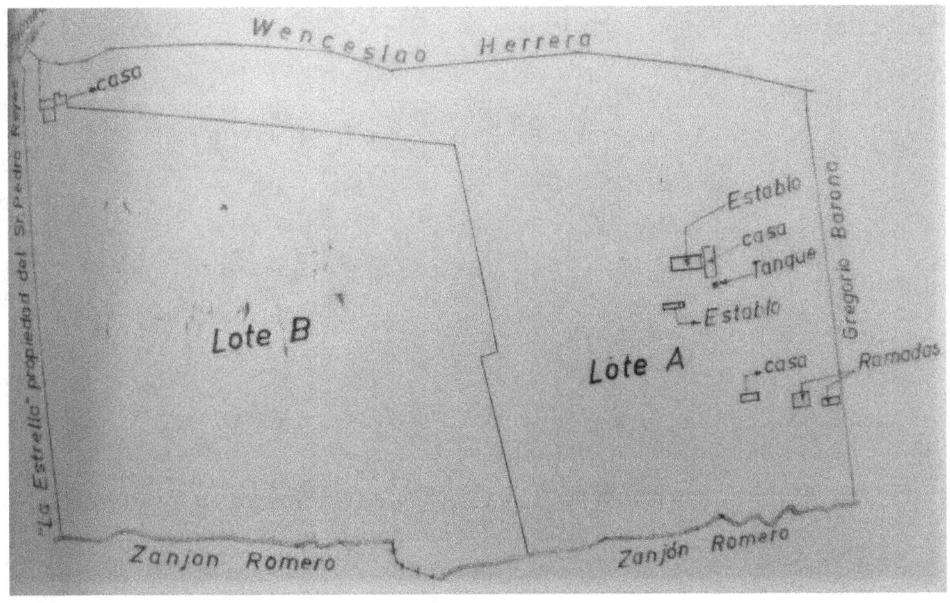

Figura 21. Plano de la hacienda de los Barona en 1959. Está dentro de la escritura No. 1.502 de ese año.

---

[573] Escrit. N° 397 del 7 de octubre de 1931, Not. Segunda de Palmira.

[574] Escrit. N° 1.502 del 16 de septiembre de 1959, Not. Segunda de Palmira. Es de anotar que este acto lo celebraron 4 días después que Pedro Reyes vendió parte de su territorio a las Empresas Municipales de Palmira al margen izquierdo del zanjón Romero.

El lote A quedó a partir de ese momento limitado en su margen oriental por la carretera a Pradera, que en el futuro sería el límite de la zona urbana de Palmira o Carrera Primera. Gregorio Barona además del lote B, poseía un pequeño terreno de 2 plazas al lado opuesto de esta carretera. Los dos lotes A y B, colindaban al sur con el zanjón Romero. Al norte estaban las tierras de Wenceslao Herrera Viña. Al oeste con tierras de otros dueños y el Bosque Municipal.

Figura 22. Establo de la hacienda de Los Barona en los años 60 (Foto cortesía de Familia Swan Barona)

Figura 23. Paseo familiar en el río Palmira en inmediaciones de la hacienda. (Foto cortesía de Familia Swan Barona)

Figura 24. Sergio Barona Abadía en los años cincuenta (Foto cortesía de Familia Swan Barona)

Figura 25. Casa del sector B de la hacienda. (Foto cortesía de Familia Swan Barona)

Figura 26. Cultivos de mediados de los años setenta. Al fondo la urbanización de Las Palmeras. (Foto cortesía de Familia Swan Barona)

Figura 27. Abrevadero del ganado en 1975. Al fondo, al sur, se ve la arboleda del zanjón Romero. (Foto cortesía de Familia Swan Barona)

Figura 28. Abrevadero del ganado en 2016. Vestigio de la antigua hacienda. (Foto del autor)

Figura 29. Torre del tanque de agua y aljibe de la casa antigua de la hacienda en el sector A. 2007. (Foto del autor)

Figura 30. Basamento de la antigua casa y establo de la hacienda en el sector A. 2007, (Foto del autor)

<u>Diego Swan</u>. Mis padres fueron Nubia Barona y Ramón Swan. Mis abuelos maternos eran Sergio Barona y Guillermina Manzano. Sergio era hijo de Manuel Dolores Barona. La hacienda era tanto agrícola como ganadera. Para los años sesenta y setenta se sembraba maíz, yuca, tomate, tabaco, fríjol nima, sorgo y soya. La capa vegetal de la hacienda es de 1,5 metros de profundidad. La ganadería era de leche y de carne. Teníamos reses de la raza Holstein y cebú blanco y caballos criollos. Para el lado del zanjón Romero con la carrera primera, había una hondonada. De allí se había sacado la tierra para hacer ladrillos y allí junto estaba el galpón y el horno para quemar ladrillos.

Los terrenos de la hacienda se extendían por el norte hasta limitar con tierras de los Herrera y en el noroeste, bordeaban el margen izquierdo del río Palmira siguiendo al occidente hasta los límites del Bosque Municipal. Por el sur la hacienda lindaba con el Zanjón Romero. Por el oriente el límite era la Carrera Primera o Circunvalar aunque teníamos un pequeño lote en parte de lo que ahora es el barrio María Cano. Con la repartición de herencias, mis tíos y primos fueron vendiendo la tierra que dieron origen a los barrios El Jardín, El Bosque, Siete de Agosto, Danubio, Luis Carlos Galán, Palmeras de Marsella, parte de Las Palmeras y de María Cano.

La casa principal estaba en El Danubio y era una casona con chambranas. Aquí en otra parte que queda de la hacienda, estaba el establo y la otra casa de la cual ya no queda nada solamente la torre del aljibe y los samanes y mangos que se sembraron hace más de sesenta años.

La leche se la vendíamos a un señor Castro[575].

---

[575] Entrevistas realizadas en 2013 y 2016.

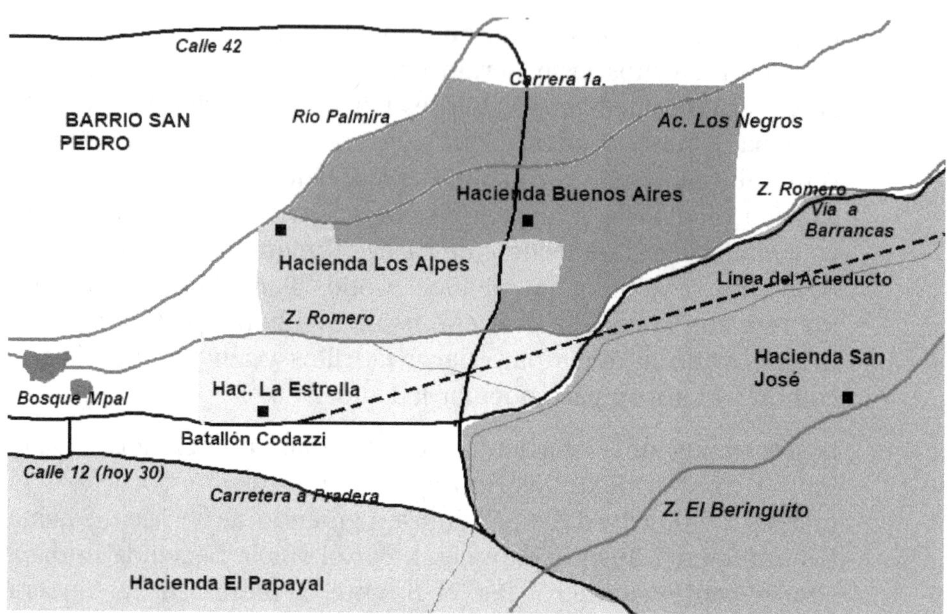

Figura 31. Las cuatro haciendas de la frontera urbana oriental de Palmira en 1959.

Resultado de las urbanizaciones orientales

Para 1950, al margen izquierdo del río Palmira antes de llegar al Bosque Municipal, no había ninguna urbanización y solo existían las casas principales de las haciendas y sus construcciones anexas como cobertizos para el ganado, herramientas y maquinaria y galpones para hacer ladrillos y almacenar productos e insumos agrícolas. Existía al margen derecho del río, el barrio San Pedro y al oeste del batallón Codazzi, el barrio La Colombina. La calle 42 (en esa época era la calle 24) quedaba trunca a la altura del Club Campestre actual y no giraba al sur para formar la carrera Primera.

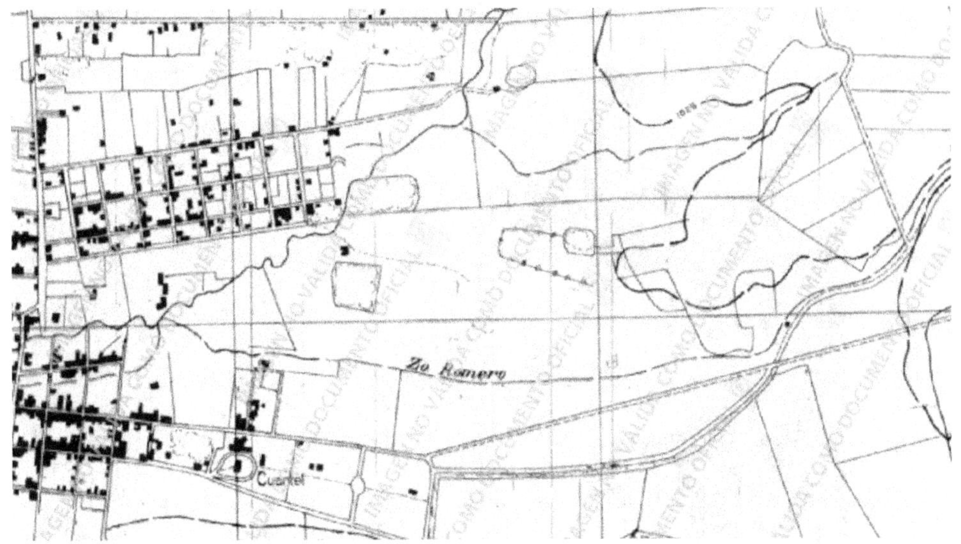

Figura 32. Mapa de zona oriental de Palmira en 1950. (Instituto Geográfico Agustín Codazzi (IGAC).

Para ese año de 1950, el batallón Codazzi llegaba al oriente hasta donde confluía la línea del acueducto municipal con la calle 13 (hoy 31), intransitable en ese momento para vehículos y por tanto no conectaba como lo es en la actualidad, con la carretera a Barrancas. Esta vía a Barrancas pasaba por los potreros donde hoy es el barrio Fátima al sur del cuartel y rodeaban el límite oriental del mismo, y retomaban hacia el oriente bordeando el límite norte de la hacienda San José. No existía al costado sur del batallón Codazzi, la carretera a Pradera. El Bosque Municipal no existía como tal aunque se disponía de los terrenos deshabitados. Ver figuras 31 y 32.

En los años siguientes, el batallón Codazzi llamado en el plano Batallón Tenerife, se amplió hacia el oriente hasta la carrera Primera. Desde el paramento de la cancha de fútbol construida dentro del batallón, se extendió al oriente en el potrero destinado anteriormente al Coliseo de Ferias. También se construyó la prolongación de la calle 12 (luego llamada 30) por el costado sur del cuartel que enlazó con la carretera a Pradera. Es en 1959 cuando la carrera 1ª, está construida, que comienza la expansión y urbanización de Palmira hacia el oriente.

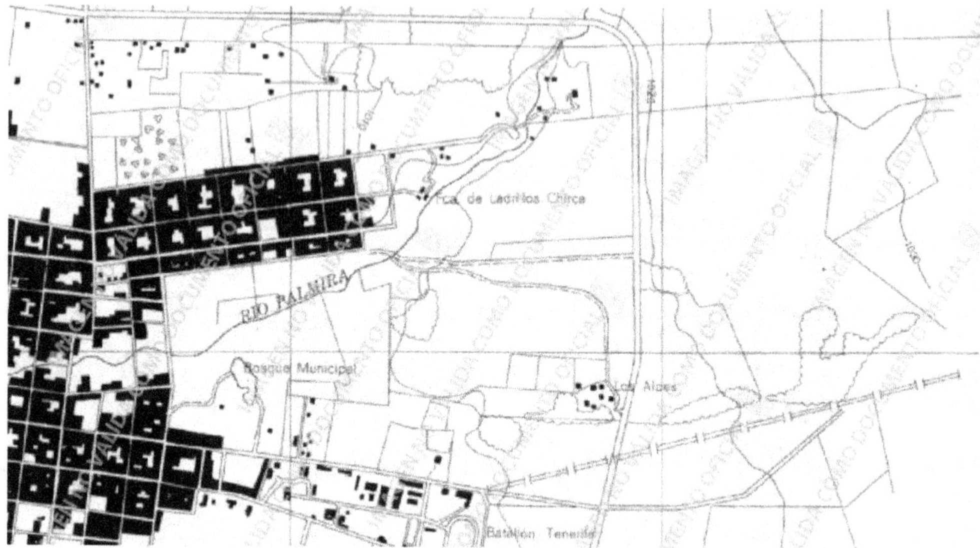

Figura 33. Mapa de la zona oriental de Palmira en 1959. (IGAC)

La urbanización de los terrenos de las haciendas orientales dio nacimiento a edificaciones públicas y barrios: Batallón Codazzi; Bosque Municipal; Barrio Municipal (1959); Barrio San José (1963); Barrio Popular Modelo (1965); Barrio María Cano (1975); Urbanización Las Palmeras (1977).

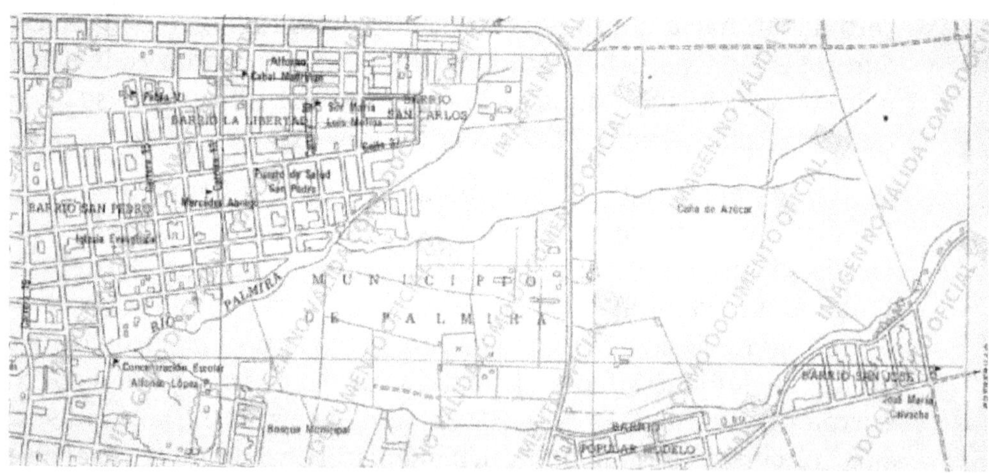

Figura 34. Mapa del IGAC, publicado en 1977. En el sitio demarcado como "Municipio de Palmira", el ICT estaba construyendo la Urbanización Las Palmeras.

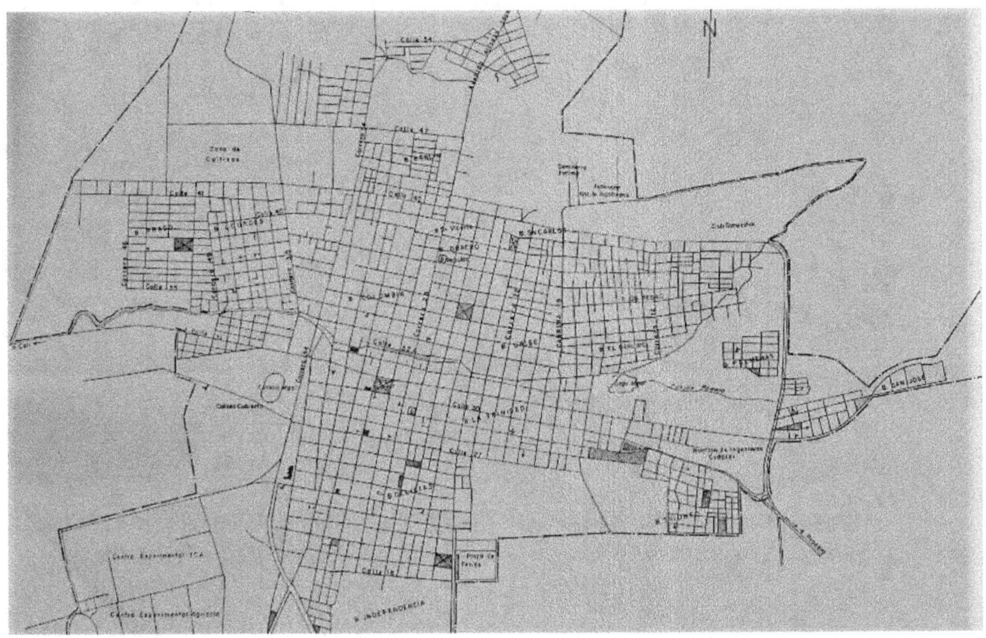

Figura 35. Zona urbana de Palmira en 1981. Fuente: Monografía de Palmira del DANE 1981 y Planeación Municipal.

En la figura 36 se puede observar que para 1981, están los cinco barrios urbanizados en la región oriental.

Figura 36. Cinco barrios orientales de Palmira en 1981; (de der. a izq.: San José, Municipal, Popular Modelo, María Cano y Las Palmeras

En la actualidad (2022), hay dieciséis barrios derivados de las haciendas en estudio. La figura 37 los describe:

<u>Hacienda Los Alpes de los Barona</u>: barrios: María Cano (4), José Antonio Galán (14), Palmeras de Marsella (12), Siete de Agosto (13), Altos del Bosque (11) y El Jardín (9).

<u>Hacienda La Estrella</u>: barrios: Municipal (1), Popular Modelo (3) y El Bosque (10).

<u>Hacienda San José</u>: Batallón Codazzi y Barrio San José (2).

<u>Hacienda Buenos Aires</u>: barrios: Prados de Oriente (7), Urbanización Buenos Aires (8), Las Palmeras (5), San Jorge (15), Los Sauces (6) y Hernán Acevedo (16).

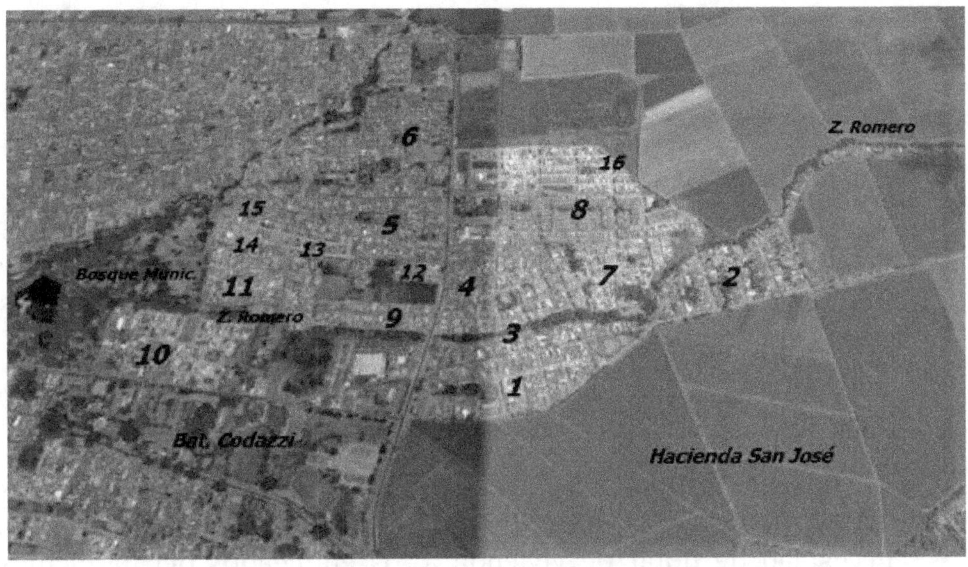

Figura 37. Urbanización actual del oriente de Palmira

Consecuencias del urbanismo desde 1960

A partir de mediados del siglo XX y en gran medida por la Violencia Política y el desarrollo agroindustrial representado en los ingenios paneleros y azucareros de Palmira, la ciudad experimentó la llegada de gran cantidad de inmigrantes que provocaron la expansión de la frontera urbana en todas sus direcciones.

Los terrenos aledaños al poblado y ocupados por diferentes haciendas agrícolas y ganaderas fueron urbanizados.

En este último capítulo del libro, se muestra el desarrollo urbanístico en el oriente de Palmira impulsado desde 1959, por la necesidad de dotar de vivienda a los empleados del municipio de Palmira representados en las dos empresas llamadas Empresas Municipales de Palmira y Municipio de Palmira y posteriormente al crecimiento poblacional de la ciudad.

Las condiciones socioeconómicas de ese tiempo, la visión más humanística de los funcionarios públicos y privados y el carácter de autoconstrucción fomentado, pudo dotar de terrenos cómodos para vivienda representados en lotes de más de 120 m^2 por unidad familiar. Muestra de ello son los Barrios Municipal, San José y Popular Modelo. Con la llegada del ICT y luego de otras constructoras privadas, el nivel de calidad de las viviendas ha disminuido y el impacto ambiental y sicosocial de sus habitantes se torna crítico.

Un caótico Plan de Ordenamiento Territorial de todas las administraciones municipales, ha hecho que paulatinamente la Circunvalar, formada por la Calle 42 y la Carrera Primera, conforme un cinturón de edificaciones de comercio y diversión que aportan congestión vehicular, ruido y contaminación visual, que riñen con el diseño original de barrios residenciales.

La densificación del oriente palmirano se hace aún más crítica por la ausencia de vías. La Circunvalar es la única vía adaptada para un flujo vehicular rápido. Las calles 37, 31 y 28, son vías que encuentran restricciones al pasar por barrios muy poblados. La barrera que supone el Bosque Municipal y las depresiones del río Palmira en la zona de San Pedro y El Danubio, no han sido resueltas

192

satisfactoriamente por los gobiernos. Urgen vías por el sur que conecten desde el Barrio El Paraíso hasta la zona del Cementerio Central y de allí hacia las vías a Candelaria y la Recta a Cali para hacer una ciudad más ágil.

El recurso del agua es el más amenazado por la colonización y reforestación extraña de las cuencas de los ríos Amaime, La Honda, Nima, Aguaclara, Bolo y Frayle. Priman los intereses económicos que ignoran el daño ambiental a mediano y largo plazo sin que las autoridades ambientales hagan cumplir la ley. La siembra de coníferas, la ganadería extensiva en la ladera y los vertimientos contaminantes en los ríos, son habituales ante la complicidad y desidia gubernamentales.

Estos son los retos de las clases dirigentes y de la población. La altiva población surgida el 25 de diciembre de 1813, cuyo nombre fue inspirado en el libro *Las ruinas de Palmira,* profunda obra de reflexión del conde de Volney, poeta de la libertad y el humanismo, nos llaman a tomar un papel activo en la solución a la crisis de nuestra sociedad.

Las civilizaciones decaen y desaparecen por la traición a su misión, la tiranía y ambición de sus gobernantes, pero, ante todo por la pasividad e ignorancia de los gobernados.

ANEXO A

CAÑOS Y ZANJONES DE PALMIRA

Llanogrande y hoy Palmira, ha sido surcado por zanjones y ríos que corren de oriente a oeste y que se han llamado indistintamente con varios nombres.

Zanjón Aguaclara. Nace como acequia Santa Rosa y corre paralela al río Amaime. En su parte baja se llama zanjón Rozo y en la antigüedad, le llamaban zanjón Burrera.

Zanjón Beringo. Es el cuerpo de agua conocido en la Colonia como Beringo. En el siglo XIX también se le conocía con el mismo nombre e incluso había una hacienda con tal denominación propiedad de Herman Blum y estaba situada al oeste de la quebrada La Honda contiguo a esta acequia[576].

En los mapas del IGAC, en 1950 corría al sur del Beringuito y su nacimiento no estaba bien delineado en el mapa. Para 1962, se llamaba acequia Vikingo y venía de arriba de Barrancas y pasaba cerca de la curva de San Rafael para cruzar los cañaverales.

Ya en 1969 le llaman acequia Viringo y corría hacia el sur donde se unía a la acequia La Horqueta que provenía de la Planta de Tratamiento de agua en Barrancas y pasaba cerca a las oficinas y grúa de pesaje de la hacienda San José sobre la vía a Pradera.

En 2013 aparece en los mapas de nuevo como Beringuito y recibe aguas de la acequia Barrancas o Macanal que viene de una derivación del río Nima.

Zanjón Beringuito. En la plancha del IGAC 280 IV C3 de 1950, le llamaban zanjón Beringo y nacía en Barrancas, cruzaba la línea del acueducto (calle 32) y luego se metía los cañaverales para pasar cerca a la casa de la hacienda vieja de San José y cruzaba la vía a Pradera cercana a la hacienda Borinquen aledaña al Barrio Paraíso actual.

---

[576] Escrit. N° 217 de 1894 en Notaría Segunda de Palmira.

En 1962 ya es llamada acequia Biringuito. Para 1969 es llamado Viringuito. Y en 1976 aparece en el mapa como acequia Morrocoy.

En 2013, de nuevo lo denominan Beringo pero cruza la línea del acueducto y gira hacia el suroeste y desemboca en otra acequia llamada Morrocoy con lo que sigue el curso habitual, llenando las lagunas de embalse de la hacienda San José.

Este cuerpo de agua se acerca en predios de las casas de la hacienda El Papayal al Beringo. En la actualidad no se determina su desembocadura (2013).

Para nosotros este zanjón debe llamarse Beringuito porque el Beringo que siempre corre a su izquierda, y se va alejando al correr ambos al suroeste, está denominado así desde la Colonia y por escrituras del siglo XIX. Más abajo esos cuerpos de agua se unen y confluyen al llamado zanjón Sumbáculo.

Zanjón Malibú o Zamorano. En su curso inicial también se le conoce como zanjón Zamorano, luego como Coronado. En su parte media como Malibú y en su parte baja como Yeguas o Poma. Desemboca en río Guachal luego de unirse al zanjón Mirriñao.

Zanjón Mirriñao. Su nacimiento fue un mojón para la delimitación del territorio en 1684 entre los cabildos de Cali y Buga. Nace en el sector de Guayabal cerca de la hacienda San Pablo donde se conoce como acequia San Pablo.

Zanjón del Palmar, Romero o río Palmira. El cuerpo de agua que atravesaba todo el territorio de oriente a occidente, era conocido en el siglo XVII como zanjón Palmar o Romero porque atravesaba la hacienda El Palmar de Juan Romero. Al final de la Colonia, el Gobernador de Popayán Diego Nieto ordenó la construcción de un canal que derivara del río Nima y surtiera de agua a la población. Al comenzar la era republicana fue llamado zanjón de Loreto y luego acequia Palmira y hoy río Palmira. Hasta el momento no hemos podido determinar cuál cauce es artificial, si el brazo norte que parte del río Nima en cercanías de Potrerillo, llamado en el presente, río Palmira que ingresa a la zona urbana cerca a la intersección de la calle42 con carrera 1ª y cruza al lado de la laguna mayor del Bosque Municipal y luego se entambora por debajo de la ciudad o el ramal sur, conocido actualmente como zanjón Romero o zanjón de Oriente, nacido en un manantial de la parte plana en cercanías de Barrancas, pasa por el barrio San José, Municipal y termina en la laguna menor del Bosque Municipal.

Zanjón Salado: Era un cuerpo de agua desaparecido por la urbanización mal planeada de la ciudad. En la plancha 280 IVC3 de 1950 del IGAC, nacía del zanjón Romero cerca al cruce de la vía Villa Lismori a Barrancas, cruzaba el trapiche La Laguna e iba bordeando de cerca la vía a Barrancas. Por el antiguo basurero le hacía un atajo a la vía a Barrancas y salía la última carrera del Barrio San José; luego cruzaba la línea del acueducto de la calle 32, cercano a la 3ª manzana del actual barrio San José y giraba al sur para desembocar al Beringuito. (Placa 280IIID4 esc 1 a10). Estaba entre el zanjón Romero al norte y el Beringuito al sur.

Para 1962 ya no figura en el mapa entre el zanjón Romero y el Beringuito.

Para 1976 reaparece su cauce en el mapa pero se pierde entre los cañadulzales, un poco al sur del antiguo basurero.

Zanjón Sumbáculo. Es una acequia que recibe sus tributarios nacidos cerca de Barrancas y en el curso superior corre en sentido suroeste y se llama acequia o zanjón Beringuito. En su curso medio cerca de la hacienda Malagana corre en sentido oriente-oeste y en el curso bajo se llama zanjón Chimbique, cruza la Recta Palmira- Cali y corre hacia el noroeste y desemboca al río Palmira al final del recorrido de ambos afluentes.

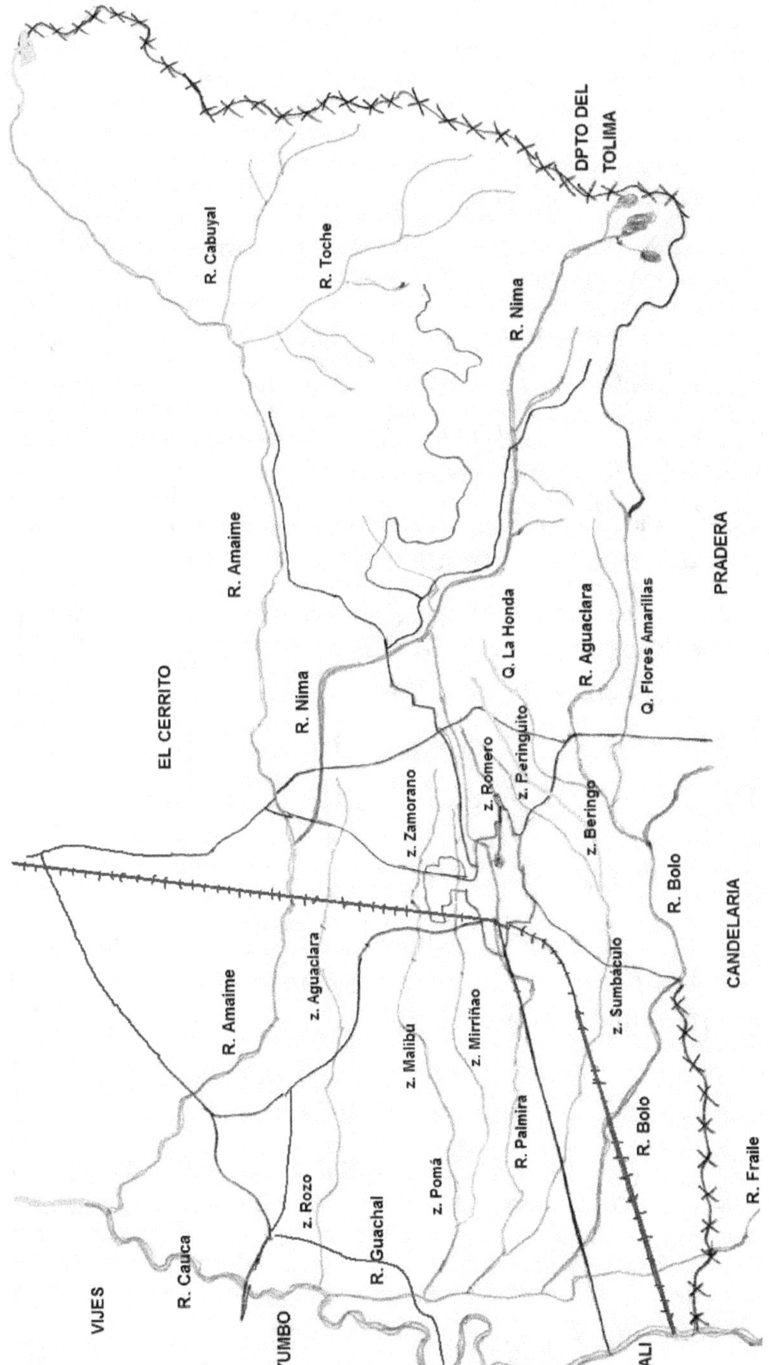

Figura 38. Ríos, zanjones y acequias de Palmira

BIBLIOGRAFÍA

Andagoya, Pascual de, *Relación de los sucesos de Pedrarias Dávila en la Tierra Firme y de los descubrimientos en el Mar del Sur por el Adelantado Andagoya*, en Colección de Documentos Inéditos de Martín Fernández de Navarrete, 1794.

Arboleda, Gustavo (1956), *Historia de Cali*, tomo I, Biblioteca Universidad del Valle.

Arroyo, Jaime (1907), *Historia de la gobernación de Popayán*, edit. Antonino Olano y Miguel Arroyo, Popayán.

Borda, José Joaquín (1872), *Historia de la Compañía de Jesús en la Nueva Granada*, Tomo II, Imprenta de S. Lejay.

Colmenares, Germán (1983), *Cali: terratenientes, mineros y comerciantes. Siglo XVIII*, Colección Sociedad y Economía en el Valle del Cauca, Tomo I, Banco Popular, Bogotá.

Concejo Municipal de Palmira ,*1927-1929*.

Díaz, Zamira (1975), *Gestación histórica de Palmira*, Práctica Social Histórica.

Eder, Phanor James (1981), *El Fundador*.

Egido López, Teófanes; Javier Burrieza y Manuel Revuelta (2004), *Los jesuitas en España y el mundo hispánico*, Centro de estudios Ilispánicos e Iberoamericanos, Madrid.

García Vásquez, Demetrio (1928), *Los hacendados de la otra banda y el Cabildo de Cali*, Imprenta Gutiérrez, Cali.

Instituto Geográfico Agustín Codazzi (IGAC), *Los nombres originales de los territorios, sitios y accidentes geográficos de Colombia*, Bogotá.

Jaramillo Sierra, Bernardo (1947), *Pepe Sierra: el método de un campesino millonario*, Editorial Bedout, Medellín.

Jounen, José (1941), *Historia de la Compañía de Jesús en la antigua Provincia de Quito 1570-1774*, Editorial Ecuatoriana, Quito.

Libro Azul de Colombia (1918), The J. J. Little and Ivves Co, Nueva York.

López, Eduardo (1929), *Almanaque de los hechos colombianos.*

Pacheco, Juan Manuel (1962), *Los Jesuitas en Colombia 1654-1696.* Tomo II, Bogotá.

Pino, Servio Miguel, *Transformaciones laborales en el campo vallecaucano, siglo XIX.*

Quintero, Miguel Wenceslao (2006), *Linajes del Cauca Grande,* Tomos I, II y III. Universidad de los Andes, Bogotá.

Rómoli, Kathleen, *Nomenclatura y poblaciones indígenas de la antigua jurisdicción de Cali a mediados del siglo XVI.*

Tascón, Tulio E. (1938), *Historia de la conquista de Buga*, Editorial Minerva, Bogotá.

Tascón, Tulio Enrique (1939), *Historia de Buga en la Colonia.*, Editorial Minerva, Bogotá.

Valencia Llano, Alonso, *Al margen de la sociedad colonial: las sociedades agrarias del Valle del Cauca.*

Valencia, Alonso (1987), *Encomiendas y estancias en el Valle del Cauca, siglo XVI*, Revista Historia y Espacio, Vol. III Nos. 11 y 12, Universidad del Valle, Cali.

Valencia Llano, Alonso, *Evolución de los pueblos de indios en el Valle del Cauca,* en Anuario de Historia Regional y de las Fronteras, N° 2-3.

Valencia Llano, Alonso (2000), *La navegación a vapor por el río Cauca*, Conferencia.

Vásquez Benítez, Édgar, *Historia de Cali en el siglo 20*, Cali, 2001.

Urrea Giraldo, Fernando, *Transformaciones sociodemográficas y grupos socio-raciales en Cali a lo largo del siglo XX..."*

Johnny Delgado M.

OTRAS OBRAS DEL AUTOR

1. *El bandolerismo en el Valle del Cauca. 1946-1966.* (ed. 2011). Premio Jorge Isaacs en Historia y Cultura Vallecaucana 2011.

2. *Como el Ave Fénix, la violencia política colombiana, 1946-1966.* (ed. 2014)

3. *Palmira Ántica*, (ed. 2015)

4. *El Quinto sello, violencia política en Antioquia, 1946-1966.* (ed. 2017).

5. *La liberación vallecaucana de 1819, mito, historia y discurso.* (ed. 2020).

6. *Historia y genealogías de Samaniego, 1850-1950.* (ed. 2021).

7. *De rebeldes y tiranos, crónicas y cuentos.* (ed. 2022)

8. *Poblamiento de Llanogrande y Palmira, documentos inéditos para la historia comarcana.* (ed. 2023).

9. *La mujer del litoral pacífico colombiano, medio milenio del encuentro de tres mundos* (ed. 2023). Premio Jorge Isaacs en Ensayo 2022.